SINN UND SINNLICHTKEIT DES SUBJEKTS

NEUE SUBJEKTILE

Marcus Coelen, Johannes Kleinbeck und Oliver Precht

Judith Butler

Sinn und Sinnlichtkeit des Subjekts

Aus dem amerikanischen Englisch von
Johannes Kleinbeck, Oliver Precht, Kianush Ruf
und Hannah Schurian

TURIA + KANT
WIEN-BERLIN

Bibliografische Information der Deutschen Nationalbibliothek
Die Deutsche Bibliothek verzeichnet diese Publikation in der Deutschen Nationalbibliografie; detaillierte bibliografische Daten sind im Internet über http://dnb.ddb.de abrufbar.

Bibliographic information published by the Deutsche Nationalbibliothek
The Deutsche Nationalbibliothek lists this publication in the Deutsche Nationalbibliografie; detailed bibliographic data are available on the Internet at http://dnb.dnb.de.

ISBN 978-3-98514-012-1

Originaltitel: »Senses of the Subject«

Cover: Bettina Kubanek, Visuelle Gestaltung, Berlin

VERLAG TURIA + KANT
A-1010 Wien, Schottengasse 3A/5/DG1
Büro Berlin: D-10827 Berlin, Crellestraße 14
info@turia.at | www.turia.at

Inhalt

Einleitung 7

»Wie kann ich bestreiten, dass diese Hände und dieser Körper die meinigen sind?« 28

Merleau-Ponty und die Berührung bei Malebranche 56

Das Begehren zu leben. Spinozas Ethik *in extremis* 92

Fühlen, was im anderen lebendig ist. Hegels frühe Liebe . . 128

Kierkegaards spekulative Verzweiflung 156

Sexuelle Differenz als Frage der Ethik. Fleischliches Anderssein bei Irigaray und Merleau-Ponty. 206

Gewalt, Gewaltlosigkeit: Sartre über Fanon 234

Danksagung 269

Einleitung

Dieser Band versammelt eine Reihe von philosophischen Essays, die ich über einen Zeitraum von zwanzig Jahren (1993–2012) geschrieben habe und die einige Verschiebungen meines Denkens während dieser Zeit nachzeichnen.[1] Würde man mich fragen, ob es einen Gedanken gibt, der diese Sammlung zusammenhält, könnte ich nur zögernd antworten. Wenn sich aus diesem Zögern irgendein Sinn gewinnen lässt, dann wohl folgender: Wenn wir von der Formierung des Subjekts sprechen, dann setzen wir unweigerlich eine Schwelle der Empfänglichkeit und Empfindlichkeit voraus, die der Formierung eines bewussten und reflektierenden »Ich« vorauszugehen scheint. Das bedeutet nichts weiter, als dass dieses Geschöpf, das ich bin, von etwas affiziert wird, das ihm äußerlich, ja vorgängig ist und dieses Subjekt, das ich bin, anstößt und beeinflusst. Wenn ich in diesem Zusammenhang das Pronomen der ersten Person verwende, dann nicht einfach nur, um von mir zu erzählen. Natürlich hat das, was ich sage, persönliche Implikationen, aber es bewegt sich auf einer relativ unpersönlichen Ebene. Ich werde das Pronomen der ersten Person also nicht jedes Mal mit Anführungszeichen belasten, möchte dir aber trotzdem sagen, dass ich, wenn ich »Ich« sage, auch dich meine – und alle anderen, die dieses Pronomen benutzen oder eine Sprache sprechen, die die erste Person auf eine andere Weise flektiert.

Mir geht es um die Behauptung, dass ich immer schon affiziert bin, bevor ich »Ich« sagen kann, und dass ich affiziert sein muss, um überhaupt »Ich« sagen zu können. Diese einfachen

[1] Auch wenn die meisten Essays in ihrer ursprünglichen Form wiedergegeben werden, sind doch einige kleinere editorische Veränderungen vorgenommen worden, um Einheitlichkeit herzustellen und einige Fehler zu korrigieren.

Sätze sind allerdings nicht in der Lage, die Schwelle der Empfänglichkeit näher zu bestimmen, die jedem Sinn von Individuation und der sprachlichen Fähigkeit zur Selbstreferenz vorausgeht. Man könnte meinen, dass ich einfach behaupte, dass die Sinne vorgängig sind und dass wir Dinge fühlen und Eindrücken ausgesetzt sind, noch bevor wir irgendwelche Gedanken ausbilden, einschließlich solcher über uns selbst. Diese Auffassung trifft zwar das, was ich sage, aber sie kann nicht vollständig erklären, was ich aufzeigen will.

Denn erstens bin ich mir gar nicht sicher, ob es eine bestimmte Art von »Gedanken« gibt, die daran mitwirken, dass man etwas empfindet. Zweitens aber möchte ich das methodologische Problem betonen, vor dem jede Behauptung eines Primats der Sinne steht: Wenn ich sage, dass ich schon affiziert bin, bevor ich überhaupt »Ich« sagen kann, dann geschieht mein Sprechen viel später als der Prozess, den ich beschreiben will. Mein Standpunkt, der mir nur die Rückschau erlaubt, lässt es tatsächlich fragwürdig erscheinen, ob ich diese Situation überhaupt beschreiben kann. Denn streng genommen war ich in diesem Prozess gar nicht anwesend und scheine vielmehr selbst zu seinen Effekten zu zählen. Es kann sogar sein, dass ich diesen Ursprung im Nachhinein gemäß einem Phantasma rekonstruiere, das mich gerade beherrscht und ich somit nur einen Bericht von meinem Phantasma und nicht von meinem Ursprung liefern kann. Weil diese Fragen so schwierig sind, könnte man meinen, dass wir darüber schweigen und die erste Person gleich ganz vermeiden sollten: weil die indexikalische Funktion genau in dem Moment versagt, in dem wir ihre Kräfte für die Beschreibung einer schwierigen Sache nutzen wollen. Stattdessen schlage ich vor, dass wir dieses Zuspätkommen akzeptieren und auf eine narrative Art und Weise verfahren, die den paradoxen Umstand betont, dass ich versuche, etwas von meiner Formierung zu berichten, das meinem Vermögen zu erzählen vorgängig ist, ja dieses Vermögen erst hervorbringt.

Folgen wir Nietzsches bekanntem Ausspruch, dass die Glocke, die »mit aller Macht ihre zwölf Schläge des Mittags in's Ohr gedröhnt hat«, die in Selbstreflexion versunkene Person erschreckt, die sich erst *hinterdrein* die Ohren reibt und »ganz erstaunt, ganz betreten« fragt: »was haben wir da eigentlich erlebt?«[2] Möglicherweise ist diese Art des Zuspätkommens, die Freud **Nachträglichkeit* genannt hat, bei Untersuchungen wie dieser unvermeidlich und führt dazu, dass die Erzählung durch die historische Perspektive der Gegenwart verbogen wird. Aber kann man nicht dennoch versuchen, erzählerisch den Verlauf dieses Prozesses der Affektion darzustellen, die Schwelle zur Empfänglichkeit, zur Übertragung und zu einem Ich, das reflektieren und weiterleiten kann, sichtbar zu machen? Kann man ein Leben erzählen, das noch nicht existierte und zum Teil für das Entstehen dieses Ich verantwortlich ist?

Eine bestimmte Art der Romanliteratur baut auf genau solchen unmöglichen Szenarien auf. Man denke nur an den recht phantastischen Anfang von *David Copperfield*, wo der Erzähler mit außergewöhnlichem Klarsinn die Einzelheiten des Alltagslebens vor und während seiner Geburt beschreibt. Beiläufig merkt er an, dass man ihm die Geschichte seiner Geburt erzählt hat und dass er ihr Glauben schenkt, im weiteren Verlauf der Erzählung hört er jedoch auf, die Geschichte so wiederzugeben, als hätte sie jemand anderes als er selbst verfasst. Er hat sich selbst als auktorialen Erzähler an den ersten Anfang seines Lebens gesetzt, vielleicht um auf diese Weise die Schwierigkeit zu umgehen, dass er als Säugling nicht in der Lage war, zu sprechen, zu reflektieren oder zu denken, wie es ein erwachsener Autor kann. Durch seinen zunehmend autoritativen Bericht davon, wie er anfing zu schreien und was die Anderen angesichts dessen dachten oder taten, zieht sich eine gewisse Verleugnung des Kindseins.

---

2 Friedrich Nietzsche, »Zur Genealogie der Moral«, in: ders., *Kritische Studienausgabe*, Bd. 5, hg. v. Giorgio Colli u. Mazzino Montinari, München 1999, S. 245–412, hier: S. 247.

Und tatsächlich ist das erste Kapitel in phantastischer Weise mit »Ich komme zur Welt« überschrieben und gleich die erste Zeile stellt eine Herausforderung dar: Wird dieser Erzähler geschrieben oder schreibt er sich selbst? Der Roman setzt an: »Ob ich mich in diesem Buche zum Helden meiner eignen Leidensgeschichte entwickeln werde oder ob jemand anders diese Stelle ausfüllen soll, wird sich zeigen.« Hierin liegt freilich eine doppelte Ironie, weil der Erzähler eine fiktionale Konstruktion von Charles Dickens ist und als solche immer schon und immer noch geschrieben ist, und das selbst dann, wenn er diese Frage stellt, die nahelegt, er könne aus dem Text ausbrechen, auf dem seine fiktive Existenz beruht. Selbst nach den Regeln des Romans kann er offenkundig keinen Bericht von seiner eigenen Geburt liefern, der auf unmittelbarer Erfahrung gegründet ist, und dennoch verfolgt er sein ebenso unmögliches wie verführerisches Unterfangen, ganz so, als wäre er selbst dabei und würde sich dabei zusehen, wie er gleichsam zur Welt kommt.

Die Autorität des Erzählens setzt nicht voraus, dass man dem Geschehen beigewohnt hat. Sie setzt nur voraus, dass man das Geschehen aus der Perspektive der Nicht-Anwesenheit glaubhaft rekonstruieren kann oder dass die eigene unglaubhafte Geschichte aus ganz anderen Gründen überzeugen kann. Durch sein Erzählen gewinnt die Geschichte eine Bedeutung, da er uns in sein recht bemerkenswertes Selbstverständnis einführt. Ob das, was er erzählt, wahr ist oder nicht, spielt kaum mehr eine Rolle, sobald wir verstanden haben, dass die Geschichte, die der Autor verfolgt, uns etwas über seine Ambitionen und sein Begehren verrät; dass sie offenkundig die kindliche Passivität und den Mangel an Bewegungskontrolle aufheben und ersetzen soll, vielleicht als ein Widerstand dagegen, in den Händen derer zu sein, die er sich nie ausgesucht hat und die sich als mehr oder weniger fürsorglich erweisen sollten.

Ich will nicht behaupten, dass das Geschehen in literarischen Werken wie diesem der Theorie der Subjektformierung entspricht.

Ich möchte eher nahelegen, dass derartige erzählerische Gesten in beinahe jeder Theorie der Subjektformierung ihren Platz haben. Kann es sein, dass die narrative Dimension der Theorie der Subjektformierung ebenso notwendig wie unmöglich, weil unvermeidlich verspätet ist? Und dies vor allem, wenn es darum geht, zu unterscheiden, wie das Subjekt anfangs durch die Affektion belebt wird und wie diese transitiven Prozesse in dem darauffolgenden belebten Leben wiederholt werden? Wenn wir über derartige Dinge sprechen wollen, müssen wir uns darauf einlassen, einen unmöglichen Standpunkt einzunehmen, wodurch wir die Unmöglichkeit der Bedingung, die wir beschreiben wollen, womöglich wiederholen.

Zu sagen, dass es unmöglich ist, bedeutet nicht, dass es nicht machbar wäre. Es bedeutet lediglich, dass wir aus den Beschränkungen des Erwachsenenlebens nur herausfinden können, wenn wir danach fragen, wie diese anfänglichen Übergänge in uns fortbestehen und immer wiederkehren. Wenn ich behaupte, dass ich affiziert bin, bevor ich jemals ein »Ich« geworden bin, dann verkünde ich diese Nachricht mithilfe eines Pronomens, das noch gar nicht im Spiel war und vermenge so die eine Zeitlichkeit mit der anderen. Ich kann nicht an diesen Ort zurückkehren, weder persönlich noch auf unpersönliche Weise. Und doch gibt es vieles, das wir trotzdem sagen können. Denken wir beispielsweise über die Sprache nach, in der wir das Auftreten oder die Formierung des Subjekts beschreiben.

Aus einer theoretischen Sicht können wir, wenn wir allgemein an Foucault anknüpfen, einfach festhalten, dass das Subjekt durch Normen oder allgemeiner gesprochen durch den Diskurs produziert wird. Wenn wir innehalten und fragen, was »produziert« eigentlich bedeutet und welcher Auffassung von Produktion eine derartige Passivbildung angehört, dann stellen wir fest, dass es hier noch vieles zu klären gibt. Heißt »produziert werden« dasselbe wie »formiert werden« und ist es wichtig, welche Formulierung wir verwenden? Auch wenn wir eine Norm immer als eine singuläre Sache begreifen können, sollten wir nicht vergessen, dass Normen zumeist geballt und ineinander verwoben auftreten und dass ihnen eine räumliche und zeitliche Dimension zukommt, die nicht von dem zu trennen ist, was sie sind, wie sie wirken und wie sie das formen, worauf sie einwirken.

Man könnte sagen, dass eine Norm uns vorausgeht, dass sie in der Welt zirkuliert, bevor sie uns berührt. Wenn sie auf uns trifft, wirkt sie auf verschiedene Weisen: Normen prägen sich uns ein und diese Prägung erschließt uns ein affektives Register. Normen formen uns, aber sie formen uns nur, weil schon eine unmittelbare und unwillkürliche Beziehung zu ihrer Prägung besteht; sie setzen unsere Prägsamkeit voraus und verstärken sie zugleich. Normen wirken von allen Seiten auf uns ein und sie tun es auf vielfältige und manchmal widersprüchliche Weise; sie wirken auf die Sinnlichkeit ein, und formen sie zugleich; sie rufen bestimmte Gefühle in uns hervor und diese Gefühle können sogar bis in unser Denken vordringen, weil es passieren kann, dass wir über sie nachdenken. Sie bedingen und formen uns, und doch ist ihre Arbeit noch nicht abgeschlossen, wenn wir anfangen, als denkende und sprechende Wesen in Erscheinung zu treten. Sie wirken vielmehr weiter, gemäß einer iterativen Logik, die für uns alle erst mit dem Tod endet. Die Normen und der Diskurs im Allgemeinen leben unterdessen mit einer Beharrlichkeit weiter, die sich recht wenig um unsere Endlichkeit kümmert. Foucault war sich dessen bewusst, als er anmerkte, der Diskurs sei nicht das Leben: Die Zeit des Diskurses ist nicht unsere.[3]

Wir gehen schnell in die Irre, wenn wir versuchen, die Formierung des Subjekts durch eine einzelne Norm zu erklären, die wie eine »Ursache« die Form des »Subjekts« bewirkt. Vielleicht ist das, was wir zu beschreiben versuchen, gar keine Kausalkette. Ich komme nicht getrennt von einer Reihe von Normen auf die Welt,

---

[3] Vgl. Michel Foucault, »Politics and the Study of Discourse«, in: Graham Burchell, Colin Gordon u. Peter Miller (Hg.), *The Foucault Effect: Studies in Governmentality*, Chicago 1991, S. 70–72.

die dort für mich bereit liegen, die immer schon mein Geschlecht (*gender*), meine »Rasse« (*race*) und meinen sozialen Status ausgestalten, die auf mich schon im Zustand meiner bloßen Möglichkeit einwirken, noch bevor ich meinen ersten Schrei getan habe. Normen, Konventionen und institutionelle Formen der Macht agieren also schon vor jeder Handlung, die ich vollziehen könnte, noch bevor es ein »Ich« gibt, das sich bisweilen für den Sitz oder den Grund seines Handelns hält. Es geht mir nicht darum, mich über diese Augenblicke lustig zu machen, in denen wir uns für den Grund unserer eigenen Handlungen halten. Wie können gar nicht anders, wenn wir uns als handlungsfähig begreifen wollen. Die Herausforderung liegt darin, sich gleichzeitig und nicht nacheinander als Subjekt und Objekt des Handelns zu denken. Vielleicht ist es ein wiederkehrendes Dilemma: in eine Welt geworfen zu sein, in der man geformt wird, selbst dann, wenn man handelt oder versucht, etwas Neues zu schaffen. Das Handeln befreit keinen von uns von seinen Formierungen, allen Einwürfen eines unbeschwerten Existenzialismus zum Trotz. Unsere Formierung fällt nicht plötzlich durch bestimmte Brüche oder Risse von uns ab; vielmehr werden diese Brüche bedeutsam für die Geschichte, die wir von uns erzählen und für jede Form des Selbstverständnisses. Die Geschichte, mit der ich gebrochen habe, bleibt, und die Bruchlinie richtet mich im Hier und Jetzt ein. Ich bin also ohne diese Formierung nicht wirklich denkbar. Zugleich bin ich durch nichts vorherbestimmt – geformt werde ich nicht ein für allemal, sondern fortwährend und immer von Neuem. Auch während ich mich selbst im Hier und Jetzt forme, werde ich immer noch geformt. Und meine eigene selbstformierende Tätigkeit – manche würden es »Selbstdarstellung« nennen – wird Teil dieses andauernden Formierungsprozesses. Ich werde nie einfach nur geformt, so wie ich mich nie vollständig selbst forme. Vielleicht heißt das nichts anderes, als dass wir in einer geschichtlichen Zeit leben oder dass diese Zeit in uns lebt, als die Geschichtlichkeit jedweder Form, die wir als menschliche Wesen annehmen.

Meine Argumentation bliebe am Ende unvollständig, würde ich nicht auch darauf hinweisen, dass in dem andauernden Paradox der Subjektformierung die Umrisse einer ethischen Beziehung hervortreten. Ich werde nicht nur von diesem einen anderen oder von einer bestimmten Gruppe von anderen affiziert, sondern von einer Welt, in der Menschen, Institutionen, organische wie anorganische Prozesse sich diesem Ich einprägen, das von Beginn an auf radikal unwillentliche Weise empfänglich ist. Die Möglichkeit ausgebeutet zu werden, setzt voraus, dass ich ein bedürftiges und abhängiges Wesen bin, das an eine infrastrukturelle Welt verwiesen ist, um handeln zu können, das einer emotionalen Infrastruktur bedarf, um überleben zu können. Ich bin nicht nur immer schon in den Händen von *jemandem*, bevor ich anfange, mit meinen eigenen Händen zu arbeiten, sondern ich bin auch gleichsam in den »Händen« von Institutionen, Diskursen und Umwelten – das schließt Technologien und Lebensprozesse ein, die von einem organischen und anorganischen Objektfeld gesteuert werden, das über das Menschliche hinausweist. In diesem Sinne bin »Ich« nichts und nirgends ohne das Nicht-Menschliche.

Das Ungewollte dieser Abhängigkeit stellt zwar nicht selbst schon eine Ausbeutung dar, steht aber, wie wir wissen, der Ausbeutung offen. Darüber hinaus ist Empfänglichkeit nicht dasselbe wie Unterwerfung, auch wenn sie genau dorthin führen kann, wenn sie ausgebeutet wird – wie es häufig bei der Ausbeutung von Kindern geschieht, die sich ihrer Abhängigkeit und ihres relativ unkritischen Vertrauens bedient. Empfänglichkeit allein kann nicht erklären, warum man sich leidenschaftlich bindet, sich verliebt, sich betrogen oder verlassen fühlt. Und doch können all diese Gefühle aus ihr hervorgehen, je nachdem was in unserer Beziehung zu denjenigen geschieht, die uns bewegen, affizieren und empfänglich für uns sind (und sogar für unsere Empfänglichkeit empfänglich sind: ein Kreislauf, der für bestimmte Formen affektiver und sexueller Intensität verantwortlich ist). In all diesen Fällen lässt sich weniger eine kausale Abfolge als vielmehr eine Form von

Transitivität erkennen, die eine ganze Reihe möglicher Beziehungen vorzeichnet; wir können nicht immer wissen oder sagen, wer wen zuerst berührt hat, oder den Augenblick des Berührtwerdens vom Augenblick des Berührens unterscheiden. Das ist die wichtige Einsicht in Merleau-Pontys Aufsatz »Die Verflechtung – Der Chiasmus« aus dem Buch *Das Sichtbare und das Unsichtbare*. Sie hängt auch mit seiner allgemeineren Erklärung davon zusammen, wie wir überhaupt dazu kommen, etwas zu empfinden: mit Blick auf Malebranche zeigt er, dass das empfindungsfähige Subjekt erst durch die Berührung belebt wird.

Wird in derartigen transitiven Beziehungen etwas weitergegeben oder übertragen? Nach Ansicht von Jean Laplanche werden uns in den frühen Phasen der Kindheit rätselhafte Botschaften mitgegeben, die als primäre Signifikanten eingesetzt werden und das Leben des Begehrens in Gang bringen. Diese eigenartigen frühen Anrufungen sind es, die die Triebe erwecken und in ihrer Rätselhaftigkeit den Fortgang des sexuellen Begehrens bestimmen: »Was will ich eigentlich?«; »Was in mir will auf diese Weise?«[4] Für Merleau-Ponty – und tatsächlich auch bei Malebranche – können wir überhaupt nur handeln, wenn wir selbst von einer Handlung betroffen sind. Und wenn wir handeln, lassen wir diese Bedingung keineswegs hinter uns. Als ein Säugling berührt, angefasst und angesprochen zu werden, erweckt unsere Sinne und eröffnet uns den Weg für die sinnliche Wahrnehmung der Welt.[5] So stehe ich

---

4 Vgl. Judith Butler, »Das ›Ich‹ und das ›Du‹«, in: *Kritik der ethischen Gewalt*, übers. v. Reiner Ansén u. Michael Adrian, Frankfurt a.M. 2014, S. 90–112.

5 Als man 1989, in dem Jahr, in dem Ceauçescus Regime zu Fall gebracht wurde, entdeckte, dass tausende Säuglinge und Kinder in rumänischen Waisenhäusern unter allgemeiner Verwahrlosung und sensorischer Deprivation litten, versuchte eine Reihe von Studien aufzuzeigen, wie diese sensorische Deprivation mit kognitiven Problemen und Entwicklungsschwierigkeiten zusammenhängt. Der Mangel an Berührung und Geborgenheit behindert die Entwicklung auf vielen Ebenen, unter anderem in der anfänglichen Empfindlichkeit. Dieser Gedankengang

schon, bevor ich überhaupt etwas empfinde, in einer Beziehung – und zwar nicht nur zu einem bestimmten Anderen, sondern zu vielen, zu einem Feld von Alterität, das nicht auf das Menschliche beschränkt ist. Diese Beziehungen stellen die Matrix der Subjektformierung dar, was bedeutet, dass mich jemand empfinden muss, bevor ich selbst überhaupt irgendetwas empfinden kann. Ohne mein Einverständnis und sicherlich nicht aus meinem eigenen Willen heraus werde ich zum Objekt und dadurch zu einem Wesen, das handeln und empfinden kann. Auch wenn ich innerhalb eines Diskurses zu sprechen beginne, der das »Ich« fest am Ursprung seines eigenen Handelns verortet, erkenne ich, dass dieses »Ich« der vorgängigen Transitivität nicht entkommen kann und nur in dem Maße handelt, wie es selbst von einer Handlung betroffen ist. All das könnte ich nicht erkennen, wenn mein Vermögen, Dinge zu empfinden, nicht bereits animiert worden wäre – und zwar von einer Reihe von Anderen und von Bedingungen, die mir dezidiert nicht eigen sind. Das bedeutet in anderen Worten, dass niemand aus dieser Beziehungsmatrix, die das Subjekt hervorbringt, ausbrechen kann; wir handeln erst dann, wenn wir bereits zu denjenigen geformt wurden, die zu handeln vermögen.

Natürlich handeln viele Leute so, *als ob* sie nicht geformt worden wären, und es lohnt sich, diese Haltung näher zu betrachten. Das Handlungsvermögen als ein vollkommen unabhängiges Merkmal der eigenen Individualität zu setzen (ohne die Individuation erklären zu können), stellt eine Form der Verleugnung dar. Einen Versuch, die grundlegenden und fortdauernden Formen der

---

kann bis zu John Bowlby und Renee Spitz zurückverfolgt werden, die in den späten 1940er Jahren, den ersten Jahren der psychoanalytischen Bindungstheorie, verlassene und vernachlässigte Kinder untersuchten und deren Ansichten jedoch in jüngeren Studien auf sehr unterschiedliche Weisen weiterentwickelt wurden. Vgl. Kathleen McCartney u. Deborah Phillips (Hg.), *Blackwell Handbook of Early Child Development*, Malden (MA) 2006; Deborah A. Frank et. al., »Infants and Young Children in Orphanages. One View from Pediatrics and Child Psychiatry«, in: *Pediatrics*, Bd. 97, Nr. 4, April 1998, S. 569–578.

(wechselseitigen) Abhängigkeit ebenso wegzuwünschen wie jene verstörten Zustände der Verlassenheit und des Verlusts, die man in frühen Jahren durchlebt und die im späteren Leben gerade nicht überwunden oder transzendiert, sondern durch verschiedene mehr oder weniger unbewusste Inszenierungen wiederholt werden. Diese Leugnung stützt bestimmte Formen des souveränen »Ich«, was natürlich bedeutet, dass sie durch und durch brüchig sind und ihre unnachgiebige Brüchigkeit auf symptomatische Weise offenbaren. Wie wird es weitergehen? Wann wird diese Figur aus sich heraus zerbrechen? Was muss sie zerstören, um das Bild ihrer eigenen Souveränität aufrechterhalten zu können?

Vielleicht kann man also sagen, dass alle hier versammelten Essays mit dieser Form des souveränen Individualismus ringen. Die Behauptung, dass ein Subjekt nur handelt, wenn es zuvor als ein handlungsfähiges Subjekt geformt wurde, auf das immer schon und immer noch eingewirkt wird, klingt zunächst recht konservativ. Sollte es tatsächlich unmöglich sein, unsere Formierung zu überwinden und aus der Matrix auszubrechen, die uns zu einem Subjekt geformt hat?

Natürlich ist es möglich, mit bestimmten Normen zu brechen, die prägend auf uns einwirken, doch das kann nur durch den Einsatz gegenläufiger Normen geschehen. Und wenn letzteres vorkommen mag und auch tatsächlich vorkommt, so bedeutet das einfach nur, dass die »Beziehungsmatrix«, die das Subjekt formt, kein durchgängiges und harmonisches Netzwerk darstellt, sondern ein Feld möglicher Missklänge, Gegensätze und Kämpfe. Das bedeutet auch, dass wir in den Momenten bedeutender Verschiebungen oder Brüche womöglich nicht genau wissen, wer wir sind oder was wir meinen, wenn wir »Ich« sagen. Wenn das »Ich« vom »Du« oder auch vom »sie« (*they*), also von jenen, ohne die das »ich« undenkbar war, abgetrennt wird, dann muss daraus eine schwere Orientierungslosigkeit folgen. Wer ist dieses »Ich« nach dem Bruch mit diesen konstitutiven Beziehungen und was kann überhaupt noch aus ihm werden?

In den konstitutiven Beziehungen sind womöglich bestimmte Bruchlinien vorgezeichnet, sodass sie uns gleichzeitig konstituieren und brechen. Das muss zu einer vorläufigen oder auch endgültigeren Form des Wahnsinns führen. Was bedeutet es, auf das angewiesen zu sein, was dich bricht? Wenn die Abhängigkeit von diesen Anderen einst eine Frage des Überlebens war und nun auf einer psychischen Ebene als Überlebensstrategie weiterwirkt (und diese Grundbedingung immer wieder aufruft und neu einsetzt), dann werfen bestimmte Formen des Bruchs die Frage auf, ob das »Ich« überleben kann.

Die Dinge werden noch komplizierter, wenn man den Bruch gerade vollzieht, um zu überleben – um mit dem zu brechen, was einen bricht. In solchen Situationen ist das »Ich« bisweilen radikal widersprüchlichen Effekten ausgesetzt: Der Bruch mit diesen formierenden Beziehungen macht das Überleben unmöglich; nur durch einen solchen Bruch hat es irgendeine Überlebenschance. Die Uneindeutigkeit bezeugt einerseits die Tatsache, dass das »Ich« nicht einfach von den Beziehungen abgetrennt werden kann, die es ermöglicht haben. Sie bezeugt aber zugleich die Wiederholung dieser Beziehungen und die Möglichkeit eines Bruchs, der zu einem Teil der Geschichte des »Ich« wird und tatsächlich eine lebbare Zukunft eröffnet. Auch Frantz Fanon beschäftigt sich mit dem Problem, wie man mit den Bedingungen der Anrufung, die das eigene »Nichtsein« einrichten, brechen kann, um in die Kategorie des Menschlichen einzubrechen, um sie sogar aufzubrechen, indem man ihre rassifizierten Kriterien zurückweist. Analog dazu stellt Fanon die Bedingungen heraus, unter denen die Rassifizierung eine Seinsweise erschafft, die schon zerstört ist, bevor sie überhaupt nur die Möglichkeit zu leben hat und die, um leben zu können, ein anderes Verständnis von verkörperter Freiheit in Anspruch nehmen und entwickeln muss. Für Fanon wie für Spinoza, stellt sich die Frage: Was zerstört eine Person, wenn sie sich scheinbar selbst zerstört? Zeigt sich in solchen Momenten das Soziale im Psychischen und wenn ja, wie? Spinoza glaubt, dass sich eine Person streng genommen nicht selbst ihr Leben nehmen kann, sondern dass in einem solchen Moment etwas Äußerliches auf die Person einwirkt. Das führt zu der Frage, wie das »Äußerliche« nicht nur »innerlich«, sondern sogar zur treibenden Kraft der Psyche werden kann.

Um dieses Argument auszuführen, müsste ich ein Kapitel über die Psychoanalyse einfügen, das sich aber in diesem Band nicht finden wird. Der Essay zu Spinoza ermöglicht dennoch einen zumindest spekulativen Austausch zwischen Spinoza und Freud. Zudem behandeln die hier versammelten Texte viele der von der Psychoanalyse aufgeworfenen Themen: darunter die Bedingungen der Verkörperung, die Strategien der Verneinung, die ursprüngliche Abhängigkeit, die Ziele des Begehrens, die Gewalt sowie die ursprüngliche Bedeutung der Relationalität und den durchweg irritierenden Charakter der sozialen Bindungen und des Unbewussten.

Die hier versammelten Essays umspannen nicht nur einen Zeitraum von fast 20 Jahren, sie stehen auch für weniger bekannte – und weniger beliebte – Dimensionen meiner philosophischen Arbeit. Die Verbindung zum Feminismus und den Gender Studies findet sich in dem Essay zu Merleau-Ponty und Irigaray, und einige meiner politischen Anliegen sind sicherlich in dem Essay über Sartre und Fanon zu erkennen, ebenso wie in dem Essay über Spinoza und den Versuch, eine Ethik unter Druck zu formulieren. Doch in meiner Arbeit zu Malebranche und Merleau-Ponty, zu Kierkegaard, zu Descartes und zu Hegel geht es mir wohl eher um die relationalen Dimensionen der Verkörperung: um Leidenschaft, Begehren und Berührung. Mir geht es weniger darum, die Aktivität des denkenden »Ich« zu verstehen, sondern vielmehr um die sinnliche Voraussetzung dafür, empfunden zu werden und zu empfinden, eine vorübergehende und zugleich andauernde paradoxe Voraussetzung, die auch in den selbstgenügsamsten Gesten des Denkens noch fortbesteht.

Noch einmal: Es geht es nicht darum, all unsere Vorstellungen von unabhängigem Handeln oder Begehren zu untergraben und nachzuweisen, dass wir nichts als die Effekte vorgängiger und uns überlegener Kräfte sind. Die Aufgabe ist vielmehr, zu verstehen, dass das, was wir »Unabhängigkeit« nennen, immer durch eine Reihe von Beziehungen zustande kommt. Beziehungen, die uns formen und die nicht einfach im Moment der Handlung wegfallen, auch wenn sie in ihrer formierenden Kraft bisweilen aus unserem Bewusstsein verbannt werden, vielleicht sogar zu einem gewissen Grad verbannt werden *müssen*. Die Welt zu berühren und zu fühlen und zu empfinden, gelingt mir nur, weil dieses »Ich«, noch bevor es überhaupt »Ich« genannt werden konnte, bereits berührt und empfunden, angesprochen und belebt wurde. Das »Ich« kann diese ursprüngliche Einprägsamkeit nie ganz überwinden, obwohl es womöglich gelegentlich durch sie aufgelöst wird. Wenn man dieser These folgt, wird das Ich merkwürdigerweise gerade dadurch ein empfindsames, ein denkendes und handelndes Wesen, dass von Beginn an – auf der Grundlage jenes unfreiwilligen, aber unberechenbaren Felds von Einprägsamkeit – auf es eingewirkt wird. Wir sind schon aufgelöst, oder von Beginn an in Auflösung begriffen, wenn wir geformt werden. Und weil wir geformt sind, werden wir von dem, was wir empfinden (*sense*) und wissen, immer teilweise aufgelöst.

Daraus folgt eine Form der Relationalität, die man »ethisch« nennen könnte: Mir wird eine bestimmte Forderung oder Verpflichtung auferlegt und meine Antwort basiert auf meiner Fähigkeit zu bejahen, dass auf mich eingewirkt wurde und dass ich zu der geformt wurde, die auf diese oder jene Anrufung antworten kann. Daraus folgt aber auch eine ästhetische Relationalität: Etwas prägt sich mir ein und ich entwickle Eindrücke, die nicht vollständig von dem getrennt werden können, was auf mich einwirkt. Ich kann nur von etwas bewegt oder nicht bewegt werden, das mich von außen auf eine mehr oder weniger unfreiwillige Weise trifft.

Diese unbequeme und verheißungsvolle Beziehung lässt sich nicht einfach verneinen, und falls doch, dann nur um den Preis der Zerstörung einer sozialen und relationalen Welt. Ich würde sagen, dass wir bejahen müssen, dass und wie immer schon und immer noch auf uns eingewirkt wird, damit wir uns selbst bejahen können. Doch sich selbst zu bejahen bedeutet, die Welt zu bejahen, ohne die das Selbst nicht sein würde, also das zu bejahen, wofür ich mich nie entscheiden konnte, was mir also ohne meinen Willen zugestoßen ist und bestimmt, wie ich die Welt empfinde und verstehe.

Das Ethische meint nicht in erster Linie das Verhalten und die Gesinnung, sondern ein Verständnis des relationalen Beziehungssystems, in dem Sinn, Handlung und Rede überhaupt erst möglich werden. Das Ethische beschreibt eine Struktur der Ansprache, in der wir dazu aufgerufen sind, auf eine bestimmte Weise zu handeln oder zu antworten. Sogar auf der vorsprachlichen Ebene ist die Struktur der Ansprache noch wirksam. Die ethische Relationalität nimmt also auch diesen Bereich der vorgängigen Einprägsamkeit in Anspruch.[6] Wir werden schon beim Namen genannt oder als ein »Du« angesprochen, bevor überhaupt von Individuation die Rede sein kann. Gerade weil die Ansprache auf verschiedene Weisen wiederholt und eingeübt wird, formt sie ein Subjekt, das sich selbst mit diesen Begriffen bezeichnet und lernt, das »Du« in ein »Ich« oder in eine dritte, geschlechtlich markierte Person, in ein »er« oder »sie«, umzuwandeln. Diese Umwandlung verläuft nie ungestört und deswegen kann und wird der Selbstbezug, den die Szene der Ansprache ermöglicht, Bedeutungen annehmen, die über die Ziele derjenigen hinausgehen, die die Bedingungen dieses Diskurses durch Ansprache eingesetzt haben. Wenn man jemanden als ein »Du« anspricht, so erwartet man, dass sich darin ein

---

6 Levinas würde sagen, dass diese vorgängige Empfindsamkeit schon das Ethische ist. Vgl. Emmanuel Levinas, »Sensibilität und Nähe«, in: *Jenseits des Seins oder anders als Sein geschieht*, übers. v. Thomas Wiemer, Freiburg/München 2011, S. 142–218.

»Ich« wiedererkennt, nur kann dieses »Ich« sich gegen die verschiedenen Bedeutungen, die mit diesem »Du« verknüpft werden, wehren, sie verschieben oder von sich weisen. Mit anderen Worten: »Ja, ich bin es, aber ich bin nicht die, für die du mich hältst.«

Dieses Verkennen im Kern der Szene der Ansprache tritt deutlicher hervor, wenn es um Fragen des Geschlechts geht. Wenn ich mich nicht als »sie« wiedererkenne, bedeutet das auch, dass ich nicht erkenne, dass mich jemand mit diesem Pronomen anzurufen sucht? Ich könnte so tun, als wäre ich nicht angesprochen oder ich kann mich umdrehen und klarstellen, welches Pronomen ich bevorzuge. Doch egal was ich tue, ich verstehe, dass mit diesem Verkennen niemand anderes als ich gemeint war. Die Anrufung ist also auch dann an mich gerichtet, wenn sie falsch ist. Manchmal ist die Anrufung an jemand anderes gerichtet und ich denke, dass sie mich betrifft. Dann missverstehe ich diesen spezifischen Moment der Ansprache vielleicht deshalb, weil ich mich in einem allgemeineren Sinne als angesprochen verstehe. Vielleicht war das Hinterherpfeifen auf der Straße an eine bestimmte Frau gerichtet, und eine andere dachte, es gälte ihr. Der Punkt ist, dass es sich prinzipiell an sie hätte richten können, auch wenn sie sich in diesem speziellen Fall geirrt hat. Solche Anrufungen sind ausufernd und überinklusiv. Sie betreffen beliebig viele Objekte, auch wenn sie nur auf eines gerichtet zu sein scheinen. Der relativ unpersönliche Charakter der Anrufung führt dazu, dass Missverständnisse immer möglich sind.[7] Darüber hinaus ist in der Anrufungsszene nicht nur das Hinterherpfeifen oder die Beleidigung oder die abschätzige Bemerkung eine Ansprache. Jedes Pronomen verfügt über eine anrufende Kraft und birgt die Möglichkeit des Missverständnisses: »Du, bist du die Person, von der ich gesagt habe,

---

7 Vgl. Denise Riley, »Malediction«, in: *Impersonal Passion: Language as Affect*, Durham 2005, S. 9–28. Vgl. auch: »Self Description's Linguistic Affect«, in: *Words of Selves: Identification, Solidarity, Irony*, Palo Alto 2000, S. 22–55.

dass ich sie liebe?« oder »Ich, bin ich die Person, die du zu lieben behauptest?«[8]

Wie verhält sich diese Erörterung der Anrufung zu den Fragen der ursprünglichen Einprägsamkeit und Subjektformierung? Zunächst gehen die Szene der Ansprache und selbst ihre sprachliche Struktur jedem Akt der Verbalisierung voraus. Die Ansprache kann auch durch andere bedeutungsvolle Handlungen geschehen, durch Berührung, Bewegung, Festhalten, durch eine Drehung in die eine oder andere Richtung, durch das Aufnehmen und Verlieren visueller und taktiler Bindungen. Die Frage, ob jemand anderes anwesend ist, kann zu der Frage führen, ob ich selbst anwesend bin, so als wären Abwesenheit und Anwesenheit zwei Transitbereiche, Grenzgebiete zwischen differenzierten Individuen. Die Frage, ob es ein »Ich« gibt, dass zugleich differenziert und abhängig sein kann oder sich innerhalb der Abhängigkeit differenziert, birgt ein großes Potential an Unentschiedenheit. Das »Ich« kann spüren, dass es ohne das »Du« nichts ist, und das kann in der Tat einen vollkommen realen Zustand der ursprünglichen Abhängigkeit bezeugen (ein früher autobiographischer Zustand, der psychisch erneut durchlebt wird). Differenzierung scheint auf dem Boden der konstitutiven Möglichkeit des Missverständnisses zu gedeihen, das jeder Anrufung innewohnt. Auch wenn ein Kind in der vorsprachlichen Phase nicht sagt: »Bin ich gemeint, wenn du diesen Namen rufst?«, so ist es dennoch ein rätselhafter Vorgang, bei irgendeinem Namen genannt oder mit einem Geschlecht versehen zu werden, indem man wiederholt mit einem Pronomen belegt wird und entsprechend behandelt wird.[9] Sowohl der Eigenname als auch das Geschlecht müssen als rätselhaftes Geräusch auftreten, das einer interpretatorischen Antwort bedarf, die eine Reihe von Fehlern und Verkennungen mit einschließt. Vielleicht

---

8 Vgl. Louis Althusser, *Ideologie und ideologische Staatsapparate*, 1. Halbband, hg. v. Frieder Otto Wolf, Hamburg 2010.

9 Vgl. Denise Riley, *Am I That Name? Feminism and the Category of Women in History*, Minneapolis 1988.

bleibt eine gewisse Ahnung dieses Rätsels auch in der erwachsenen Welt der Anrufungen erhalten: »Meinst du wirklich mich, wenn du behauptest, ich sei dies oder das?« Manchmal taucht die Möglichkeit des Verkennens inmitten der intimsten Beziehungen auf: »Ich kann nicht glauben, dass du meine Mutter bist!« Oder: »Ist das wirklich mein Kind?«[10]

Auch wenn mit dem »Subjekt« meistens ein bereits sprachlich unterschiedenes, ja sogar zum sprachlichen Selbstbezug fähiges Geschöpf gemeint ist, so setzt es doch die Formierung des Subjekts voraus, die auch dafür verantwortlich ist, dass es zur Sprache kommt. Obwohl die Sprache dem Subjekt vorausgeht, müssen wir erklären, wie Sprache entsteht und wie wir die Beziehung zwischen Verkörperung und Sprache in der Subjektformierung verstehen. Wenn die Szene der Ansprache also nicht notwendigerweise verbal und nicht ausschließlich sprachlich ist, dann muss sie auf einen ursprünglicheren Vorgang im diskursiven Feld verweisen, der auf der Ebene des Körpers angesiedelt ist. Letzten Endes können wir aber gar nicht wirklich zwischen verschiedenen »Ebenen« unterscheiden, so als käme ihnen ein ontologischer Status zu, der über ihren heuristischen Nutzen hinausgeht. Der Körper wird immer von Technologien, Strukturen, Institutionen, von einer Reihe von Anderen, mit denen er auf persönliche oder unpersönliche Weise verbunden ist, und von organischen und vitalen Prozessen gestützt (oder eben nicht gestützt), um nur einige der Bedingungen für seine Entstehung zu nennen. Diese Stützen sind nicht einfach passive Strukturen. Eine Stütze muss *stützen*, sie muss also sein und zugleich handeln. Sie kann nur stützen, wenn sie *etwas* stützt, sie muss also als etwas Relationales und zugleich als etwas Handlungsfähiges definiert werden. Die transitive Weitergabe der Handlungsfähigkeit muss also irgendwo in diesem Bereich geschehen, wo die Stützen bereits mit unterschiedlichem Erfolg auf einen

---

10 Vgl. Jean Laplanche, »Implantation. Intromission«, in: *Die unvollendete kopernikanische Revolution in der Psychoanalyse*, übers. v. Udo Hock, Frankfurt a.M. 1996, S. 109–113.

Körper, auf ein lokalisiertes Feld von Einprägsamkeit einwirken, in dem der Gegensatz zwischen Passivität und Aktivität nicht tragfähig ist und es auch nicht sein kann. Bewirkt, belebt und zugleich selbst wirksam; angerufen, belebt und zugleich selbst anrufend; berührt, belebt und nunmehr zugleich empfindend. Diese Triaden sind zum Teil eine Abfolge, zum Teil eine Kreuzung. Und das Gleiche gilt für die Beziehung zwischen dem Körper und der Sprache. Denn der Hals und die Hände zeigen auch dann schon ein Bedürfnis, eine Enttäuschung oder einen Genuss an, wenn es noch gar keine sprachliche Form gibt, in der sich diese Neigungen ausdrücken können. Unbestritten erfolgt im Säuglingsalter der Großteil des körperlichen Ausdrucks noch vor der Verlautbarung und vor dem Sprechen. Das Aufkommen des Sprechens bedeutet keine Ersetzung oder Verdrängung des Körpers. Keineswegs wird die Signifikation des Körpers erfolgreich in die Rede übertragen oder sublimiert. Die körperliche Dimension der Signifikation fällt nicht weg, wenn das Sprechen beginnt (ebenso wenig sucht sie es als eine Metaphysik der Präsenz heim). Auch wenn der Körper etwas anderes bedeuten kann als das Sprechen, bleiben diese beiden Ausdrucksweisen miteinander verbunden, wenn auch nur auf symptomatische Weise (die Hysterie ist dafür das Paradebeispiel). Ganz banal zeigt sich das, wenn ein_e öffentliche Redner_in lernt, die eigene Kehle zu beleben und eine Person sich die Gesten der Gebärdensprache aneignet. Auch wenn wir also sagen würden, dass das körperliche Bedeuten der Rede vorausgeht, sollten wir nicht annehmen, dass es mit dem Sprechakt oder zumindest mit dem geschriebenen Text verschwindet. Der Körper bedeutet auch in seiner Abwesenheit. Descartes wollte davon zwar nichts wissen, Nancy zufolge wird diese Verleugnung jedoch durch Descartes' eigene Sprache unterlaufen.[11]

---

11 Für eine Reihe von wichtigen Reflexionen über die Philosophie und ihr ambivalentes Verhältnis zum Körper und inbesondere zur Berührung, siehe: Jacques Derrida, *Berühren. Jean-Luc Nancy*, übers. v. Hans-Dieter Gondek, Berlin 2007, S. 49–86; Jean-Luc Nancy, *Corpus*, übers. v.

Genau wie die Philosophie immer wieder an der Frage des Körpers scheitert, so neigt sie auch dazu, das, was man Denken nennt, von dem zu trennen, was man als Empfinden bezeichnet: vom Begehren, von der Leidenschaft, von der Sexualität und von allen Abhängigkeitsbeziehungen. Es ist ein großes Verdienst der feministischen Philosophie, diese Dichotomien zu hinterfragen und dadurch eine Reihe von Fragen aufzuwerfen: Ist im Empfinden nicht bereits eine Art von Denken am Werk? Wird in unserem Wirken nicht auch auf uns eingewirkt? Und werden wir nicht, wenn wir den Bereich des denkenden und sprechenden Ichs betreten, radikal geformt und bringen zugleich selbst etwas hervor? Die ersten Eindrücke, denen wir ausgesetzt sind, begründen eine belebte Abhängigkeitsbeziehung zur Welt. Wir sprechen davon, dass Eindrücke entweder empfangen oder geformt werden. Wenn sie aber geformt werden, indem sie empfangen werden, dann eröffnet diese ursprüngliche Einprägsamkeit eine Möglichkeit, jenen Dualismus von Aktivität und Passivität neu zu denken, der so problematisch mit der Geschlechterdifferenz verknüpft ist. Auch wenn wir nur mithilfe von phantastischen narrativen Wendungen zu der Ausgangsbedingung der ursprünglichen Einprägsamkeit zurückkehren können, besteht kein Grund, ihre Bedeutung zu bestreiten. Es bestätigt einfach, dass wir Formen der Fiktion bedürfen, um uns selbst zu verstehen: Die Tatsachen können in diesem Bereich nicht wie sonst überprüft werden. Wenn wir versuchen, uns einen Zustand zu erklären, in dem Serialität und Abfolge selbst ein offensichtliches Problem sind, wie es bereits die Unterscheidung zwischen aktiv und passiv gewesen ist, dann müs-

---

Nils Hodyas u. Timo Obergöker, Berlin 2003. In beiden Texten sind der »Sinn« und die »Empfindung« (*sensation*) nichts Gegebenes, das sich unabhängig vom Kontext gleich bleibt, sondern etwas, das es nicht ist: reflexiv, intentional und auf andere Oberflächen und Empfindungen und auf (mitunter unendliche) Beziehungen hin geöffnet. Nancys Arbeit lässt sich als äußerst spannende Verbindung von Merleau-Pontys späten Reflexionen über die Berührung mit den Arbeiten von Jacques Derrida lesen.

sen wir andere Mittel finden oder ein Narrativ zulassen, das seine eigene Unmöglichkeit erkennen lässt. Es scheint jedenfalls, als könnten wir weder verstehen, welchen Sinn das Subjekt hat, noch wie es zur Empfindung seiner Welt gelangt, solange wir nicht die sich kreuzenden Bedingungen seiner Formierung zu verstehen suchen. Dabei geht es nicht darum, einen Ursprung aufzudecken oder eine kausale Abfolge nachzuzeichnen, sondern vielmehr zu beschreiben, was da in meinem Handeln handelt, ohne deshalb für das ganze Schauspiel verantwortlich zu sein. Wie es scheint, kommt das Ethische gerade hier ins Spiel, in dieser Begegnung, die mich mit einer Welt konfrontiert, die ich nicht selbst gewählt habe. Sie führt dazu, dass ich das unwillentliche Ausgesetztsein gegenüber dem Anderen als Bedingung aller menschlichen und nicht-menschlichen Relationalität bejahen muss. Auch wenn auf mich eingewirkt wird, handele ich noch, aber es ist kaum dieses »Ich« allein, das handelt. Dennoch oder vielleicht genau deshalb kann es mit seiner Auflösung nie ganz fertig werden.

Übersetzt von Oliver Precht und Hannah Schurian

»Wie kann ich bestreiten, dass diese Hände und dieser Körper die meinigen sind?«[1]

Ich erinnere mich an eine schlaflose Nacht im letzten Jahr, in der ich ins Wohnzimmer kam und den Fernseher einschaltete, nur um auf *C-Span* auf eine Sondersendung zu feministischen Themen zu stoßen, in der die Historikerin Elisabeth Fox-Genovese mit Nachdruck erklärte, warum ihrer Meinung nach die *Women's Studies* nach wie vor relevant seien und weshalb sie bestimmte radikale Strömungen des feministischen Denkens ablehne. Zu den Positionen, die ihr am stärksten missfielen, zählte sie die feministische Perspektive, der zufolge sich zwischen den Geschlechtern (*sexes*) keine beständige Unterscheidung vornehmen oder denken lasse, eine Perspektive, die nahelegt, dass die Differenz zwischen den Geschlechtern selbst kulturell variabel sei oder, schlimmer noch, diskursiv hervorgebracht werde, als wäre das alles nur eine Sache der Sprache. Meinem Wunsch, einzuschlafen, war das natürlich wenig zuträglich und mir wurde bewusst, dass ich gleichsam selbst ein schlafloser Körper in der Welt war – ein Körper, dem zumindest indirekt vorgeworfen wurde, dem Körper nicht mehr, sondern weniger Gewicht verliehen zu haben. Ich war mir nicht einmal ganz sicher, ob nicht der böse Traum, aus dem ich wenige Stunden zuvor erwacht war, in gewisser Hinsicht auf dem Bildschirm weitergespielt wurde. War ich wach oder träumte ich? Immerhin hatte mich zweifellos das paranoide Gefühl, dass ich verfolgt werde, aus

[1] Dieser Text wurde zuerst als Vortrag für die *American Philosophical Association Meetings* im Dezember 1997 in Philadelphia gehalten. Eine überarbeitete Fassung wurde auf der Tagung »Culture and Materiality« an der University of California im April 1998 vorgetragen und anschließend zur Veröffentlichung in *Qui Parle* bearbeitet.

dem Bett getrieben. War es immer noch paranoid, zu denken, dass sie über mich sprach, und war es überhaupt möglich, das herauszufinden? Falls ich es war, wie hätte ich wissen können, dass ich die Person war, auf die sie sich bezog?

Ich schildere diesen Vorfall nicht, weil ich hier die Frage beantworten möchte, ob sexuelle Differenz allein in der Sprache produziert wird, sondern weil er bereits die cartesianischen Dilemmata erahnen lässt, mit denen ich mich im Folgenden beschäftigen werde. Ich werde die Frage der sexuellen Differenz vorerst ruhen lassen, um ein anderes Mal auf sie zurückzukommen.[2] Die Problematik, die ich hier adressieren möchte, taucht immer dann auf, wenn wir versuchen, jene Art von *Handlung* zu beschreiben, mit der Sprache auf den Körper einwirkt oder die Sprache in der Produktion und Erhaltung von Körpern vollzieht. Und tatsächlich, wann immer wir implizit oder explizit die Sprache der diskursiven Konstruktion sprechen, tendieren wir dazu, Sprache als etwas zu beschreiben, das einen Körper aktiv produziert oder herstellt.

In der folgenden Betrachtung von Descartes' *Meditationen* möchte ich die Frage aufwerfen, ob die Art und Weise, wie Descartes die Unwirklichkeit seines eigenen Körpers setzt, nicht womöglich ein allgemeineres Problem des Setzens allegorisiert, das in unterschiedlichen Formen des Konstruktivismus, aber auch in den kritischen Erwiderungen gegen einen Konstruktivismus auftritt, der mitunter weniger gut verstanden wird als er sollte. Der Titel dieses Textes, den ich bereits begonnen und doch auch nicht begonnen habe, lautet: »Wie kann ich bestreiten, dass diese Hände und dieser Körper die meinigen sind?«. Das sind gewiss Descartes' Worte, aber angesichts der Dilemmata, vor die uns der Konstruktivismus heute stellt, könnten es auch unsere, beziehungsweise die meinigen sein.

---

2 Hervorragende Arbeiten zum Verhältnis von Sprache und Materialität in der sexuellen Differenz wurden von Charles Stephardson, Debra Keates und Katherine Rudolph unternommen.

Die Sprache der diskursiven Konstruktion nimmt in der gegenwärtigen Forschung verschiedene Formen an, und manchmal scheint es dabei, als ob der Körper ex nihilo aus den Ressourcen des Diskurses erschaffen würde. Zu behaupten, dass der Körper im Diskurs hervorgebracht wird, heißt nicht nur, den Diskurs bildlich-figurativ als eine hervorbringende Tätigkeit vorzustellen, sondern auch den entscheidenden Fragen auszuweichen, nämlich »auf welche Weise« und »in welchem Ausmaß« dies geschieht. Wenn wir zum Beispiel sagen, dass zwischen den Geschlechtern eine Grenze gezogen werden kann und gezogen werden muss, so gestehen wir damit zu, dass gewissermaßen die Beständigkeit der Unterscheidung davon abhängt, dass eine Grenze gezogen wird. Doch zu sagen, dass wir in der Lage sein müssen, eine Grenze zu ziehen, um die Unterscheidung zwischen den Geschlechtern zu festigen, könnte einfach bedeuten, dass wir zunächst die Unterscheidung auf eine Weise begreifen müssen, die es uns erlauben wird, eine Grenze zu ziehen. Das Ziehen der Grenzlinie bestätigt dann eine Unterscheidung, die irgendwie bereits vorhanden war. Aber es könnte umgekehrt auch bedeuten, dass es gewisse Konventionen gibt, die darüber bestimmen, wie und wo die Grenze gezogen oder nicht gezogen werden sollte, und dass sich diese Konventionen, als solche, mit der Zeit verändern, sodass in genau dem Moment ein Gefühl der Angst und der Unwissenheit entsteht, in dem wir gezwungen sind, in Bezug auf die Geschlechter eine Linie zu ziehen. Die Grenze lässt uns dann wissen, was und was nicht als »Geschlecht« gelten wird; die Grenze funktioniert wie ein regulatives Ideal im Foucault'schen Sinne oder wie ein normatives Kriterium, das das Erscheinen und die Wissbarkeit des Geschlechts ermöglicht und kontrolliert. Die nicht einfach zu klärende Frage lautet nun: Bestimmen die Konventionen, die die sexuelle Differenz ab- und eingrenzen, zum Teil darüber, was wir als sexuelle Differenz »sehen« und »verstehen«? Es ist, wie Sie nun vielleicht einwenden möchten, kein großer Sprung von dieser Behauptung zu dem Gedanken, dass sexuelle Differenz in der

Sprache hervorgebracht wird. Aber ich denke, dass wir vielleicht ein wenig behutsamer vorgehen sollten, bevor wir diese Schlussfolgerung unterschreiben oder zurückweisen.

Die Sprache des Konstruktivismus birgt das Risiko einer gewissen Form des Linguistizismus, das heißt der Annahme, dass das, was von der Sprache konstruiert wird, mithin selbst Sprache sei, dass der Gegenstand sprachlicher Konstruktion nichts anderes sei als die Sprache selbst. Außerdem wird diese etwas konstruierende Handlung durch sprachliche Äußerungen übermittelt, die zuweilen suggerieren, es sei eine einfache und einseitige Schöpfung am Werk. Die Sprache sei es, die den Körper hervorbringt oder gestaltet, ihn produziert oder konstruiert, ihn konstituiert oder erschafft. Es sei also die Sprache, die etwas tut, was ein tropologisches Verständnis von Sprache impliziert, dem zufolge sie performativ vollziehend und hervorbringend wäre. Es liegt gewiss etwas ziemlich Skandalöses in der starken Version des Konstruktivismus, die manchmal am Werk ist, wenn konstruktivistische Positionen etwa nahelegen, dass der Körper nicht nur *von der* Sprache gemacht werde, sondern auch *aus* Sprache bestehe, oder dass der Körper irgendwie auf die sprachlichen Koordinaten reduzierbar sei, durch die er identifiziert und identifizierbar wird, als ob es um nichts Nichtsprachliches ginge. Das Ergebnis ist nicht nur ein ontologischer Bereich, der als Effekt des sprachlichen Monismus verstanden wird; vielmehr wird in der Beschreibung dessen, was Sprache tut und wie sie es tut, die tropologische Funktionsweise von ›Sprache als Handlung‹ auf eine merkwürdige Weise buchstäblich verstanden. Und auch wenn Paul de Man oft betont hat, dass die tropologische Dimension des Diskurses seiner performativen Dimension entgegenwirke, scheint mir in diesen Fällen – wie auch in de Mans Nietzsche-Interpretation – eine Art Buchstäblich-werden der Trope der Performativität im Spiel zu sein.

Um mich dieser Frage anzunähern, möchte ich einen anderen Weg einschlagen, der die Reduktion der sprachlichen Konstruktion auf den sprachlichen Monismus verweigert, um so das Bild und die Denkfigur von Sprache als etwas, das auf den Gegenstand der Konstruktion einseitig und unzweideutig einwirkt, infrage zu stellen. Es mag sein, dass das Wort »Konstruktion« in diesem Kontext seinen Sinn verliert, und dass das Wort »Dekonstruktion« besser geeignet ist für das, was ich beschreiben möchte, aber ich gestehe sofort, dass es mir einerlei ist, wie oder ob diese Begriffe miteinander oder mit mir in Beziehung stehen. Mein Anliegen ist von einer anderen Art und berührt vielleicht gerade jene Spannung, die entsteht, wenn die Problematik der diskursiven Konstruktion mit der Dekonstruktion in einen Dialog tritt.

Es sollte meines Erachtens möglich sein zu behaupten, dass unabhängig von den sprachlichen Koordinaten, die die Grenzen des Körpers festlegen, der Körper nicht identifiziert oder zum Gegenstand von Wissen werden kann – *ohne* damit zu behaupten, dass der Körper nichts anderes ist als die Sprache, durch die er erfasst wird und in der Wissen über ihn erlangt wird. Letztere Behauptung will aus dem Körper den bloßen ontologischen Effekt einer Sprache machen, die seine Wissbarkeit beherrscht. Doch dieser Sichtweise entgeht die Inkommensurabilität zwischen den beiden Gebieten, eine Inkommensurabilität, die nicht unbedingt ein Gegensatz ist. Auch wenn man der Aussage zustimmen mag, dass der Körper nur durch Sprache erkannt werden kann, dass unser Wissen vom Körper sprachlich verfasst ist, dass also *der Körper nur durch Sprache gegeben ist*, so ist er auf diesem Wege doch nie vollständig gegeben, und zu sagen, dass er nur teilweise gegeben ist, kann nur verstanden werden, wenn wir zugleich anerkennen, dass er, wenn er denn gegeben ist, immer nur in Teilen gegeben ist – er ist gleichsam zugleich gegeben und zurückgehalten, und es ist jeweils die Sprache, die diese beiden Vorgänge performativ vollzieht. Selbst wenn der Körper auf Sprache angewiesen ist, um erfasst werden zu können, übersteigt er doch jede Bemühung des sprachlichen Zugriffs. Es wäre verlockend daraus den Schluss zu ziehen, dass der Körper außerhalb der Sprache existiert, dass sich seine Ontologie von jeder sprachlichen Verfasstheit trennen ließe, und dass wir durchaus in der Lage sein könnten, diese losgelöste Ontologie zu beschreiben.

Doch an diesem Punkt würde ich – vielleicht sogar dauerhaft – zögern, denn sobald wir mit der Beschreibung dessen beginnen, was sich außerhalb der Sprache befindet, erscheint der Chiasmus erneut: Wir haben den Körper, den wir in seiner ontologischen Reinheit erweisen wollen, bereits kontaminiert, wenn auch nicht gebändigt. Der Körper entzieht sich dem Zugriff der Sprache, er entzieht sich aber auch der nachträglichen Bemühung, diesen Entzug ontologisch zu bestimmen. Die Beschreibung des außersprachlichen Körpers allegorisiert so das Problem der chiastischen Beziehung zwischen Sprache und Körper; es gelingt ihr nicht, die Unterscheidung aufrechtzuerhalten, die sie zu artikulieren sucht.

Die Aussage, dass der Körper in einem Chiasmus vorgestellt wird, impliziert die gleichzeitige Gültigkeit der folgenden logischen Beziehungen: Der Körper ist durch Sprache gegeben, aber er ist deshalb nicht auf Sprache reduzierbar. Die Sprache, durch die der Körper zum Vorschein kommt, hilft dabei, diesen Körper in seiner Erkennbarkeit zu formen und zu begründen, doch die Sprache, die den Körper formt, formt ihn nicht vollständig oder ausschließlich. Die Bewegung der Sprache, die scheinbar erschafft, was sie benennt, ihr Prozess als eine nahtlose Performanz der illokutionären Überzeugung überdeckt oder verschleiert das Moment der Substitution, der Trope. Diese Verhüllung lässt Sprache als transitiven Akt erscheinen, und ermöglicht erst die Berufung auf Sprache als reine Performanz, die gleichzeitig tut, was sie sagt. Wenn Sprache in gewisser Hinsicht handelnd auf den Körper einwirkt – wenn wir etwa von körperlicher Einschreibung sprechen, wie es in vielen Kulturtheorien geläufig ist –, dann könnte es sich lohnen der Frage nachzugehen, ob Sprache buchstäblich handelnd auf den Körper einwirkt und ob der Körper eine äußerliche Oberfläche für ein solches einwirkendes Handeln darstellt, oder ob das nicht selbst wiederum rhetorische Figuren und Bilder sind, auf die wir in dem Versuch zurückgreifen, die Wirkungskraft der Sprache zu erweisen.

Dies führt zu einem umgekehrten Problem, nämlich zu dem Fall, in dem die Sprache ihre eigene Verwicklung mit dem Körper zu bestreiten versucht, während das Argument für die radikale Entkörperlichung der Seele gerade in der Sprache vorgebracht wird. Hier geht es um die Frage, auf welche Weise der Körper in genau jener Sprache auftaucht, die ihn zu leugnen versucht, was nahelegt, dass kein sprachlicher Prozess sich vollständig vom Prozess des Körpers trennen kann. Sprache selbst kommt nicht ohne die Setzung des Körpers aus, und wenn sie so tut, als wäre der Körper für ihren eigenen Prozess nicht wesentlich, tauchen Figuren und Bilder des Körpers in gespenstischer und zerstückelter Form in eben jener Sprache wieder auf, die deren Leugnung vollziehen möchte. Sprache entkommt also nicht ihrer Verwicklung mit dem körperlichen Leben, und wo sie einen solchen Fluchtversuch unternimmt, kehrt der Körper in Form von gespenstischen Bildern wieder, deren semantische Implikationen dem expliziten Anspruch auf Entkörperlichung zuwiderlaufen, der in der Sprache selbst erhoben wurde. So wie die Bemühung, den Körper sprachlich zu bestimmen, mit ihrem Versuch scheitert, das zu begreifen, was sie benennt, so wird auch die Bemühung, dieses Scheitern als definitives zu erweisen, durch das figurative Fortleben des Körpers, durch die Beharrlichkeit seiner Bilder untergraben.

Dieses chiastische Verhältnis lässt sich durch eine Neubetrachtung des Anfangs der *Meditationen* verdeutlichen, wo Descartes die Wirklichkeit seines Körpers infrage stellt. Descartes möchte herausfinden, ob er die Wirklichkeit seines eigenen Körpers, und besonders die seiner Glieder, bestreiten kann.[3] Zunächst

---

[3] Es ist interessant und zudem nicht ohne Grund, dass in der Schwebe befindliche, unergründliche Glieder in de Mans Essay »Phänomenalität und Materialität bei Kant« in einer Weise auftauchen, die eine metonymische Beziehung zu dem von Descartes aufgeworfenen Problem nahelegt. De Man zufolge wird der Körper in der *Kritik der Urteilskraft* als

möchte ich jedoch nur festhalten, dass Descartes' Möglichkeit, am Körper zu zweifeln, die skeptische Haltung gegenüber der Wirklichkeit des Körpers anzukündigen scheint, die häufig mit zeitgenössischen konstruktivistischen Positionen in Verbindung gebracht wird. Im Verlauf von Descartes' zauberhaftem Weg des Zweifels ergibt es sich, dass jene Sprache, mit der er den Körper infrage stellt, den Körper letztlich als eine Bedingung seines eigenen Schreibens erneut geltend macht. Der Körper, der als »Objekt« des Zweifels infrage gestellt wird, kommt so im Text als figurative Voraussetzung für sein Schreiben erneut zum Vorschein.

Doch welchen Status hat der Cartesische Zweifel, insofern er sich im Schreiben ereignet, in einer Schrift, die wir lesen, und deren Performanz wir gezwungen sind, lesend erneut zu vollziehen? Derrida hat die Frage aufgeworfen, ob das cartesianische »Ich« mit der Methode des Zweifels vereinbar ist, wenn man davon ausgeht, dass sie sich auf andere Fälle übertragen lässt, eine Methode also, die jeder ausführen könnte. Eine Methode muss wiederholbar oder iterierbar sein; Intuition (oder Selbstprüfung) erfordert die Singularität des Geistes, der der Prüfung unterzogen wird. Wie kann eine Methode den Anforderungen der Introspektion angepasst werden? Obwohl Descartes' meditative Methode eine introspektive ist, in der er auf eine nicht vermittelte Weise versucht, sich selbst zu erkennen, ist sie auch eine, die geschrieben steht, und das heißt, dass sie in der Zeitlichkeit des Schreibens performativ vollzogen wird. Bezeichnenderweise gibt er die verschiedenen Akte der Introspektion, die er vor dem Schreiben vollzieht, nicht sprachlich wieder: Das Schreiben erscheint als zeitgleich mit der Introspektion, was im Gegensatz zu seinen expli-

---

der Figuration und Kognition vorausgehend verstanden, wenn wir dieses Wort hier überhaupt verwenden können. Bei Descartes taucht er als eine besondere Art von Figur auf, die den ontologischen Status des Begriffs aussetzt und damit die Frage nach einer absoluten Trennbarkeit zwischen Materialität und Figuration aufwirft, eine Unterscheidung, die de Man bisweilen so absolut wie möglich zu machen versucht.

ziten Behauptungen nahelegt, dass diese Meditation keineswegs eine unvermittelte Wiedergabe ist, sondern eine, die sich in der Sprache ereignet und ereignen muss.

Bekanntlich beginnt Descartes seine *Meditationen* mit dem Versuch, jeden Zweifel auszuräumen. Er beginnt in einem autobiographischen Modus und sinnt darüber nach, wie lange es her ist, dass er empfunden hatte, dass viele seiner Meinungen falsch waren, jene Glaubenssätze, denen er in der Vergangenheit anhing, die Teil seiner Jugend zu sein schienen, die Teil seiner Geschichte waren. Er möchte sich von seinen früheren Meinungen »losmachen«, sie »umwerfen« oder »auflösen« (*»il me fallait entreprendre [...] de me défaire de toutes les opinions«*).[4] Zunächst schreibt

[4] »Il me fallait entreprendre serieusement une fois en ma vie de me défaire de toutes les opinions que j'avais reçues«. Obwohl Descartes zu dieser Zeit in Holland lebte, wurde dieser Text ursprünglich 1641 in lateinischer Sprache in Frankreich veröffentlicht. Descartes hatte offenbar Gründe, die Lektüre des Textes durch die holländischen Minister zu fürchten, und so ließ er einen Freund die Veröffentlichung in Frankreich beaufsichtigen. Im folgenden Jahr, 1642, erschien der Text dennoch in Amsterdam in einer zweiten lateinischen Ausgabe, die bereits die Einwände und Erwiderungen enthielt. Diese zweite Ausgabe, die üblicherweise als die Version von Adam und Tannery bezeichnet wird, war die Grundlage für die französischen Übersetzungen. Eine davon erfolgte noch im selben Jahr durch den Duc de Luynes. Sie ist von Descartes genehmigt worden, das heißt er hat sie selbst verschiedensten Korrekturen und Überarbeitungen unterzogen. Sie erschien 1647 in überarbeiteter Form. Daher können wir den französischen Text bis zu einem gewissen Grad als einen von Descartes genehmigten und teilweise auch geschriebenen Text betrachten, zumindest war er bereit, ihn mit seiner Signatur zu versehen. Beinahe jede englische Übersetzung von Descartes folgt der zweiten, lateinischen Ausgabe der *Meditationen*. Es gab zwei französische Übersetzungen, die Descartes zur Genehmigung angeboten wurden, eine vom Duc de Luynes und eine andere von Clerselier; er wählte für die *Meditationen* selbst die vom Duc de Luynes und für die »Einwände und Erwiderungen« die von Clerselier.
1661 veröffentlichte Clerselier seine Übersetzung erneut, wobei er Korrekturen vornahm und die Übersetzung des Duc de Luynes, die Descartes genehmigt hatte, aufgab. Viele wissenschaftliche Editionen halten diese

er, »ich habe heute die Gelegenheit ergriffen und den Geist von allen Alltagspflichten freigemacht [...], ziehe mich einsam zurück, und werde mich endlich ernsthaft und frei diesem allgemeinen Umsturz meiner Meinungen widmen (*détruire généralement toutes mes anciennes opinions*)«.[5] (Seine Aufgabe ist die nüchterne Destruktion der eigenen Meinungen, aber auch der eigenen Vergangenheit, und das könnte bedeuten, dass man, um mit den Meditationen anfangen zu können, zunächst eine Destruktion der eigenen Vergangenheit und Erinnerung vollzogen haben muss). So kommt auf narrative Weise ein »Ich« zum Vorschein, das in einer gewissen Distanz zu seinen früheren Meinungen steht, das sich von seiner Historizität abschneidet und aus einer sorglosen Position heraus seine Überzeugungen prüft und beurteilt. Was immer das »Ich« sein mag – von Beginn an ist es nicht mit den Meinungen identisch, an die es glaubt und die es gründlich hinterfragt; genauer gesagt scheint das »Ich« auf der Ebene der Grammatik in der Lage zu sein, sich aufrecht zu erhalten, während es diese Meinungen infrage stellt. Diese Meinungen infrage zu stellen heißt scheinbar nicht, das »Ich« infrage zu stellen. Das »Ich« ist offenbar von den Meinungen unterschieden, denen es anhing.

---

für eine genauere und wörtlichere Übersetzung und haben sie als Primärtext verwendet. Einige von ihnen beklagten, dass die Version des Duc de Luynes eine zu freie Übersetzung sei, der es an Descartes' Genauigkeit fehle. Und sie haben Ausreden dafür gefunden, warum Descartes die Übersetzung akzeptiert haben könnte – etwa aus Gründen der Höflichkeit, der Politik und dergleichen.
Ich folge hier der französischen Fassung des Duc de Luynes, zitiert nach: René Descartes, *Méditations métaphysiques*, hg. v. Florence Khodoss, Paris 1996, S. 26. [Hier wie im Folgenden werden Descartes' *Meditationes de prima philosophia* zitiert nach der lateinisch-deutschen Meiner-Ausgabe von 2008 (übers. v. Christian Wohlers) und ggf. gemäß Butlers eigenen Übersetzungsvorschlägen modifiziert. Die Seitenangaben der französischen Ausgabe werden jeweils nach einem Schrägstrich ergänzt. A.d.Ü.].

[5] Descartes, *Meditationes*, S. 33 / S. 26.

Um diesem Text folgen zu können, müssen wir als Leser_innen uns also ein »Ich« vorstellen, das sich von der Geschichte seiner Meinungen abtrennen lässt. Und die Grammatik erfordert von uns, dies noch vor dem offiziellen Anfang der Methode des Zweifels zu tun. Mehr noch, das Wort, das gemeinhin mit ›*belief*‹, ›Meinung‹ oder ›Glaubenssatz‹ übersetzt wird, lautet im Französischen *opinion*, was von Anfang an eine Art grundlosen Wissens impliziert, eine Art zu wissen, deren Grundlosigkeit Descartes enthüllen möchte.

Descartes stellt bei der Suche nach den Prinzipien seiner früheren Meinungen fest, dass die Sinne einen täuschen können, und dass man sich bei dem, was uns einmal getäuscht hat, nicht mehr darauf verlassen dürfe, dass es uns zukünftig nicht wieder täuschen wird. Und doch liefern die Sinne manchmal etwas Unbezweifelbares, etwa wenn der Erzähler folgende berühmte Szene wiedergibt: An manchem, sagt Descartes, könne man nicht zweifeln, wie zum Beispiel an der Tatsache, »dass ich jetzt hier bin, beim Feuer sitze, mit einem Wintermantel bekleidet bin, dieses Papier mit meinen Händen berühre und dergleichen«.[6] Ich möchte auf den Umstand aufmerksam machen, dass das »Ich« demnach »hier« ist, *ici*. Dieses Wort ist in diesem Satz ein deiktisches; es ist ein Shifter, der auf ein »Hier« hindeutet, das jedes Hier sein könnte; aber es scheint auch das Wort zu sein, das die räumlichen Koordinaten der Szene verankern soll, um so zumindest den räumlichen Grund ihrer Unbezweifelbarkeit zu begründen. Wenn Descartes »hier« schreibt, scheint er sich auf den Ort zu beziehen, an dem er sich befindet, aber dieses Wort könnte sich auf jedes »hier«, auf jeden Ort beziehen, sodass es Descartes nicht auf die Weise an seinem Ort zu verankern vermag, wie man es erwarten könnte. Was macht das Schreiben seines Ortes mit der unbezweifelbaren Referentialität dieses »hier«? Ganz eindeutig ist er nicht hier; das »hier« funktioniert als Index, der nur auf etwas verwei-

---

[6] Ebd., S. 35 / 27.

sen kann, indem er gegenüber seinem Anlass gleichgültig bleibt. Gerade weil das Wort promiskuitiv auf vieles verweisen kann, führt es eine Uneindeutigkeit und sogar eine Bezweifelbarkeit ein, die es ziemlich unmöglich macht zu entscheiden, ob Descartes' »Hier«-Sein eine Tatsache ist, wie er es behauptet, oder nicht. Der bloße Gebrauch eines solch mehrdeutigen Wortes lässt diese Tatsache vielleicht schon unwahr erscheinen.

Was ich gleichsam »hier« unterstreichen möchte, ist, dass Descartes' Sprache die Perspektive überschreitet, die sie zu behaupten versucht, was eine Erzählung seiner selbst sowie eine reflexive Referentialität möglich macht, die den Erzählenden von dem »Ich« distanziert, durch das er erzählt wird. Das Hervortreten eines narrativen »Ich« in den *Meditationen* hat Konsequenzen für das philosophische Argument, das Descartes machen möchte. Der geschriebene Status des »Ich« spaltet den Erzähler von dem Selbst ab, das er erkennen und *nicht* bezweifeln möchte. Das »Ich« entkommt seiner Kontrolle, insofern es zum Geschriebenen wird. Auf der philosophischen Ebene werden wir aufgefordert, ein »Ich« anzunehmen, das nicht mit der Geschichte seiner Meinungen identisch ist, das solche Meinungen »auflösen« und »vernichten« kann und dabei immer noch intakt bleibt. Auf der Ebene der Erzählung haben wir es mit einem »Ich« zu tun, das ein textuelles Phänomen ist, das den Ort und die Zeit, in der es sich verankern möchte, überschreitet, und dessen geschriebener Aspekt von dieser Übertragbarkeit von einem Kontext in den anderen abhängt.

Doch die Dinge sind bereits merkwürdig geworden, denn wir sollten, wie Descartes im »Vorwort« betont, mit Gründen beginnen, und zwar mit Gründen, die überzeugen und die uns eine klare und deutliche Idee von dem geben, was nicht bezweifelt werden kann. Wir waren gerade im Begriff, den Sinnen zu misstrauen, doch stattdessen werden wir in die Gewissheiten hineingezogen, die sie uns liefern, wie etwa die Tatsache, dass ich bekleidet hier am Feuer sitze und das Papier betaste, das ich in den Händen halte.

Aus dieser Szene, in der die Unbezweifelbarkeit zugleich behauptet und zurückgenommen wird, geht die Frage des Körpers hervor. Descartes fragt: »Wie kann ich bestreiten, dass diese Hände und dieser Körper hier die meinigen sind?«[7] Beachten Sie die Art und Weise, in der er die Frage stellt, in der die Frage innerhalb der Sprache stellbar wird. Ich glaube, die Frage nimmt eine eigenartige Grammatik an, die die Trennbarkeit gerade von dem affirmiert, was sie als notwendig verbunden erweisen möchte. Wenn man die Frage stellen kann, ob die eigenen Hände und der eigene Körper nicht die eigenen sind, was ist dann geschehen, damit sich diese Frage überhaupt stellen lässt? Mit anderen Worten, wie konnte es dazu kommen, dass meine Hände und mein Körper zu etwas anderem geworden sind als ich, oder dass sie zumindest von mir verschieden zu sein schienen, sodass die Frage, ob sie mir gehören oder nicht, überhaupt gestellt werden konnte? Was ist der Status der Frage, der ihr eine Unterscheidung zu postulieren erlaubt zwischen dem »Ich«, das fragt, und dem »Mir-gehören« des Körpers, nach dem gefragt wird, sodass sie also grammatikalisch genau das performativ vollzieht, von dem sie zeigen will, dass es *nicht* performativ vollzogen werden *kann*?

Tatsächlich beginnt Descartes mit einer Reihe von Fragen, die genau das performativ vollziehen, von dem sie behaupten, es könne nicht performativ vollzogen werden: »Wie kann ich bestreiten, dass diese Hände und dieser Körper die meinigen sind?« ist eine davon. Es ist eine sonderbare, paraliptische Frage, denn Descartes liefert uns damit zugleich die graphischen Konturen seines Zweifels und zeigt so, dass ein solcher Zweifel möglich ist. Das heißt freilich nicht, dass dieser Zweifel bis zum Ende stichhaltig bleibt oder nichts Unbezweifelbares auftaucht, das dem Zweifel ein Ende setzen könnte. Wenn Descartes behauptet, der Körper sei die Grundlage des Unbezweifelbaren, so ist das eine bemerkenswerte Folgerung, und sei es nur, weil sie sich scheinbar auf einen

[7] Ebd. [Übersetzung modifiziert].

Empirismus beruft, der seinerseits eine unbequeme Vereinbarkeit mit dem von ihm angestrebten theologischen Projekt unterhält. Diese Beispiele scheinen außerdem auf die Problematik der Bekleidung zu verweisen, auf das Wissen, dass man bekleidet ist, denn er behauptet sicher zu sein, dass er in seinen Wintermantel gehüllt am Feuer saß.

Der Sicherheit dieser Behauptung folgt jedoch eine Reihe von Spekulationen, von denen er sich vorstellt, dass andere sie anstellen könnten, die er aber, in seiner Vorstellung, selbst anstellt. Genau genommen wird das Schreiben zum Anlass, narrative Perspektiven auf sich selbst zu setzen und einzunehmen, von denen er behauptet, es seien nicht seine eigenen, die jedoch, indem er sie einnimmt, gerade im Modus ihrer Projektion und Verschiebung zu seinen eigenen werden. Der andere, der erscheint, ist also das »Ich«, das in der Paranoia von der Alterität umkreist und umgelenkt wird: Was ist mit denen, die denken, sie seien lila gekleidet, in Wirklichkeit aber völlig unbedeckt sind, jene anderen, die doch so sind wie ich, und die denken, sie seien bekleidet, deren Denken sich jedoch als unbegründete Einbildung erweist? Schließlich ist Descartes derjenige, der sich andere aktiv nackt vorstellt, womit er impliziert – auch wenn er die Implikation nicht weiterverfolgt –, dass sie über ihn wohl auch denken könnten, er sei nackt. Aber warum? Gewiss möchte er unter die Schichten gelangen, die den Körper bedecken, aber der Anlass für die radikale Enthüllung, auf die sich die *Meditationen* zubewegen, ist gerade das, was ihn mit einem durch eine Halluzination, eine Täuschung der Sinne verursachten Verlust der Selbstgewissheit bedroht.

Tatsächlich wird ersichtlich, dass die Suche nach der Gewissheit des Körpers zu einer Vermehrung der Zweifel führt. Er ist sich sicher, dass er bekleidet dort sitzt: Seine Perspektive, als Sinneswahrnehmung und nicht als reine Intellektion, ist also eine bekleidete oder verhüllte, und folglich ist diese Gewissheit von einer gewissen Verhüllung abhängig. Die Nacktheit, die er der halluzinierten Gewissheit anderer zuschreibt, droht ständig ihn selbst einzuholen und zu seiner eigenen halluzinatorischen Gewissheit zu werden. Gerade als Zeichen radikaler Gewissheit untergräbt diese Nacktheit seine Gewissheit. Wenn er bekleidet ist, ist er sich darüber gewiss, was wahr ist, aber wenn er es nicht ist, dann ist die Wahrheit enthüllt worden und der Körper ohne Verhüllung exponiert, was zu der paradoxen Schlussfolgerung führt, dass seine eigenen Äußerungen nur dann als unzweifelhaft gelten können, wenn er sich darüber täuscht, bekleidet zu sein, sodass sich in diesem Fall Halluzination und Gewissheit nicht mehr radikal voneinander unterscheiden lassen.

Es ist also nicht irgendein nackter Körper, sondern einer, der jemandem gehört, der sich über seine eigene Nacktheit täuschen lässt, den andere aber in seiner Nacktheit und in seiner Täuschung sehen können. Und es nicht einfach »irgendjemand« mit einer charakterologischen Singularität, sondern ein »jemand«, der eben gerade durch die Heuristik des Zweifels hervorgebracht wird. Hier ist jemand, der die Wirklichkeit seines Körpers infrage stellt, nur um vom Gespenstischen dieser Handlung heimgesucht zu werden. Wenn er andere in einem solchen Zustand sieht, das heißt nackt aber überzeugt, bekleidet zu sein, dann weiß er, dass sie sich täuschen; wenn also andere ihn in einem solchen Zustand sähen, wüssten sie ebenso, dass er sich täuscht; somit wäre die exponierende Enthüllung seines Körpers der Anlass für einen Verlust der Selbst-Gewissheit. Das Beharren auf dem enthüllten Körper als letzte und unbezweifelbare Tatsache enthüllt also wiederum die Sinnestäuschungen desjenigen, der nackt ist und sich täuscht, wenn er sich einbildet, vollständig bekleidet zu sein. Die Figur des unbezweifelbaren Körpers, an dem nur die Wahnsinnigen zweifeln können, soll den Grenzfall der *res extensa* darstellen, eines Körpers, an dem nicht gezweifelt werden kann, der aber, da er aus Sinneseindrücken zusammengesetzt ist, als etwas betrachtet wird, das sich von der Seele und ihrem Streben nach Gewissheit abtrennen lässt.

Wenn man den Körper stattdessen, wie es Descartes ausdrückt, als einen tönernen Kopf oder ganz und gar aus Glas bestehend vorstellt, würde man das, was wahr ist, bezweifeln. Man beachte jedoch, dass hier der Akt des Zweifelns selbst mit der Möglichkeit figurativer Substitutionen verbunden zu sein scheint, in denen der lebendige Körper zum Synonym seiner artefaktischen Simulation wird, zum Synonym von Glas, ein Bild der Transparenz selbst. Wenn der Körper als *res extensa* gewiss ist, was unterscheidet dann den menschlichen Körper als *res extensa* von anderen Formen der Substanz? Wenn er sich per definitionem von der Seele abtrennen lassen muss, was soll dann seine Menschlichkeit garantieren? Nichts kann und wird das offenbar garantieren können.

Schließlich berichtet Descartes nicht nur davon, das andere solchen Sinnestäuschungen unterliegen, der Bericht konstituiert selbst die Textualisierung der Sinnestäuschung: Seine Schriften vollziehen sie performativ für uns, durch eine Entfremdung der Perspektive, die (nicht) ausschließlich seine eigene ist. Somit beschwört er diese Möglichkeiten gerade in dem Moment herauf, in dem er sie als wahnhaft verwirft, was die Frage aufwirft, ob es einen Unterschied gibt zwischen jener Art der Beschwörung, die ein konstitutiver Bestandteil der Methode der Meditation ist, und jenen Sinnestäuschungen, die von der Methode widerlegt werden sollen. Er bemerkt: »Ich wäre wohl nicht weniger verrückt als sie, wenn ich ihrem extravaganten Beispiel folgen würde (*si je me réglais sur leurs exemples*)«.[8] Doch was, wenn er sich selbst gerade an diesem Beispiel orientiert hat, wenn er diesen Beispielen gefolgt ist, uns aufgefordert hat, ihnen zu folgen, in dem Sinne, dass sie aufzuschreiben bedeutet, ihnen zu folgen, und wir ihnen offensichtlich auch folgen, wenn wir ihn lesen, wie wir es tun? Der Zweifel, den er überwinden will, kann nur innerhalb des Traktats erneut in Szene gesetzt werden, was im Text die Mög-

8 Ebd. [Übersetzung modifiziert].

lichkeit für eine Identifikation mit denen eröffnet, von denen er sich unterscheiden möchte. Dies sind seine Hände, nicht wahr? Aber wo sind die Hände, die den Text selbst schreiben, und ist es nicht geradezu so, dass sie sich nie wirklich zeigen, während wir die Markierungen lesen, die sie hinterlassen? Kann der Text je ein sicheres Gefühl von den Händen vermitteln, die ihn schreiben? Oder lässt das Schreiben die Hände verschwinden, durch die es ermöglicht wird? Löschen die Markierungen auf der Buchseite die körperlichen Ursprünge aus, aus denen sie scheinbar hervorgehen, um als brüchige und ontologisch ungewisse Überreste zurückzubleiben? Ist das nicht das Dilemma eines jeden Schreibens im Verhältnis zu seinen körperlichen Ursprüngen? Es gibt kein Schreiben ohne den Körper, aber kein Körper erscheint vollständig zusammen mit dem Schreiben, das ihn produziert. Wo findet sich im Text die Spur von Descartes' Körper? Dringt dieser Körper nicht gerade in Form seiner eigenen Bezweifelbarkeit erneut an die Oberfläche, in einem Schreiben, das den Körper gleichsam zu etwas Fremdem, wenn nicht Halluziniertem machen muss, zu einem Körper, der durch eine Entfremdung der körperlichen Perspektive in einem textlichen Kreislauf bedingt wird, aus dem diese Perspektive weder befreit noch geborgen werden kann? Immerhin lässt der Text geradezu buchstäblich den Körper des Autors hinter sich – und doch gibt es da auf der Buchseite einen von sich selbst entfremdeten Körper.

Am Ende der ersten Meditation beschließt er anzunehmen, dass es nicht der allgütige Gott, die Quelle der Wahrheit, sondern irgendein böser Genius sei, der ihn habe täuschen wollen. Er geht nunmehr davon aus, dass die äußeren Dinge Illusionen und Träume seien. Dementsprechend schreibt er: »Ich werde mich selbst betrachten, als ob ich keine Hände, keine Augen, kein Fleisch, kein Blut, noch irgendeinen Sinn hätte, sondern als ob ich nur fälschlich vermutete, dies alles zu besitzen.«[9] Es

9 Ebd., S. 43 / S. 20.

scheint also, dass die Aufgabe der Meditation darin besteht, diesen Zweifel in seinem eigenen Körper zu überwinden, gleichzeitig versucht er aber diesen Zweifel zu radikalisieren. Schließlich ist es Descartes' oberste Absicht, sich nicht als Körper, sondern als Seele, als *res cogitans* zu begreifen; auf diese Weise versucht er die äußerste Bezweifelbarkeit des Körpers nachzuweisen und sich so mit jenen zu verbünden, die träumen und sich täuschen lassen, wenn sie den Körper für das Fundament eines sicheren Wissens halten. Sein Versuch, eine radikale Selbstgewissheit als rationales Wesen zu erlangen, führt so im Text zu einer Identifikation mit dem Irrationalen. Denn wenn er wirklich nachweisen will, dass die Gewissheit seiner selbst als denkendes Wesen niemals vom Körper gewährleistet werden kann, dann müssen die Träume und Halluzinationen tatsächlich grenzenlos sein.

Er schreibt, dass »das Wissen von mir selbst [...] nicht von den Dingen abhängt, von denen ich noch nichts weiß«. Und es hängt auch nicht von Dingen ab, die »von der Einbildungskraft *fingiert* oder *imaginiert* worden sind (*qui sont feintes et inventées par l'imagination*).«[10] Das lateinische Wort *effingo* kann auf vieldeutige Weise »sich ein Bild machen«, aber auch »eine Tatsache schaffen« bedeuten. Die Selbsterkenntnis hängt also weder von der Bildung eines Bildes noch von der Schaffung einer Tatsache ab. Unabsichtlich führt Descartes hier eine Zweideutigkeit ein zwischen einem Imaginieren und Schaffen von etwas, das keine Tatsache ist, und einem Imaginieren und Schaffen von etwas, das eine Tatsache ist. Hat ein solches Imaginieren die Kluft zwischen Wahn und Wirklichkeit bereits überschritten? Ist es deshalb für

---

[10] Ebd., S. 55 / S. 42 [Übersetzung modifiziert]. Im Französischen spricht er von dem, was »*feinte et inventée par l'imagination*« ist. Der Begriff »erfinden« ist eine Übersetzung aus dem Lateinischen: *effingo*. Selbsterkenntnis hängt nicht von dem ab, was fingiert oder erfunden ist. Das lateinische Wort *effingo*, das Descartes für letzteres gebraucht, lässt jedoch Zweifel an der von ihm vollzogenen Leugnung aufkommen.

Descartes das, was er als Fundament der Selbsterkenntnis ausschließen und gleichzeitig zugestehen muss?

Wenn Wissen also *nicht* von fingierten oder imaginierten Dingen, und auch nicht von geschaffenen Tatsachen abhängt, wovon hängt es dann ab? Und untergräbt seine Ablehnung der Imagination, der Erfindung und der Schaffung von Tatsachen (*factual making*) nicht gerade das Verfahren des Zweifels, mit dem er die Widerlegbarkeit seiner Thesen prüft? So beharrt er im nächsten Moment darauf, dass die Imagination, ja selbst die Erfindung eine kognitive Funktion erfüllt, und dass sie als Fundament für Schlussfolgerungen über die Unbezweifelbarkeit der Substanz selbst genutzt werden kann: »Ich würde tatsächlich etwas erfinden, wenn ich etwas imaginierte, meint doch ›etwas imaginieren‹ nichts anderes als die Gestalt oder das Bild eines körperlichen Dings zu betrachten.«[11]

Die Imagination ist nichts anderes als die Betrachtung der Gestalt oder des Bildes eines körperlichen Dinges. Dieser Satz lässt Husserls Aussagen über die Intentionalität des Vorstellungsaktes vorausahnen, wo dieser behauptet, dass die Gegenstände dem Bewusstsein in einer bestimmten Modalität ihres Wesens erscheinen. Wenn dem so ist, dann erfindet die Imagination nicht bloß Körper, sondern ihr Erfinden ist zugleich eine Form der referentiellen Bezugnahme, das heißt der Betrachtung der Gestalt oder des Bildes von Körpern in ihrer wesenhaften Möglichkeit. Die Imagination ist also nicht in dem Sinne erfinderisch, dass sie Körper produziert, wo keine waren. Ebenso wie das Wort *effingo* mit seiner Andeutung des Referentiellen das Problem verkompliziert, weil es die Imagination mit der Schaffung von Tatsachen verknüpft, so verknüpft auch Descartes' Begriff des Bildes, das das Objekt in einer spezifischen Weise wiedergibt, die Imagination mit den Objekten der Wahrnehmung; in beiden Fällen wird jedoch

---

11 Ebd. [Übersetzung modifiziert]. »Je feindrais en effet, si j'imaginais être quelque chose, puisque imaginer n'est autre chose que contempler la figure ou l'image d'une chose corporelle.«

die Verbindung nicht begrifflich, sondern durch eine semantische Zweideutigkeit hergestellt. Wenn seine Methode des Zweifels also darin besteht, eine Reihe von Bedingungen als wahr anzunehmen oder zu setzen, die er dann in Zweifel zu ziehen sucht, dann schließt sie auch das Mutmaßen über das Kontraintuitive mit ein und betrifft somit in zentraler Weise die Einbildungs- oder Vorstellungskraft (*imagination*).

Je supposerai – ich nehme an, ich werde annehmen, ich würde annehmen – das ist die merkwürdige Art und Weise, mit der Descartes seinen Zweifel in einer Sprache zum Ausdruck bringt, in der das Wort *supposer* jene referentielle Mehrdeutigkeit trägt, von der seine ganze Auseinandersetzung heimgesucht wird. Schließlich bedeutet *supposer* etwas als gegeben anzunehmen, eine Prämisse zu akzeptieren, es bedeutet aber auch, etwas zu postulieren oder zu setzen, etwas zu schaffen oder hervorzubringen. Wenn das »Ich« kein körperliches Ding ist, dann kann es auch nicht vorgestellt werden.

Wann immer er »*je suppose*« schreibt, folgen Appositionen, die die Austauschbarkeit mit den folgenden Formulierungen nahelegen: Ich überzeuge mich selbst, ich setze, ich setzte voraus, ich denke, ich glaube. Der Gegenstand dieses Annehmens und Denkens nimmt die Form einer Fiktion an, die sich von derjenigen unterscheidet, die er gerade performativ vollzogen hat: Er nimmt an oder glaubt, dass »Körper, Gestalt, Ausdehnung [...] nichts als Fiktionen meines Geistes sind.«[12] Es scheint hier eine Verdopplung des Fiktionalen stattzufinden, denn er nimmt an, dass der Körper, unter anderem, eine Fiktion seines eigenen Geistes ist. Aber ist diese Annahme nicht selbst eine Art Fiktionalisierung? Wenn dem so ist, produziert er dann nicht eine Fiktion, in der sein Körper das Werk einer Fiktion ist? Allegorisiert die Methode nicht genau jenes Problem der Schaffung von Fiktivem (*fictive making*), das er verstehen und zurückweisen möchte? Kann er dieses Fiktiona-

12 Ebd., S. 47 [Übersetzung modifiziert].

lisieren verstehen, wenn er die Frage weiterhin im Rahmen jener Fiktion stellt, der er zugleich entkommen möchte?

Annehmen, Voraussetzen, Sich-selbst-überzeugen, Denken und Glauben, all das funktioniert über Setzungen, ja sogar über ein gewisses Ausdenken – doch was wird hier erdacht? Wenn der Körper eine Fiktion des eigenen Geistes ist, dann suggeriert das, dass er aus dem eigenen Geist gemacht oder zusammengesetzt ist. Etwas zu setzen heißt also nicht nur, über eine falsche Welt zu mutmaßen oder sie sich auszumalen, sondern im selben Augenblick etwas zu erfinden und sich auf etwas zu beziehen. Die Möglichkeit einer strengen Unterscheidung zwischen beidem wird so vereitelt. In dieser Hinsicht besteht für Descartes zwischen den »Fiktionen des Geistes« und den Denk- oder Überzeugungsakten kein Gegensatz; vielmehr sind jene die Werkzeuge, mit denen diese arbeiten. Eine »Setzung« ist eine Fiktion des Geistes, die deshalb noch nicht falsch oder ohne jede Referentialität ist. Den fiktionalen Aspekt des Setzens, des Voraussetzens oder Annehmens zu leugnen, heißt also, die Leugnung zu setzen und damit die Form der Verwicklung zu reiterieren, die das Fiktive in den Akt der Setzung selbst verstrickt. Das Mittel, mit dem Descartes falsche Glaubenssätze widerlegen möchte, schließt eine Setzung oder Fiktionalisierung ein, die sich auf gleichsam homöopathische Weise genau die Krankheit erneut zuzieht, die sie heilen möchte. Wenn die Widerlegung des Unwahren durch eine kontrafaktische Setzung geschehen muss, die selbst eine Form der Fiktion ist, dann führt die Widerlegung die Fiktion in demselben Moment wieder ein, in dem sie sie anfechten möchte. Wenn wir nachweisen könnten, dass das, was in der Setzung fiktional ist, nicht dasselbe ist wie das, was in dem Gesetzten fiktional ist, dann könnten wir diesen Widerspruch gewiss umgehen, aber Descartes' Text bietet uns keinen Ausweg, um genau das zu tun.

Ich hoffe, ich habe bereits begonnen zu zeigen, dass Descartes, wenn er den Körper imaginiert, sich einerseits durch ein Bild oder durch eine Figur – durch seine Worte – auf den Körper bezieht und gleichzeitig diesen Körper beschwört oder erfindet, und dass die Begriffe, mit denen er diesen Akt des Voraussetzens oder Vorstellens beschreibt, diese gewichtige doppelte Bedeutung tragen. Die Sprache, in der über den Körper gemutmaßt wird, impliziert für Descartes nicht so sehr, dass der Körper nur ein Effekt der Sprache ist; es geht ihm vor allem darum, dass es das Mutmaßen und Annehmen als fiktionale Übungen zu verstehen gilt, die jedoch gleichzeitig nicht der Referentialität entbehren.

Wenn wir Descartes' Bemühungen betrachten, den Geist unabhängig vom Körper zu denken, dann sehen wir, dass er nicht umhinkommt, in der Beschreibung dieses Geistes auf gewisse körperliche Bilder und Figuren zurückzugreifen. Der Versuch, den Körper herauszuschneiden, scheitert, da der Körper als eine figurativ-bildliche Dimension des Textes auf gespenstische Weise wiederkehrt. So bezeichnet Descartes Gott als jemanden, der etwas in seine Seele einschreibt oder eingraviert, wenn er zum Beispiel schreibt, dass er niemals vergessen hätte, sich eines Urteils über das zu enthalten, was er nicht klar und deutlich versteht, »wenn [Gott] es meinem Gedächtnis so fest eingeprägt hätte, niemals über irgendein Ding zu urteilen, das ich nicht klar und deutlich erkenne.«[13] Descartes' Geist wird hier bildlich-figurativ als eine Art Tafel oder leere Seite dargestellt, und Gott als der, der etwas eingraviert. »Gott prägt einen Vorsatz, nicht zu urteilen, tief in mein Gedächtnis ein.«

Descartes scheint seinem Gedächtnis zudem auf ähnliche Weise einen Gedanken einzuprägen, wie Gott dem Willen einen Vorsatz eingraviert: Er verweist auf sein eigenes menschliches und fragiles Vermögen, sich einen Gedanken in die Erinnerung »fest einzuprägen (*imprimer fortement*)« und somit zu ermöglichen, eine neue Erinnerung aufzubauen, wo die alte verblasst.[14] Die

---

13 Ebd., S. 123 [Übersetzung modifiziert].

14 Ebd., S. 125. Descartes schreibt: »So hat Gott es zumindest in meiner Macht gelassen [...] mich beharrlich an den Vorsatz zu halten, dass man sich des Urteils enthalten soll, sooft nicht klar ist, wie es mit einer

Meditation erscheint nun als eine bestimmte Art von Handlung, die ihm zufolge wiederholt werden muss und deren Ziel die starke Einprägung eines Gedankens in das Gedächtnis ist, eine Einprägung, die scheinbar so fest ist, wie Gottes Eingravieren tief: Beide bringen eine prägende, formgebende Gewalt mit sich, einen Riss in der Oberfläche als Effekt des Schreibens.

»Das Eingravieren« ist also das Mittel, mit dem Gottes Wille auf Descartes übertragen wird, eine besondere Form der Transitivität, die von der Trope des Schreibens hervorgerufen wird. Sein Gedächtnis wird zum Objekt, in das Gott einen Vorsatz eingraviert, als ob Descartes' Gedächtnis eine Buchseite wäre, eine Oberfläche, eine ausgedehnte Substanz. Das ist jedoch offensichtlich ein Problem, denn der Geist sollte doch, wie wir wissen, *res cogitans* sein, und nicht *res extensa*, wohingegen er hier gerade in der Figur einer ausgedehnten Oberfläche und Substanz vorgestellt wird. Das Gedächtnis wird hier also in mancher Hinsicht figurativ als eine Art Körper vorgestellt, als ausgedehnte Substanz und Oberfläche, und wir könnten darin sehr wohl das Wiederauftauchen des verlorenen und verstoßenen Körpers in Descartes' Text lesen, ein Körper, dem Gott jetzt so tief einen Vorsatz eingraviert; tatsächlich ist Kafkas *In der Strafkolonie* nunmehr die metaphorische Bühne bereitet.

Tatsächlich ist es sinnvoll zu fragen, ob diese Verklammerung des Gedächtnisses mit dem Willen nicht gerade durch das Schreiben der *Meditationen* sichergestellt wird. Das ausgedehnte Schreiben der *Meditationen* wirkt auf sein Gedächtnis ein, um ihm ein neues Wissen einzuprägen. Wenn die Buchseite das Gedächtnis ersetzt oder figurativ zu dem Bild wird, durch wel-

---

Sache in Wahrheit bestellt ist. Denn wenngleich ich mir meiner Schwäche bewusst bin, meinen Geist nicht ständig auf ein und denselben Gedanken richten zu können, so kann ich doch durch aufmerksame und häufig wiederholte Meditation ihn mir so fest einprägen, dass ich mich seiner erinnere, sooft es erforderlich ist, und mir so eine gewisse Gewohnheit erwerbe, nicht zu irren.« [Übersetzung modifiziert].

ches das Gedächtnis verstanden wird, hat dieses Bild dann nicht philosophische Konsequenzen, etwa dass die Introspektion als eine Methode nur in dem Maße erfolgreich sein kann, in dem sie im Schreiben auf der Buchseite vollzogen wird? Ist das Schreiben nicht gerade der Versuch, eine neue Erinnerung mit dem Willen zu verknüpfen? Und wenn dem so ist, macht es dann nicht die materielle Oberfläche und die Materialität der Sprache selbst erforderlich, die sich doch kaum mit dem vereinbaren lassen, was Descartes vom introspektiven Akt des Geistes zu trennen versucht? Und erfordert dieses Schreiben nicht implizit die Hand desjenigen, der etwas eingraviert, sowie den Körper als Schreiboberfläche? Verstreut dieses Schreiben im Zuge der Explikation der Seele nicht überall Figuren und Bilder des Körpers?

Wenn es so scheint, dass Descartes' Text nicht umhinkommt, den Körper figurativ darzustellen, so reduziert dies den Körper keineswegs auf seine Figuration. Und wenn sich diese Figuration als referentiell erweist, dann bedeutet das nicht, dass sich der Referent irgendwie von seiner Figuration trennen lässt. Der Akt, mit dem der Körper vorausgesetzt wird, ist genau der Akt, der den ontologischen Status des Körpers setzt und aussetzt, ihn in der Schwebe hält, ein Akt, der den Körper nicht unilateral erschafft oder formt (und damit kein Akt im Dienst des Linguistizismus oder des linguistischen Monismus), sondern ihn setzt und figuriert, das heißt ein Akt, in dem sich Setzung und Figuration nicht ein für alle Mal unterscheiden lassen.

Wenn es keinen Akt des Setzens gibt, der nicht in die Figuration verstrickt ist, dann folgt daraus, dass die Heuristik des Zweifels nicht nur die Figuration mit sich bringt, sondern auch grundsätzlich mithilfe von Bildern verfährt, die ihre eigenen epistemologischen Bestrebungen kompromittieren. Diese Schlussfolgerung wird jedoch durch eine andere beeinträchtigt, durch die Schlussfolgerung nämlich, dass die Figuration des Körpers ihre notwendige Grenze in einer Materialität findet, die vom Bild nicht endgültig eingefangen werden kann. An dieser Stelle gerät sowohl das grammatische als auch das figurative Vorgehen ins Stocken, auch wenn es ein bezeichnendes Stocken ist. Wenn der Körper sich nicht auf seine Figuration oder auf seine Verbegrifflichung reduzieren lässt, und wenn man auch nicht sagen kann, dass er ein bloßer Effekt des Diskurses ist, was ist er denn nun schließlich? Die Frage steht hier geschrieben – aber nur weil es eine Grammatik der Frage nach dem ontologischen Status des Körpers gibt, bedeutet das nicht, dass die Antwort, wenn es denn eine gibt, im Rahmen der Grammatik empfangen werden kann, in dem sie erwartet wird. In diesem Fall impliziert die Stellbarkeit der Frage nicht ihre Beantwortbarkeit innerhalb der begrifflichen Bedingungen, in denen sie gestellt wird. Der Körper entzieht sich den Begriffen der Frage, die ihn adressiert. Und selbst eine formelhafte Aussage wie diese, die sich auf »den Körper« als Subjekt des Satzes verlässt, domestiziert genau das, was sie zu entfesseln sucht. So offenbart die Grammatik selbst die Grenzen ihres mimetischen Dünkels, wenn sie eine Realität behauptet, die durch die Begriffe der Behauptung notwendigerweise verzerrt wird, eine Realität, die zugleich jedoch nur durch diese Verzerrung erscheinen kann.[15]

Vielleicht artikuliert Descartes diesen Gedanken unwissentlich, wenn er im Laufe seiner schriftlichen Meditation seinen eigenen Körper zergliedert. Wir könnten sogleich hinzufügen, dass diese »Zergliederung« bloß eine bildliche ist, aber vielleicht markiert sie, wie Paul de Man in einem anderen Kontext nahelegt, die Grenzen der Figuration selbst – ihre unheimlichen Grenzen.[16] Mit Bezug auf Kant weist de Man darauf hin, dass der zerstückelte Körper weder figurativ-bildlich noch buchstäblich ist, sondern

[15] Diese Sichtweise entspricht Lacans Auffassung des Spiegelstadiums, das ihm zufolge die spiegelbildliche Version des Körpers unter der Bedingung seiner Verzerrung erlaubt.

[16] Für eine Auseinandersetzung mit dem Motiv der Zerstückelung und den Grenzen der Figuration, vgl. Paul de Man, »Phänomenalität und Materialität bei Kant«, in: *Die Ideologie des Ästhetischen*, hg. v. Christoph Menke, übers. v. Jürgen Blasius, Frankfurt a.M. 1993, S. 9–38.

stofflich-materiell, womit er nahelegt, dass es die Materialität ist, die der Erkenntnis Grenzen setzt. Aus dieser Sichtweise folgt, dass sich der Körper nur durch die Katachrese, das heißt durch eine bestimmte Figur übermitteln lässt (und tatsächlich ist das de Mans Vorgehen in seinem Text).

Ist dieser Körper nun also vorstellbar, ist er darstellbar, wird er zur Figur, wird er zum Bild oder nicht? Das hängt, würde ich antworten, davon ab, wie man sich der Frage der Figuralität nähert. Wenn Descartes' Körper nicht buchstäblich zergliedert ist, obwohl die Sprache das als ihren Effekt figuriert, in welchem Sinne ist er dann zergliedert? Und wenn die Zergliederung nur ein Zeichen für eine präfigurale Materialität ist, dann ist diese Materialität durch eben jenes Beispiel in eine Trope verwandelt worden, das deren Nichtverwandelbarkeit illustrieren sollte. Der Körper impliziert also nicht die Vernichtung der Figuralität, und sei es nur, weil eine rhetorische Figur als Substitution von dem fungieren kann, was innerhalb oder durch das Bild selbst fundamental und unwiederbringlich verloren geht.[17] Eine solche Figur ist jedoch genauso bildlich, wie sie mimetisch ist, und eine Figur muss nicht mimetisch sein, um ihren figurativen Status aufrechtzuerhalten.

Doch die abschließende Frage muss an dieser Stelle gewiss der seltsamen Trennung der Glieder vom Körper gelten, dieser wiederholten Kastrationsszene, die Descartes durch jene Grammatik inszeniert, welche die Frage nach seinem Körper bedingt; in der er bereits von dem getrennt ist, was er infrage stellt, eine Trennung auf der Ebene der Grammatik, die die philosophische Frage selbst vorbereitet; in der die Hand, die den Zweifel schreibt, und die Hand, an der gezweifelt wird – ist es die meinige? –, zugleich

---

[17] Man könnte an dieser Stelle auf fruchtbare Weise Benjamins Ausführungen zum Status der Allegorie heranziehen, um einem solchen Zugang zur Figur nachzuspüren.

auch die Hand ist, die übrigbleibt, wenn das Schreiben in seiner zergliedernden Wirkung hervortritt.[18]

Es besteht kein Zweifel daran, dass Descartes' Text von einer Hand geschrieben wird, die im Text als eine Hand figuriert wird, die in einer gewissen Distanz zu demjenigen erscheint, der auf sie niederblickt und nach ihrer Wirklichkeit fragt. Während die Hand das Schreiben vollzieht, wird sie auf reflexive Weise gespenstisch. Im Moment des Schreibaktes löst sie ihre Wirklichkeit auf; oder vielmehr sind es die Spuren ihres performativen Schreibakts, die den Moment ihrer Auflösung markieren. Wenn der Körper das ist, was im Schreiben den Prozess seines eigenen Gespenstisch-werdens in Gang setzt, dann wird er gewissermaßen – und wird es doch auch nicht – durch den Diskurs bestimmt, den er hervorbringt. Wenn es eine Materialität des Körpers gibt, die sich den Bildern entzieht, die von ihm bedingt werden, und die ihn angreifen und heimsuchen, dann ist der Körper weder Oberfläche noch Substanz. Er wird zum sprachlichen Anlass der Trennung von sich selbst – ein Körper, der sich dem Zugriff des Bildes entzieht, das er erzwingt.

Übersetzt von Kianush Ruf

---

[18] Vgl. Jonathan Goldberg, *Writing Matter: From the Hands of the English Renaissance*, Stanford 1990.

Merleau-Ponty und die Berührung bei Malebranche

Die englischsprachige Rezeption von Merleau-Pontys Phänomenologie des Körpers konzentriert sich vor allem auf zwei Texte: *Die Phänomenologie der Wahrnehmung* und die posthum veröffentliche Abhandlung *Das Sichtbare und das Unsichtbare*. Im ersten Text befragt Merleau-Ponty den Körper als einen Ort der Beweglichkeit und Räumlichkeit und argumentiert, dass diese fundamental körperlichen Bezugsweisen zur Welt der Intentionalität des Bewusstseins zu Grunde liegen und sie strukturieren. In seinem letzten Werk wird die Lehre der Intentionalität durch den Begriff des Fleisches noch einmal verschoben, das als eine Beziehung der Taktilität gefasst wird, die den intersubjektiven Beziehungen vorausgeht, ja ihnen allererst eine Form verleiht und eine subjekt-zentrierte Erzählung deshalb notwendigerweise verwirren muss. Das Fleisch ist nicht etwas, das man hat, es ist eher das Netz, in dem man lebt; es ist nicht einfach das, was ich am Anderen oder an mir berühre, sondern die Möglichkeitsbedingung von Berührung, es ist eine Taktilität, die jede gegebene Berührung übersteigt und sich nicht auf eine unilaterale, von einem Subjekt ausgeführte Handlung reduzieren lässt. Die ausführlichste und kontroverseste Diskussion der Berührung findet sich im letzten Kapitel von *Das Sichtbare und das Unsichtbare*, das den Titel »Die Verflechtung – Der Chiasmus« trägt – auch wenn dieser posthum veröffentlichte und in vielerlei Hinsicht unvollendete Text die radikale Herausforderung einer subjekt-zentrierten Konzeption der Intentionalität nur andeuten kann. Etwas ist früher als das Subjekt, dieses »Etwas« lässt sich aber nicht nach dem Modell der Substanz verstehen. Die Grammatik, die ein Sein vor dem Subjekt postulieren würde, geht von der Annahme aus, dass das Subjekt bereits seine

Form angenommen hat und lediglich später als das in Frage stehende Sein verortet wird; sie kann deshalb gerade nicht jene Zeitlichkeit in Frage stellen, die von ihrer eigenen Darstellung impliziert wird. Was Merleau-Ponty in seinem letzten Werk beschäftigt und was er tatsächlich über ein Jahrzehnt zuvor nachzuzeichnen begonnen hat, ist die Frage, wie ein Subjekt durch Taktilität geformt wird, oder vielleicht noch präzisier formuliert: wie ein Subjekt von einer Berührung geformt wird, die keinem Subjekt gehört.

Von einer begründenden Berührung zu sprechen, ist zweifellos ein romantischer Dünkel, und wir werden später noch sehen, dass es dafür theologische Vorgänger gibt. So zu sprechen macht nur Sinn, wenn wir begreifen, dass die in Frage stehende »Berührung« keine einzelne Handlung des Berührens, sondern die Bedingung ist, kraft der eine körperliche Existenz überhaupt erst angenommen werden kann. Es wäre falsch, sich die Taktilität als eine unterirdische Sphäre der Existenz vorzustellen, die über die Zeit hinweg selbstgenügsam oder kontinuierlich bleibt. Der Begriff »Taktilität« bezieht sich auf die Möglichkeitsbedingung des Berührens und Berührt-Werdens, eine Bedingung, die aktiv das strukturiert, was sie auch ermöglicht. Wir können diese Bedingung nicht als für sich Unabhängiges lokalisieren, als würde sie irgendwo vor oder getrennt von dem Austausch dieser Berührung existieren, durch die sie ermöglicht wird. Andererseits lässt sie sich auch nicht auf die Akte des Berührens reduzieren, die sie bedingt. Wie können wir sie dann ausfindig machen? Was heißt es, wenn sie zwar benannt, aber nicht ausfindig gemacht werden kann, wenn sie unserer Berührung gleichsam entgeht, sobald wir sie zu erfassen versuchen? Was hat es mit der Berührung auf sich, die unserer Berührung entgeht, die außerhalb unserer Reichweite liegt?

Im Folgenden werde ich unsere Aufmerksamkeit auf Merleau-Pontys in den Jahren 1947–48 geführte Auseinandersetzung mit dem Werk von Nicolas Malebranche (1638–1716) lenken, und zwar auf eine Reihe von Vorlesungen, die von Jean Deprun unter dem Titel *L'union de l'âme et du corps chez Malebranche, Biran et Bergson* transkribiert worden sind.[1] Malebranche war ein spekulativer und theologischer Philosoph, dessen Arbeiten zur Metaphysik und zur Ethik Ende des 17. Jahrhunderts veröffentlicht worden sind. Sein Werk hatte einen großen Einfluss auf den Bischof George Berkeley und wurde in vielerlei Hinsicht als eine ernstzunehmende Antwort auf Descartes betrachtet, eine Antwort, welche die theologischen und intelligiblen Grundlagen aller Aussagen über die Empfindung und die Sinnlichkeit darzulegen sucht. Während Malebranche einen cartesischen Blick auf die Natur übernommen hat, versuchte er Descartes' Auffassung vom Verstand mit dem Argument zu korrigieren, dass die Ordnung der idealen Intelligibilität durch eine empfindende Erfahrung erschlossen wird. Während man »klare und distinkte« Ideen von apriorischen Wahrheiten wie den mathematischen haben kann, ist es unmöglich, eine solche Klarheit und Distinktheit von dem eigenen Selbst zu haben, das er als ein *sentiment intérieure* gefasst hat. Gegen das von Descartes in seinen *Meditationen* formulierte Argument, Introspektion sei die Methode, mit der sich empirische Wahrheiten erkennen lassen, spricht sich Malebranche für eine nicht anschauliche, sondern experimentale Annäherung an die Idee unseres eigenen Seins aus. Wir gewinnen einen derartigen Sinn von uns selbst durch die Zeit, und zwar stets mit einem Grad von Unklarheit und Unvollkommenheit. Dieser *sentiment intérieur* wird von einer göttlichen Ordnung veranlasst, die

---

1 Maurice Merleau-Ponty, *L'union de l'âme et du corps chez Malebranche, Biran et Bergson*, hg. v. Jean Deprun, Paris 2002. Auch wenn eine englische Fassung dieses Textes vorliegt (*The Incarnate Subject: Malebranche, Biran, and Bergson on the Union of Body and Soul*, hg. v. Andrew J. Bjelland u. Patrick Burke, übers. v. Paul B. Milan, New York 2001), sind alle Zitate aus diesem Text meine eigene Übersetzung. [Da bisher noch keine deutsche Übersetzung von Merleau-Pontys Vorlesungen vorliegt, handelt es sich im Folgenden bei den genannten Zitaten um Übersetzungen aus dem französischen Original, die sich an Butlers englischer Übersetzung orientieren. A.d.Ü.]

streng genommen nicht gefühlt werden kann; er folgt aus einer Ordnung, die opak und uneinholbar ist. Selbst wenn Malebranche Descartes' Postulat des »Ich denke, also bin ich« akzeptiert hat, so tat er dies aus Gründen, die denen von Descartes zuwiderlaufen. Für Malebranche ist die Aussage keine unmittelbare Schlussfolgerung, sondern eine Manifestation des göttlichen »Worts«, das sich selbst in der Erfahrung präsentiert. Und auch wenn Malebranche Gottes »reinen« Gedanken von seinen sinnlichen Manifestationen unterscheidet, so gibt es für ihn dennoch keine sinnliche Manifestation, die nicht aus Gott folgt und die nicht irgendwie auf eine göttliche Präsenz und Aktivität verweist. (Nur eine vollständige und letztgültige Passivität würde sich der Bekundung des Göttlichen entziehen).

Selbst wenn Malebranche in *Von der Erforschung der Wahrheit* verdeutlicht, dass zu wissen, dass man fühl, nicht dasselbe ist, wie zu wissen, dass man ist,[2] so argumentiert er auch, dass die Empfindung einen Gottesbeweis bereithält – und zwar gerade weil sie nicht selbst die Ursache für das sein kann, was jemand empfindet. Diese Ursache kommt von anderswo, und kein getrenntes oder unabhängiges Sein ist seine eigene Ursache.[3] Selbst wenn uns die Sinneserfahrung keine adäquate Erkenntnis von uns selbst oder von der Ordnung unseres Schöpfers verleiht (und uns in die Irre führen kann), verweist sie uns dennoch aufgrund ihres rätselhaften und partiellen Charakters auf diese Ordnung. Wir werden

---

2 Nicolas Malebranche, »Elucidation Eleven«, in: *The Search after Truth*, hg. u. übers. v. Thomas M. Lennon u. Paul J. Olscamp, Campigde, S. 633–638, siehe auch S. 76–90 [Dieser Abschnitt liegt nicht in deutscher Übersetzung vor. A.d.Ü.].

3 Für eine Diskussion von Malebranches Widerspruch gegen die neo-aristotelische Auffassung der kausalen Wirkmacht des Seins, vgl. Craig Walton, »Translator's Introduction«, in: *The Treatise on Ethics (1684)*, Boston 1993. Alle Dinge der Schöpfung werden Malebranche zufolge durch eine göttliche Ordnung verursacht und haben nur in einem abgeleiteten Sinn eine Wirkmacht. Darin liegt die Bedeutung seines »Okkasionalismus«.

von Gott verursacht, aber nicht von ihm bestimmt: Unsere Handlungen werden zu »Anlässen«, bei denen sich die Art und Weise, wie wir (vom Göttlichen) bewirkt werden, in unsere eigene ethische Handlung verwandelt (oder nicht verwandelt). Das moralische Leben unterhält eine enge Beziehung (*rapport*) zum Göttlichen und versucht, einen Modus des menschlichen Verhaltens zu etablieren, der jener göttlichen Handlung parallel ist, durch die unser Verhalten motiviert wird.[4]

Selbst wenn Malebranche kein systematischer Philosoph ist, hat er dennoch eine entschlossene spekulative Antwort auf den Cartesianismus unterbreitet, in der er Augustinus seinen eigenen Zielen angepasst und einen Empirismus verfolgt hat, der paradoxerweise auf theologischen Prämissen beruht. Die Empfindungen der Seele lassen sich ihm zufolge nicht als körperliche Verunreinigungen abtun, sondern müssen als geschaffene Erfahrungen neu gedacht werden, die in ihrer Bewegung selbst – infolge der Annahme eines Parallelismus – einen gewissen Hinweis auf ihren göttlichen Ursprung geben. Malebranche hat folglich die cartesianische Unterscheidung zwischen Körper und Seele bestritten, als er nicht nur behauptete, dass das Gefühlsvermögen von einem Akt der »Gnade« eröffnet wird, sondern auch dafür argumentierte, dass die Empfindung selbst eine referentielle Verbindung zu einer geistigen Ordnung unterhält, die er als eine unaufhörliche Aktivität der Selbstverkörperung definierte.

Um das Verhältnis zwischen Körper und Denken neu zu denken und die Konturen einer künftigen philosophischen Psychologie herauszuarbeiten, die auf der Zentralität des Körpers für den Akt der Erkenntnis und auf den Grenzen beharrt, die der Selbst-Erkenntnis durch den Körper auferlegt sind, ging Merleau-Ponty in den erwähnten Vorlesungen von Malebranche weiter zu Maine de

---

4 Nicolas Malebranche, *Abhandlung von der Natur und der Gnade*, übers. v. Stefan Ehrenberg, Hamburg 1993, S. 209–217. Vgl. auch die »Introduction« in: Nicolas Malebranche, *Treatise on Nature and Grace*, übers. v. Patrick Riley, New York 1992, S. 51–55.

Biran und Henri Bergson. 1978 sind Notizen zu dieser Vorlesungen in Frankreich in Buchform erschienen, in englischer Sprache wurden sie jedoch erst 2001 veröffentlicht. Ein Grund dafür ist, so mutmaßen die Herausgeber der englischsprachigen Ausgabe, dass es sich dabei nicht genau um Merleau-Pontys eigene Formulierungen handelt, auch wenn sie durchaus wörtliche Zitate sein können.[5] Darüber hinaus liefert Merleau-Ponty eine *explication de texte* – aber unterbreitet er seine eigene Interpretation von der Wichtigkeit dieser Denker für seine eigene Philosophie? Ich möchte nahelegen, dass er beides tut, er gewinnt Quellen aus der von ihm erläuterten Tradition und legt dabei seine eigene Bezugnahme auf die Tradition der sinnlichen Theologie frei. Es mag zunächst schwer erscheinen, den Fokus auf die Verkörperung, die häufig als eine Gegenposition zu jenen unterschiedlichen Formen des religiösen Idealismus aufgefasst wird, die eine trennbare »Seele« postulieren, mit theologischen Arbeiten wie denjenigen von Malebranche in Einklang zu bringen.

In seinem Essay *Überall und Nirgends* beschreibt Merleau-Ponty Malebranche als einen Vorläufer der Philosophie des 20. Jahrhunderts und bemerkt, dass er für den einflussreichen Léon Brunschvieg neben anderen »die Möglichkeit einer Philosophie einräumte, die zur Feststellung einer Unvereinbarkeit von Dasein

5 Jean Deprun erklärt in seiner Einleitung, dass er die Studienhefte von Merleau-Pontys beiden Vorlesungen-Versionen desselben Jahres konsultiert und in ihnen die jeweils klarsten und explizitesten Formulierungen ausgewählt hat. Seine Arbeit als Herausgeber dieses Bandes beschreibt er als »leicht« und steht dafür ein, dass Merleau-Pontys Sichtweisen durch redaktionelle Entscheidungen in keiner Weise verändert worden sind. Obwohl Jacques Taminiaux in seinem Vorwort zur englischen Fassung bemerkt, dass es sich dabei lediglich um Pflichtkurse handelt, die Merleau-Pontys eigene philosophische Ansichten nur tangieren , schließe ich mich dieser Schlussfolgerung nicht an, weil Merleau-Pontys Beschäftigung mit der Berührung, mit der Alterität und mit einer Ordnung der Intelligibilität, die sich durch die Empfindung erschließt, für die Entwicklung seiner Auffassung von der körperlichen Erfahrung und ihrer Beziehung zur Erkenntnis von entscheidender Bedeutung ist.

und Idee und folglich ihrer eigenen Unzulänglichkeit gelangt«.[6] Dies vergleicht Merleau-Ponty mit der Auffassung von Maurice Blondel, »für den die Philosophie das Denken *war*, das bemerkt, dass es nichts ›abschließend‹ behandeln kann, wenn es in uns und außerhalb von uns eine Wirklichkeit auffindet und abtastest, deren Quelle nicht im philosophischen Bewusstsein liegt«.[7] Als er das Erbe der christlichen Philosophie in der Gegenwartsphilosophie beschreibt, legt er diese Lehre recht frei aus, um zu zeigen, was sie für seine eigene Perspektive verspricht: »Da er seine ›Wesenheiten‹ als solche nicht für das Maß aller Dinge hält, da er nicht so sehr an Wesenheiten als vielmehr an Bedeutungsknoten (*nœuds de signification*) glaubt, die in einem neuen Netz des Wissens und der Erfahrung gelöst und wieder geknüpft werden«.[8] Merleau-Ponty stellt klar, dass Malebranche nicht nur zeigt, wie die religiöse Ordnung, die Ordnung des Intelligiblen oder das »göttliche Wort«, die lebendige Erfahrung, ja die Sinne selbst durchkreuzt, sondern auch das menschliche Subjekt als den Ort dieser für die Ethik so folgenreichen Durchkreuzung versteht: »Wenn der Mensch wirklich beiden Ordnungen zugehörig ist, dann entsteht ihre Verbindung auch in ihm, und er muss etwas darüber wissen. [...] Hierin liegt, unseres Erachtens, die Bedeutung der Philosophie von Malebranche. Der Mensch kann nicht einerseits ›geistiger Automat‹ sein, andererseits das religiöse Subjekt, dem eine übernatürliche Einsicht zuteilwird. In seinem Verstand findet man die Strukturen und Diskontinuitäten des religiösen Lebens wieder«. Er fährt fort: »Wir sind unsere Seele, aber wir haben keine Vorstellungen

---

6 Maurice Merlau-Ponty, »Partout et nulle part«, in: *Signes*, Paris 1960, S. 158–200 / Maurice Merlau-Ponty, »Überall und Nirgends«, in: *Zeichen*, übers. v. Barbara Schmitz, Hans Werner Arndt u. Bernhard Waldenfels, hg. v. Christian Bermes, Hamburg 2007, S. 181–232, hier S. 203. [Butler gibt im Folgenden den Hinweis sowohl auf das französische Original als auch die englische Übersetzung. Im Folgenden wird auf das Original und die deutsche Übersetzung verwiesen].

7 Ebd.

8 Ebd., S. 178f. / 177.

von ihr; wir stehen mit ihr nur durch das Gefühl in einem dunklen Kontakt (*le contact obscur du sentiment*)«. In diesem Sinn ist »die kleinste sinnliche Wahrnehmung«, so heißt es weiter, »bereits eine ›natürliche Offenbarung‹«.[9] Das Göttliche erscheint weder im Sinnlichen als solchen noch lässt sich vom Sinnlichen sagen, es »partizipiere« am Göttlichen im Sinne von Platons Begriff der *mathesis*. Vielmehr gibt es eine gewisse Teilung oder Unvereinbarkeit (*un clivage transversal*), die in der Sinneswahrnehmung selbst in einer Weise statthat, dass ihr göttlicher Ursprung auf dunkle Weise gefühlt wird, auch wenn er sich nicht als solcher erfassen lässt.

> Es ist diese Unvereinbarkeit selbst, die man thematisieren müsste, wenn man eine christliche Philosophie aufstellen wollte. In ihr müsste man die Artikulation des Glaubens und der Vernunft suchen. Wodurch man sich von Malebranche entfernen, sich aber auch von ihm inspirieren lassen würde: Denn wenn er einen Teil der rationalen Einsicht auf die Religion überträgt und sie im Extremfall in einem einzigen Universum des Denkens miteinander gleichsetzt, wenn er die Positivität des Verstandes auf die Religion ausdehnt, so kündigt er auch das Eindringen der religiösen Umkehrungen in unser rationales Sein an; er führt damit das paradoxe Denken eines Wahns ein, der Weisheit ist, eines Skandals, der Frieden ist, eines Geschenks, das Verdienst ist.[10]

Wenn uns eine anfängliche Skepsis gegenüber Malebranches Rolle in Merleau-Pontys Denken daran gehindert hat, die Nützlichkeit seiner Vorlesungen zu bemerken, so lässt sich dieser Zweifel meines Erachtens schnell entkräften, wenn man versteht, wie sehr Malebranche die Theologie durch eine neue Konzeption des Körpers und insbesondere durch die grundlegende und prägende

9 Ebd., S. 181 / 209.
10 Ebd., S. 183 / 211.

Funktion der Berührung zu begründen suchte. Denn Malebranche eröffnet Merleau-Ponty die Möglichkeit darüber nachzudenken, wie der Körper in seiner Empfänglichkeit für Eindrücke eine Reihe von Eindrücken voraussetzt, die auf den Körper einwirken und die Grundlage für Empfindung, Gefühl und Denken sowie die Anfänge von Handlungsmacht selbst formen. Diese Eindrücke sind vor allem taktil, was darauf hindeutet, dass ein Körper bereits etwas anderem als sich selbst ausgesetzt ist, etwas, von dem er affiziert werden kann, etwas, das ermöglicht, dass ein fühlendes Selbst auftauchen kann.

Ich schreite zu schnell voran, wenn ich in dieser Hinsicht von einem »Selbst« spreche: Malebranche zufolge bildet eine primäre Empfänglichkeit für Eindrücke oder eine primäre Rezeptivität die Möglichkeit von Erfahrung selbst, weshalb man genau genommen keine primäre Berührung erfährt, sondern vielmehr eine primäre Berührung Erfahrung eröffnet. Das macht aus der »Berührung« gewiss einen spekulativen Begriff, der sich auf dem Gebiet des Empirischen nicht verifizieren lässt, das heißt auf dem Gebiet einer bereits erkennbaren »Erfahrung«. In einem anderen Sinn eröffnet Berührung das Feld der Spekulation als eine notwendige Vorbedingung für die Theoretisierung der Verkörperung und der Taktilität. Dieser Punkt lässt sich noch einmal anders verdeutlichen, wenn wir bedenken, dass die »Taktilität«, von der das Berühren wie das Berührtwerden ausgehen, sich nicht als irgendeine eigenständige ontologische Substanz erkennen lässt. Oder noch einmal anders formuliert: Die Berührung geht von etwas aus, was sie nicht vollständig erkennen oder beherrschen kann. Die flüchtige Bedingung ihres Auftauchens prägt jedwede Berührung als ihre konstitutive Unsagbarkeit. Berührung – weder einfach als Berühren noch als Berührtwerden verstanden – ist nicht nur die beseelende Bedingung der Empfindung, sondern setzt sich auch als das beseelende Prinzip des Fühlens und Erkennens fort. Was sich zunächst als ein leiblicher Eindruck darstellt, erweist sich als die Bedingung für kognitive Erkenntnis; in diesem Sinn ist es der Körper, der die Seele beseelt.

Lassen Sie mich an dieser Stelle einen Satz von Malebranche anführen, der für Merleau-Pontys eigenes Nachdenken über die Einheit von Seele und Körper äußerst wichtig werden wird. Malebranche schreibt: »Ich kann nur fühlen, was mich berührt.«[11] Mit diesem Zitat möchte Merleau-Ponty zeigen, dass das fühlende »Ich« nur eine Folge der Berührung ist; er räumt damit dem Durchleben der Berührung einen Vorrang gegenüber der Herausbildung des Gefühls selbst ein. Malebranches Behauptung ist – von ihrer Einfachheit und, ja, von ihrer Schönheit abgesehen – äußerst entwaffnend und folgenreich. Erstens postuliert sie die Ursprünge für die Art und Weise, wie ich zum Gefühl komme, die Ursprünge für das, was ich empfinden kann, die Ursprünge von Empfindung selbst. Malebranche behauptet, dass das »Ich«, das ich bin, ein fühlendes »Ich« ist. Selbst wenn er nicht behauptet, dass es kein »Ich« vor einem oder unabhängig von einem Gefühl gibt, verdeutlich sein Argument für die Einheit von Seele und Körper dennoch, dass das Gefühl, das durch Berührung ausgelöst wird, das »Ich« initiiert oder vielmehr seine Selbstrepräsentation begründet. Letztlich ist es ein autobiographischer Bericht, den Merleau-Ponty von Malebranche zitiert, was die Frage aufwirft, unter welchen Bedingungen es dem »Ich« möglich ist, darüber zu berichten, was es fühlt. Wir werden daher aufgefordert, eine grundsätzlichere Frage zu stellen: Ist ein Gefühl die Bedingung, die es erlaubt, in der Sprache von sich selbst zu berichten? In dem obigen Zitat, einem Bericht in der ersten Person, erscheint das Gefühl nicht außerhalb des Berichts von einem Gefühl, was nahelegt, dass das Gefühl eine Form ist, die durch einen autobiographischen Bericht gegeben wird. Das »Ich« ist nicht einfach ein Selbst, das vor der Sprache

---

11 Merleau-Ponty, *L'union de l'âme et du corps*, S. 24 / Merleau-Ponty, *The incarnate Subject*, S. 43. Der Satz wird aus Malebranches *Méditations chrétiennes et métaphysiques* zitiert, wo es heißt: »Il est nécessaire que je ne me sente qu'en moi-même, lorsqu'on me touche.«

ins Sein kommt, in dem obigen Zitat wird es vielmehr primär als ein Akt der Selbstreferenz in der Sprache bezeichnet, eine Selbstreferenz, die nicht nur durch einen Affekt veranlasst wird, sondern auch in der Handlung einen Affekt belebt.

Wenn »ich« nur unter der Bedingung fühle, dass ich berührt werde, und wenn mein Vermögen, über mich zu berichten, durch ein Gefühl konstituiert wird, dann scheint daraus zu folgen, dass ein Gefühl als eine eindeutig sprachliche Möglichkeit zu meinem Gefühl wird. Wenn jedoch ein Gefühl unter der Bedingung eines autobiographischen Berichts in der Sprache zu meinem Gefühl wird, und wenn das Gefühl aus einer Berührung folgt, die nicht meine Berührung ist, dann werde ich gleichsam in einer Berührung begründet, von einer Berührung belebt, die ich nur erkennen kann, weil ich diesen primären Eindruck verdecke, sobald ich von mir berichte. »Ich kann nur fühlen, was mich berührt« bringt eine grammatikalische Unmöglichkeit in eine grammatische Form, insofern die Berührung der Möglichkeit meines Selbstberichts vorausgeht, seine Möglichkeit eröffnet und das konstituiert, wovon ich keinen vollständigen oder angemessenen Bericht geben kann.

Wenn es kein »Ich« ohne Gefühl, ohne Empfindung gibt, und wenn das »Ich«, das sein Gefühl ausspricht, auch das fühlende Ich ist, dann wird das Gefühl ein Teil des intelligiblen »Ich«, dann wird es ein Teil von dem, was das »Ich« von sich selbst verständlich machen kann und verständlich macht. Das von Merleau-Ponty wiedergegebene Zitat ist tatsächlich ein Beispiel für ein »Ich«, das versucht, sich selbst für sich selbst verständlich zu machen, das über die Vorbedingungen seiner eigenen Möglichkeit nachdenkt und sie in der Sprache mit einer Zuhörerschaft kommuniziert, die diese Vorbedingungen vermutlich teilt. Doch wie können wir wissen, ob wir diese Vorbedingungen tatsächlich teilen? Das »Wir« scheint aus dieser Szene ausgeschlossen zu sein; stattdessen scheinen wir der Selbstdarstellung eines anderen zuzuhören und das »Ich« aus der Ferne zu bewohnen. Andererseits ist die Äußerung eine Adressierung, die für Descartes ebenso eine Herausforderung darstellt wie für die Auffassung, dass das sprechende und erkennende »Ich« aus einer denkenden Substanz besteht, die streng genommen von jeder anderen körperlichen Ausdehnung unterschieden ist – eine *res cogitans*, und keine *res extensa*.

Doch Malebranche sagt *nicht*: »Ich kann nur fühlen, was mich berührt, und dasselbe gilt auch für dich«. Er bleibt auf eine autobiographische Form beschränkt, die gleichzeitig ein Zitat von Descartes ist, das die Unmöglichkeit von Descartes' eigener Position ausstellen soll. Die als Zitat gekennzeichnete Autobiographie lügt sich selbst an, weil sie die Geschichte desjenigen ist, der sie spricht, gleichzeitig ist sie aber auch die Geschichte von jemand anderem – und zwar mit einem Twist. Bei Descartes besteht die Gefahr des Solipsismus, denn wir wissen nicht, ob es in der Szene ein »Du« gibt. »Ich denke, also bin ich« ist offensichtlich nicht dasselbe wie »Ich kann nur fühlen, was mich berührt«. Allerdings wissen wir in beiden Fällen nicht, an wen die Äußerung gerichtet ist, oder ob ich darüber berichten kann, was eine andere Person fühlt, denkt oder ist.

Kann ich von etwas sprechen, das nicht meines ist, das nicht, weil ich es fühle, zu meinem wird? Am Anfang des Satzes gibt es also, so könnte man sagen, einen gewissen Skandal, eine gewisse Herausforderung, nämlich den Umstand, dass sich das »Ich« mit dem Gefühl verknüpft, dass sich das »Ich« als ein fühlendes Sein behauptet. Es ist keinesfalls so, dass das »Ich« nur hin und wieder fühlt. Nein, vielmehr ist es so: Was immer das »Ich« sein wird, es wird ein fühlendes Wesen sein. Das »Ich« berichtet also nicht von diesem oder jenem gelegentlichen Gefühl, sondern behauptet sich selbst unter der Bedingung des Gefühls, das Gefühl bedingt also das »Ich«, es kann kein »Ich« ohne Gefühl geben. Selbst wenn es eine Berührung gibt, die nicht meine Berührung ist, so ist dennoch unklar, ob sie von jemand anderem als von mir stammt. Dem scheint nicht so zu sein. Die Berührung geschieht für Malebranche nicht durch ein anderes Selbst; etwas in der Berührung lässt uns also verwundert fragen: Wo ist der Andere? Wenn es die

Berührung durch Gott ist, die mich belebt, werde ich dann nur in Beziehung zu einem uneinholbaren und nicht sagbaren Ursprung belebt?

Wenn ich nur fühlen kann, was mich berührt, dann ist das, was ich fühlen kann, beschränkt. Diese Behauptung hat viele Konsequenzen: Ich kann nichts fühlen, wenn mich nicht berührt, und ich kann nur fühlen, was mich berührt. Ich muss berührt werden, um zu fühlen, und wenn ich nicht berührt werde, dann werde ich auch nichts fühlen. Wenn ich nichts fühle, dann kann ich auch nicht darüber berichten, was ich fühle, dann gibt es, sofern das Gefühl mein Eintritt in die sprachliche Selbstrepräsentation ist, keinen Selbstbericht. Auch wenn Malebranche diese letzte Behauptung nicht explizit geäußert hat, so ist es dennoch eine Handlung, die er uns präsentiert, wenn er (a) den Vorrang des Gefühls gegenüber dem behauptet, was ich bin, und (b) den autobiographischen Bericht als eine Folge aus dem Vorrang des Gefühls vorführt. Wenn es kein »Ich« außerhalb des Gefühls gibt, und wenn das »Ich« diese Behauptung macht, indem es einen Bericht von seinem Gefühl gibt, dann *wird das narrative »Ich« zur Transferstelle, über die das belebte »Ich« eine autobiographische Konstruktion beginnt.* Denn es ist das »Ich«, das fühlen kann und fühlt, und wenn es keine Berührung gibt, dann gibt es auch kein »Ich«, das fühlt, und das heißt, dass es kein »Ich« gibt, das als belebter Effekt eines Gefühls und als das Subjekt eines autobiographischen Berichts gefasst werden kann. Berührt zu werden heißt natürlich, etwas zu durchleben, was von außen kommt, ich bin also auf grundlegende Weise von dem veranlasst, was außerhalb von mir ist und was ich durchlebe, und dieses Durchleben verweist auf eine gewisse Passivität, die sich nicht als das Gegenteil einer »Aktivität« verstehen lässt. Diese Berührung zu durchleben heißt, dass es eine gewisse Offenheit für das Außen gibt, das die Plausibilität eines jeden Anspruchs auf Selbstidentität aufschiebt. Das »Ich« wird durch Alterität veranlasst, und dieser Anlass besteht als seine notwendige und belebende Struktur fort.

Wenn es eine Selbstrepräsentation geben soll, wenn ich das »Ich« in der Sprache sprechen soll, dann wurde diese autobiographische Referenz von anderswo her ermöglicht, dann hat sie etwas durchlebt, was sie nicht selbst ist. In diesem Durchleben ist ein »Ich« aufgetaucht.

Man beachte jedoch auch, dass der Satz impliziert, dass ich nur das fühlen kann, was mich berührt, ich kann also nicht irgendetwas Anderes fühlen. Nichts Anderes kann gefühlt werden als das, was mich berührt. Mein Gefühl wird angetrieben, veranlasst, eröffnet durch sein Objekt, und das Gefühl wird auf ganz fundamentale Weise auf dieses Objekt bezogen sein, es wird durch dieses Objekt strukturiert sein. Oder um es phänomenologisch auszudrücken: Das Gefühl wird auf passive Weise durch eine intentionale Beziehung zu diesem Objekt strukturiert sein. Ich konstituierte dieses Objekt nicht durch mein Gefühl, aber mein Gefühlsvermögen und folglich mein Vermögen, mich selbst als ein »Ich« zu verkünden und also handlungsfähig zu sein, wird nur aus diesem grundlegenderen Durchleben folgen, aus diesem Berührtwerden von etwas, von jemandem. Daraus scheint auch zu folgen: Wenn ich nicht berührt werden kann, dann gibt es auch kein Objekt, kein Anderswo, kein Außen; mit der Abwesenheit der Berührung kann ich mich selbst nicht mehr beschreiben. Und wenn ich nicht berührt werden kann, dann gibt es kein Gefühl, und ohne Gefühl gibt es kein »Ich«; das »Ich« wird unbeschreiblich, etwas für sich selbst Unbeschreibliches, etwas für andere Unbeschreibliches. Wenn die Berührung das Gefühl eröffnet, das die Selbstrepräsentation belebt, und wenn die Selbstrepräsentation niemals einen vollständigen und angemessenen Bericht von dem geben kann, was sie belebt, dann gibt es in jeglichem Bericht, den ich von mir gebe, eine Opazität. Wenn es jedoch keine Berührung gibt, dann gibt es auch keinen Bericht. Hierin liegt vielleicht der Unterschied zwischen einem partiellen Bericht, der durch Berührung veranlasst wird, und dem radikalen Unvermögen eines

Berichts, wenn nicht einer Aphasie, die durch eine primäre Not veranlasst wird.

Welche Schlüsse können wir an dieser Stelle ziehen? Dass es im Auftauchen des »Ichs« eine gewisse passive Konstitution von außen gibt, dass das »Ich« aus einem Gefühl, aus einer Empfindung geboren wird, und dass diese Empfindung referentiell ist: Sie bezieht sich, und sei es indirekt, auf das Außen, durch das sie hervorgerufen wurde. Es handelt sich demnach um eine Passivität, die dem Auftauchen des »Ich« vorausgeht, um eine Beziehung, die sich streng genommen vom »Ich« nicht erzählen lässt: Das Ich kann mit dem Erzählen seiner Geschichte erst beginnen, nachdem diese Eröffnung stattgefunden hat. Lässt sich jedoch diese »Passivität« verstehen? Oder ist dieser Satz selbst und die von uns verwendete grammatikalische Wendung »berührt werden« bereits eine Fiktion, die uns nachträglich durch eine Bedingung aufgedrängt wird, die gleichsam vor dem Aktiven und Passiven liegt, eine Bedingung, die diese Unterscheidung nicht kennt und nicht kennen kann?

Wenn wir bedenken, dass es für Merleau-Ponty in seiner späten Schrift »Die Verflechtung – Der Chiasmus« kein Berührtwerden gibt, das nicht gleichzeitig auch berührend ist, dass sich beide jeweils gegenseitig implizieren und das *entrelacs* des Fleisches selbst konstituierten, wie lässt sich dann diese zwölf Jahre frühere Überlegung zu der konstituierenden Bedingung des »Ich« verstehen? Wenn das Berührtwerden dem Auftauchen des »Ich« vorausgeht und es bedingt, dann gibt es kein »Ich«, das berührt wird – nein, dann muss es etwas vor dem »Ich« geben, ein Stadium, in dem Berührtwerden und Berühren sich gegenseitig verdunkeln, sich aber nicht aufeinander reduzieren lassen, in dem ihre Unterscheidung nahezu unmöglich ist, in dem dieser Unterschied aber dennoch besteht und in dem die Dunkelheit, die sich nicht in eine Erzählung bringen lässt, die uneinholbare Vorgeschichte des Subjekts konstituiert. Wenn die Berührung nicht nur auf das »Ich« einwirkt, sondern dieses »Ich« auch belebt und so die Bedingung für seine eigene Empfindung und die Anfänge von Handlungsfreiheit schafft, dann folgt daraus, dass das »Ich« gegenüber dieser Berührung weder ausschließlich passiv noch gänzlich aktiv ist. Wir sehen, dass das Bewirktwerden und Bewirken bereits in der Bildung des Subjekts miteinander verflochten sind. Diese Bedingung, in der das Passive und Aktive miteinander vermengt sind, diese Bedingung genauer gesagt, in der die beiden noch nicht zergliedert wurden, ist selbst durch eine belebende Exteriorität ermöglicht worden. Es handelt sich hier nicht um ein selbstgenügsames Stadium des Subjekts, sondern um ein Stadium, das von etwas Früherem und Äußerlichem hervorgerufen wurde. Das Gefühl, das aus dem Berührtwerden resultiert, ist demnach auf implizite Weise referentiell, eine Situation, die wiederum zur Grundlage für die Behauptung wird, dass das Erkennen eine im Entstehen begriffene Dimension des Gefühls ist.

Für den Malebranche lesenden Merleau-Ponty bedingt die Empfindung nicht nur das Erkennen, sie erlangt ihre Gewissheit vom Außen auch genau in dem Augenblick, in dem es fühlt. Diese Empfindung ist zu Beginn ein Unwissen von sich selbst; ihr Ursprung in der Passivität der Berührung lässt sich nicht erkennen. Wenn ich fühle, dann muss es gegenüber meinem Gefühl ein Außen und ein Früher geben. Mein Gefühl ist keine bloße Gegebenheit; es wird von woanders gegeben. Räumliche und zeitliche Erfahrungen folgen aus der Berührung, sie werden nachträglich von der Berührung als ihre belebenden Bedingungen bewirkt. Wenn ich fühle, dann bin ich also berührt worden, und berührt worden bin ich von etwas, das außen ist. Wenn ich fühle, dann beziehe ich mich demnach auf ein Außen, ich weiß allerdings nicht genau, auf was ich mich beziehe. Gegen Descartes macht Malebranche geltend: »Nichts gibt eine größere Gewissheit, dass ein Ding existiert, als eine innere Empfindung (ein Gefühl, Anmerkung von Judith Butler)«;[12] ein Gefühl kann jedoch nicht

[12] Ebd., S. 18 / 38.

die Gründe für die Existenz von irgendetwas liefern; es attestiert eine Existenz, die von einem Anderswo, von einer konstitutiven Alterität ins Sein gebracht wurde. Was Malebranche »Empfindung« nennt, »kann uns einzig eine Dimension des göttlichen Lebens enthüllen; einzig durch die Gnade wird dieses profunde Leben Gottes zugänglich«.[13] Wir sehen also: Die Gnade, die als der Augenblick verstanden wird, in dem man von Gott berührt wird, als der Bruch, den eine solche Berührung vollzieht, enthüllt uns das göttliche Leben, wobei Leben hier als eine Unterbrechung des Verstehens verstanden wird – wenn denn »Verstehen« hier überhaupt das richtige Wort ist –, als eine plötzliche Unterbrechung unserer Zeit und unserer Perspektive durch die Zeit und die Perspektive eines anderen. Wenn wir uns an den zeitlichen Bericht halten, den uns Malebranche unterbreitet, so müssten wir sagen, dass der Bruch oder die Unterbrechung eröffnend ist; der Bruch tritt nicht in einem vorkonstituierten Feld auf, er errichtet vielmehr das Feld der Erfahrung durch eine traumatische Eröffnung, das heißt durch einen Einschnitt, durch eine Unvereinbarkeit oder durch eine Spaltung der Zeitlichkeiten.

In der menschlichen Perspektive tritt diese Verwirrung jedoch nicht nur gelegentlich auf. Sie geschieht in jedem Denken. Merleau-Ponty paraphrasiert Malebranche wie folgt: »Keine Idee ist für sich selbst intelligibel. Sie ist ›repräsentativ für…‹, ›gerichtet auf…‹.[14] Jede Idee wird gleichsam in einer und durch eine empfundene Beziehung zu einer belebenden Alterität geboren. Für Merleau-Ponty nimmt deshalb Malebranche die Husserl'sche Lehre der Intentionalität vorweg, oder zumindest scheint es so, wenn man die Sprache betrachtet, die Merleau-Ponty für die Erläuterung von Malebranches Sichtweise verwendet. Während Husserl stets mit der *hulê*, mit der Materie des Ego und seiner Objekte gerungen hat, scheint Malebranche zumindest bisweilen davon überzeugt

[13] Ebd., S. 36 / 53.

[14] Ebd., S. 19 / 39.

gewesen zu sein, dass der Körper das Schema für die Ideen liefert, dass der Körper keine diskrete Zeit und kein diskreter Raum ist, sondern in einer und als eine »verborgene Beziehung« zum Bewusstsein existiert; er ist deshalb zweifellos relational und referentiell. In diesem Sinn trägt der Körper in sich, was dem Bewusstsein rätselhaft bleibt und den Mangel des Bewusstseins freilegt: Das Bewusstsein ist *kein* Begriff, dem der Körper korrespondiert, sondern die Form, die der Körper annimmt, wenn er ideell wird.

Wir sollten folglich nicht annehmen, dass das *cogito* diskret für sich alleine steht und sich selbst erkennt. So wie Malebranche es versteht, besteht das *cogito* aus drei Teilen: Der erste Teil ist die Selbsterkenntnis, die ihrer Definition nach obskur ist; der zweite Teil ist die Erkenntnis der sichtbaren Ideen meiner selbst, die ein Verständnis meiner selbst als ein körperliches Sein beinhaltet; und der dritte Teil ist die Erkenntnis Gottes. Die Erkenntnis Gottes gibt es in mir, wenn ich die von Gott gegebene Erleuchtung verstehe, eine Erleuchtung, die danach meine Ideen prägt, ein »Licht«, das auch eine von Gott gegebene »Berührung« (und folglich eine Synästhesie) ist, die mir meine Empfindung im Allgemeinen und folglich meine Beziehung zu einer Ordnung des Intelligiblen verleiht. Man könnte versucht sein, diese Berührung selbst figürlich zu verstehen, die hier für das Licht steht, das aus einer Göttlichkeit ausstrahlt, die streng genommen keinen Körper hat. Wir werden allerdings noch sehen, dass nicht klar ist, ob der Körper in diesem Bericht abstrakt und figural gefasst wird oder ob die Theologie sich hier eingestehen muss, dass sie ihre Gründe in einem körperlichen Materialismus findet. Wenn sich herausstellen sollte, dass es bei Malebranche eine Einheit von Körper und Seele gibt, dann wird es keine einfache Verbindung von diskreten Entitäten sein, sondern eine Dynamik, in der die Ideation aus der taktilen Empfänglichkeit für Eindrücke folgt; in dieser Hinsicht haben wir es hier mit einem recht einzigartigen theologischen Empirismus zu tun.

Obwohl die Ideation aus dem Körper folgt, ist die körperliche Erfahrung nicht primär. Sie wird von etwas belebt, das sich nicht vollständig durch das reflexive Denken einholen lässt. Wenn Malebranche schreibt, dass »ich nicht das Licht meiner selbst bin«, und auf eine »geschaffene Vernunft« verweist, versteht er das »Ich« als etwas notwendig Abgeleitetes, das grundsätzlich der Möglichkeit beraubt ist, sein eigener Grund zu sein.[15] Ich denke, aber der Gegenstand meines Gedankens transzendiert die Idee, die ich von ihm habe, denn meine Idee beruht niemals auf sich selbst. Meine Idee leitet sich von dem ab, verweist implizit auf das, was mir gegeben wird. Sofern ich Ideen habe, kommen sie mir nicht als Geschenke, sondern als Wunder, als Ereignisse, für die ich keinen vollständigen und gewiss keinen kausalen Bericht geben kann. Merleau-Ponty versteht, dass Malebranche die Theorie einer dunklen Selbsterkenntnis anbietet – eine Selbsterkenntnis, die dunkel, aus diesem Grund aber keinesfalls illegitim ist. Dunkel ist sie gerade, weil ich die Seele, die ich bin, nicht mit irgendeiner Idee erfassen kann, die ich von ihr habe. »Mit dem Begriff der Ausdehnung kann ich mir eine ›Pseudo-Idee‹ von der Seele machen«.[16] Die Ausdehnung wird sich nicht transparent auf das beziehen können, was ich bin. Sie ist kein metaphysischer Begriff, der einer Wirklichkeit entspricht, sondern eine notwendig irrige Metapher, die begrifflich zu erfassen versucht, was einer begrifflichen Erfassung widerstehen muss. In Merleau-Pontys Worten: »Die Seele wird unbestimmt bleiben, und die Idee, die wir von ihr haben, wird auf einem Halbgedanken beruhen«.[17] Die Seele ist nichts, womit ich in einer transparenten Erkenntnisrelation stehen kann: Gerade weil ihre Ursprünge anderswo liegen, ist sie zuteilen offenbar oder dunkel.

Was ist der Zusammenhang zwischen dieser irrigen Metapher, diesem Halbgedanken, und der Dunkelheit, die mit der originären

---

15 Vgl. ebd., S. 18 / 38.

16 Ebd., S. 21 / 40.

17 Ebd.

Dunkelheit der Berührung einhergeht? Merleau-Ponty zufolge gibt es bei Malebranche einen Versuch, mit voller Absicht in eine *philosophie de l'irréfléchi*, in eine Philosophie des Unreflektierten, des Nicht-Reflektierbaren einzutreten. Merleau-Ponty schreibt:

> Ich bin ganz natürlich auf meine Welt ausgerichtet, ohne von mir selbst zu wissen. Ich weiß nur, dass ich durch Erfahrung die Vergangenheit denken kann; ich kenne meine Erinnerung nicht, wenn sie unmittelbar von einer Operation erfasst wird. Meine Bezugnahme auf die Vergangenheit ist nicht mein Werk. Ich erhalte gewisse Erinnerungen, die mir gegeben sind. Ich bin daher kein Geist, der die Zeit beherrscht und einsetzt, sondern ein Geist, der über einige Vermögen verfügt, von deren Natur er nichts weiß. Ich weiß nie, was ich wert (*vaux*), ob ich gerecht oder ungerecht bin. Es gibt eine Weise, in der ich mir selbst einfach gegeben bin, ohne dabei mein eigenes Prinzip zu sein.[18]

Wenn ich mir selbst gegeben, aber nicht mein eigenes Prinzip bin, wie lässt sich dann diese Gegebenheit denken, wenn mir das überhaupt möglich ist? Wie wir bereits festgestellt haben, wird es sich dabei um eine Gegebenheit handeln, die sich niemals von einer Idee oder einem Prinzip wird erfassen lassen: Sie wird eine Gegebenheit sein, die sich in keiner Erzählung und in keinem Begriff erfassen lässt (und in diesem Sinn ist sie *irréfléchi*). Auch wenn diese Gegebenheit jedes Wort abweisen wird, das sie zu benennen sucht, werde ich versuchen, mit Hilfe dessen auf sie hinzuweisen, was Merleau-Ponty »*entrelacs*« oder »die Verflechtung« nennt.

Was macht Merleau-Ponty, wenn er diese spekulative Theologie aus dem Ende des 17. Jahrhunderts immer wieder liest? Sein unglaublich provokatives letztes Werk mit dem Titel *Das Sichtbare und das Unsichtbare* enthält eine der schönsten Schriften, die wir von ihm besitzen, eine Schrift, die nicht nur um den Sehsinn und die Berührung kreist, sondern die mit ihrem eigenen Rhyth-

[18] Ebd., S. 22 / 40f.

mus und mit ihrer eigenen Offenheit die Sprache in die Form jener Beziehung zu bringen sucht, die er zu beschreiben bemüht ist. Ich könnte wetten, dass dieses Kapitel für die meisten Feminist_innen die wichtigste Arbeit ist, und das nicht nur, weil sie das vorwegnimmt, was Luce Irigaray tun wird, wenn sie zwei sich berührende Lippen imaginiert (tatsächlich werden die *deux lèvres* von Merleau-Ponty erstmals in diesem Kapitel eingeführt, was tragischerweise in der englischen Übersetzung verloren gegangen ist), sondern auch, weil sie gewissermaßen eine Alternative zur Erotik der bloßen Beherrschung anzubieten sucht. Es macht das Denken leidenschaftlich, weil es mit seiner Sprache und mit seinem Argument die Unterscheidung überwindet zwischen einem Subjekt, das sieht, und einem, das gesehen wird, zwischen einem Subjekt, das berührt, und einem, das berührt wird. Die Schrift überwindet diese Unterscheidung allerdings nicht, indem sie sie zusammenfallen lässt. Es ist nicht so, dass jetzt alle in der gleichen Handlung beteiligt sind oder dass es keine Dynamik und keine Differenz gibt. Nein, und gerade damit vermengt sich die Unterscheidung zwischen Aktiv und Passiv, ohne dabei im Namen der Selbigkeit negiert zu werden.

Dieses letzte Projekt von Merleau-Ponty stammt aus dem Jahr 1959, zwei Jahre vor seinem Tod; ihn beschäftigt dort, was er bereits vor mehr als zehn Jahren zu verstehen versucht hat, als er seine Vorlesungen über Malebranches spekulative Theologie hielt. Lassen Sie mich sagen, was es meiner Meinung nach mit dieser Wende auf sich hat, damit die Absicht meiner Ausführungen hier nicht missverstanden wird. Seine Schrift ist eine Art philosophischer Beitrag, der behauptet, dass das Sartre'sche Modell der Berührung oder des Blicks auf einer unhaltbaren Subjekt-Objekt-Relation beruht. Merleau-Ponty bietet eine Alternative an, die zeigt, wie Akte des Sehens und Gesehenwerdens, des Berührens und Berührtwerdens aufeinander zurückfallen, sich gegenseitig implizieren, chiastisch miteinander in Beziehung treten. Es ist ein brillanter Beitrag, für den Merleau-Ponty bekannt ist. Er fällt jedoch nicht mit Malebranches philosophischer Behauptung in eins, dass alle Erkenntnis empfunden wird und dass sich jede Empfindung gewissermaßen durch ihre Referentialität auszeichnet, dass jede Empfindung eine Erkenntnisweise ist und das Intelligible mitteilt. Dass jede Erkenntnis auf einer Empfindung beruht, ist eine weitreichende und wichtige Behauptung. Dennoch haben wir es bei beiden Beiträgen mit einem erkennenden Subjekt, mit einem epistemologischen Ausgangspunkt, mit einem etablierten »Ich« zu tun, um dessen Erkenntnis-, Gefühls-, Berührungs- und Sehweisen es geht. Wie lassen sie sich beschreiben – und wie lassen sie sich anders beschreiben? Wie können sie mehr philosophische Würde erlangen als ihnen bisher zuteilwurde? Was, wenn das, was in den Vorlesungen über Malebranche passiert, eine andere, ich würde sagen, fundamentalere philosophische Bewegung ist, dass die Aufgabe *nicht darin besteht, einen Bericht über die Empfindung als den Grund jeder Erkenntnis zu liefern,* sondern den Ausgangspunkt der Empfindung selbst, die Dunkelheit und Vorrangigkeit ihrer belebenden Bedingung zu untersuchen. Die Frage ist also nicht, wie wir die Empfindung als Ausgangspunkt der Erkenntnis erfassen, sondern *wie wir, wenn wir es denn überhaupt können, den Ausgangspunkt für die Empfindung erfassen.* Wie können wir, wenn wir es denn können, das Auftauchen des Subjekts verstehen, das von einer Berührung bedingt wird, deren Handlungsfreiheit nicht völlig erkannt werden kann, von einer Berührung, die von anderswo kommt, die namenlos ist und sich nicht erkennen lässt?

Für Malebranche ist es einerseits eine theologische Untersuchung. Es ist nicht nur so, dass ich nur fühlen kann, was mich berührt, ich kann auch nur lieben, wenn ich zuvor geliebt werde, ich kann nur sehen, wenn ich gesehen werde, und dies auf eine grundlegende Weise: Die Akte des Sehens und des Liebens werden durch ein Gesehen- und Geliebtwerden ermöglicht – sie sind beide koextensiv. In *Von der Erforschung der Wahrheit* schreibt Malebranche: »Man könnte sagen, dass wenn wir nicht in einem gewissem Maße Gott sehen, dann sehen wir nichts, genauso wie wir nichts lieben könnten, wenn wir nicht Gott lieben würden, wenn uns also Gott nicht fortwährend die Liebe zum Guten im Allgemeinen einprägen würde«.[19] Gott zu lieben, heißt also, dass uns Gott fortwährend seine Liebe einprägt; der Augenblick, in dem wir handeln, in dem wir als Subjekte der Handlung gesetzt werden, ist genau derselbe Augenblick, in dem wir eine andere Liebe durchleben, und ohne diese simultane und doppelte Bewegung gibt es keine Liebe. Liebe ist demnach die Verwirrung der grammatikalischen Positionen, in der die Unterscheidung zwischen einer aktiven und passiven Disposition miteinander vermengt wird. In den Händen von Merleau-Ponty wird jedoch Malebranche zu etwas Anderem und zu etwas Mehr – durch die Berührung von Merleau-Ponty wird er gewissermaßen transformiert. Denn Merleau-Ponty fragt nach den Bedingungen, durch die das Subjekt zum Sein belebt wird; doch selbst wenn er in »Die Verflechtung – Der Chiasmus« über die Berührung schreibt, ist dennoch unklar, ob es bei ihm eine solche fundamentale Untersuchung der belebenden Bedingungen der menschlichen Ontologie gibt. Wurde sie im Hintergrund seiner Schrift bedacht? Präfiguriert nicht die Vermengung der aktiven und passiven Verbform, die bei Malebranche aus der theologischen Eröffnung (*inauguration*) der menschlichen Empfindung resultiert, nicht den Chiasmus, der bei Merleau-Pontys Rückkehr zur Sache der Berührung in seinen posthum veröffentlichten Schriften eine fundamentale Bedeutung erlangt? Wenn man Merleau-Pontys Auseinandersetzung mit Malebranche liest, stößt man also erneut auf die unabgeschlossene Untersuchung, die er in seinem posthum veröffentlichten Essay »Die Verflechtung – Der Chiasmus« unternommen wurde. Dort hatte Merleau-Ponty nahelegt, dass diese Untersuchung nicht nur eine lokale Ontologie der Berührung, sondern dass Berührung

---

[19] Nicolas Malebranche, *Von der Erforschung der Wahrheit. Drittes Buch*, übers. u. hg. v. Alfred Klemmt, Hamburg 1968, S. 57–66.

auch der Name für ein grundlegendes Auftauchen ist, für das Auftauchen des »Ich« auf der Grundlage dieses Chiasmus.

Was ist also kurz gesagt dieser Chiasmus? In »Die Verflechtung – Der Chiasmus« schreibt Merleau-Ponty,

> dass das Fleisch ein Grundbegriff ist, dass er nicht Vereinigung oder Bestandteil zweier Substanzen, sondern eigenständig denkbar ist, wenn es einen Selbstbezug des Sichtbaren gibt, der auch mich durchdringt und mich zum Sehenden macht, so kann dieser Kreislauf, den ich nicht hervorbringe, sondern der mich hervorbringt, dieses Einrollen des Sichtbaren ins Sichtbare, andere Körper genauso beseelen wie meinen eigenen.[20]

Später heißt es:

> »[D]as Fleisch, von dem wir sprechen, ist nicht die Materie. Es ist das Einrollen des Sichtbaren in den sehenden Körper, des Berührbaren in den berührenden Körper, das sich vor allem dann bezeugt, wenn der Körper sich selbst sieht und sich berührt, während er gerade dabei ist, die Dinge zu sehen und zu berühren, sodass er gleichzeitig *als* berührbarer zu ihnen hinabsteigt«.[21]

Wir sehen also bereits, dass der Körper eine Reihe von Beziehungen ist, die mit der Figur eines Ein- oder Ausrollens und einige Sätze später, in Vorwegnahme von Deleuze, mit der Figur der »Falte« beschrieben werden. Berührtwerden und Berühren sind demnach keine reziproken Beziehungen; sie spiegeln sich nicht; sie bilden keinen Kreis oder eine Beziehung der Reziprozität. Ich werde nicht berührt, während ich berühre, und diese Nicht-Koin-

---

[20] Maurice Merleau-Ponty, »Die Verflechtung – der Chiasmus«, in: ders., *Das Sichtbare und das Unsichtbare. Gefolgt von Arbeitsnotizen*, hg. v. Claude Lefort, übers. v. Regula Guiliani und Bernhard Waldenfels, München 1986, S. 172–203, hier S. 185.

[21] Ebd., S. 191.

zidenz ist für mich und die Berührung wesentlich – aber was bedeutet das überhaupt? Es bedeutet, dass ich das Berührtwerden nicht vom Berühren trennen kann, dass beide aber auch nicht zusammenfallen können. Es gibt kein Spiegelbild und keine Reflexivität, sondern ein Einrollen und ein Falten, was nahelegt, dass es Momente des Kontakts, der Nähe gibt, die sich in keiner Begrifflichkeit fassen lassen, dass diese Nähe jedoch keine Identität ist und keinen Abschluss kennt. An einer anderen Stelle nennt er das Fleisch »eine Textur, die zu sich kommt und mit sich selbst übereinkommt«.[22] Der oben zitierte Satz geht noch weiter. Es ist ein langer Satz, er rollt sich auf sich selbst zurück, weigert sich zu enden, berührt seine eigenen grammatischen Momente und verwehrt jedem eine endgültige Position. Merleau-Ponty versucht daher, seinen Satz wie folgt zu beenden: »*als* berührender beherrscht [der Körper] alle [Momente] und holt diesen Bezug wie auch jenen Doppelbezug durch Aufklaffen und Spaltung seiner eigenen Masse aus sich selbst hervor«.[23] Das Fleisch ist nicht meines oder deines, es ist aber auch nicht etwas Drittes. Es ist der Name für eine Beziehung der Nähe und der Trennung. Wenn das Fleisch beherrscht, dann beherrscht es nicht wie ein Subjekt, das beherrscht. Das Fleisch ist gewiss kein Subjekt, und selbst wenn unsere Grammatik es in die Position des Subjekts versetzt, fordert das Fleisch die Grammatik heraus, mit der es in unserer Sprache zugänglich wird. Was auch immer der Grund dafür sein mag – die vom Fleisch ausgeübte Herrschaft wird durch das Aufklaffen und die Spaltung seiner eigenen Masse erreicht. Oder noch einmal anders formuliert: Es beherrscht, indem es auseinanderfällt. Das Fleisch ist das, was immer auseinanderfällt und dann wieder zu sich zurückkommt, das aber nie mit sich koinzidieren kann. Wenn man also ein lebendiges und empfindendes Sein berührt, dann berührt man niemals eine Masse, denn der Augenblick der Berührung ist der

---

22 Ebd., S. 192.
23 Ebd., S. 191.

Augenblick, in dem etwas auseinanderfällt, in dem sich die Masse spaltet und der Begriff der Substanz sich nicht aufrecht erhält – nicht aufrecht erhalten kann. Das heißt, dass in einem solchem Augenblick weder das Subjekt, das berührt, noch dasjenige, das berührt wird, diskret für sich alleinstehend und intakt bleibt: Wir sprechen nicht von Massen, sondern von Übergängen, Teilungen, Näheverhältnissen. Merleau-Ponty schreibt:

> Meine linke Hand ist immer nahe daran, meine rechte Hand zu berühren, die gerade dabei ist, die Dinge zu berühren, aber es kommt niemals zu einer Koinzidenz; sie entgleitet im Augenblicke ihres Entstehens, und es geht immer um das eine oder andere: entweder wird meine rechte Hand wirklich zur berührten Hand, doch dann wird ihr Zugriff auf die Welt unterbrochen, oder aber sie bewahrt diesen, doch dann berühre ich nicht wirklich *sie*, sondern betaste nur die äußere Hülle meiner linken Hand.[24]

Warum sollte mein Zugriff auf die Welt unterbrochen werden, wenn die Hand, mit der ich die Welt zu berühren suche, in die Position des Berührten übergeht? Was heißt es, in die Position des Berührten überzugehen? Merleau-Ponty sagt uns hier, glaube ich, dass eine reine, als Trägheit, als Trägheit der Masse verstandene Passivität nicht die Bedingung für eine referentielle Berührung sein kann, sie kann nicht die Bedingung für eine Berührung sein, die uns den Zugang zur Ordnung des Intelligiblen verschafft. Das leuchtet ein, wenn wir daran denken, dass für Malebranche das Berührtwerden von Gott im Augenblick der Berührung bereits heißt, belebt in die Welt zu treten, aus der Position herausgesetzt zu werden, in der man ausschließlich, sozusagen als bloße Masse, berührt wird, in der man einem anderen ausgeliefert ist – es heißt vielmehr empfindend zu werden. Da wir jetzt die chiastische Beziehung verstehen, in der es sich die Berührung vorzustellen gilt, würde ich gerne Folgendes ergänzen: Von Gott berührt zu werden,

---

[24] Ebd., S. 194.

heißt zur Berührung befähigt werden, doch es wäre falsch zu sagen, dass Gott der Berührung vorausgeht, zu der ich befähigt werde. In dem Maße, wie ich weiter zu Berührung fähig bin, werde ich berührt, bin ich, wird mir gewissermaßen die Berührung Gottes eingeprägt, und dieses Durchleben ist koextensiv mit der von mir ausgeübten Handlung. Im Augenblick dieser angeblichen Passivität, die wir nur unangemessen als »Passivität« bezeichnen können und die Levinas in einer parallelen, wenn auch nicht identischen Bewegung die Passivität vor der Passivität nennen musste, werden wir also aktiviert, dies aber so, dass wir die Passivität überwinden, durch die wir aktiviert werden: Wir werden bewirkt und wir wirken im gleichen Augenblick, und diese beiden Dimensionen der Berührung sind weder Gegensätze noch miteinander identisch. Natürlich ist es nicht so, dass wir uns Malebranche zufolge umdrehen und Gott berühren, denn in dieser eröffnenden Beziehung gibt es eine strenge Asymmetrie, aber diese Asymmetrie führt auch nicht zu einer absoluten Unterscheidung zwischen Berühren und Berührtwerden. Sie impliziert nur, dass sie nicht dasselbe sind. Wir nähern uns hier also einer Beziehung an, die durch die Mittelstimme oder durch eine kontinuierliche Handlung übertragen wird, in der das Wirken und Bewirktwerden nur figürlich dargestellt, aber niemals streng begrifflich gefasst werden kann, in der sich die Wende von einem zum anderen der begrifflichen Erfassung widersetzt und uns nach Worten greifen lässt, uns in die Metapher, in den Irrtum, in den Halbgedanken führt und uns bei all dem sehen und erkennen lässt, dass jedes Wort, das wir in diesem Augenblick verwenden, *in*adäquat sein und scheitern wird, das zu erfassen, auf was es verweist. Wir lernen die Welt also nicht auf Grundlage unseres Berührtwerdens kennen. Dies geschieht vielmehr auf der Grundlage eines Berührtwerdens, in dem Berührtwerden und Berühren eine chiastische und irreduzible Beziehung eingehen. Auf der Grundlage dieser irreduziblen und nicht begrifflich fassbaren Figur, so könnten wie sagen, erfassen wir die Welt.

Dieser Chiasmus, dieses Zurückrollen, diese Falte ist der Name für die dunkle Grundlage unseres Selbstverständnisses sowie die Grundlage für unser Verständnis all dessen, was wir nicht sind. Für mich gibt es also tatsächlich keine Klarheit, die nicht in einer Dunkelheit impliziert wäre – und diese Dunkelheit bin ich selbst. »Wenn meine Seele durch eine Idee erkannt wird, dann muss sie mir als eine zweite Seele erscheinen, um diese Idee haben zu können. Wenn das Bewusstsein einer erhellenden Idee begegnen soll, ist es ihm wesentlich, sich selbst dunkel zu sein«.[25] Wir sehen hier, dass diese originäre Dunkelheit gerade die Bedingung für die Helligkeit ist. Sie bringt die Helligkeit nicht hervor, denn das Erhellende ist göttlich und geht dem Auftauchen aller menschlichen Dinge voraus. Wenn wir jedoch nach dem menschlichen Zugang zu diesem Licht fragen, dann wird dieser Zugang durch seine eigene Dunkelheit ermöglicht, durch eine gewisse Verdunkelung, von der sich die Helligkeit abhebt. Von dieser Dunkelheit zu berichten heißt, von dem zu berichten, was mir gegeben wird, es heißt von dem zu berichten, was mich berührt, was auf irreduzible Weise außen ist und mich strenggenommen hervorruft. Das führt uns zum Problem der Passivität: »Wir erben Kräfte, die nicht unmittelbar die unseren sind. Ich registriere die Ergebnisse einer Aktivität, mit der ich nicht vermengt bin (*confond*)«.[26] Meine Passivität verweist demnach auf die Präsenz und die Leidenschaft dessen, was ich nicht bin und was sich im Herzen von dem befindet, was ich als fundamentale Spaltung bin. Wir sind in diesem Augenblick nicht weit von Levinas entfernt, von der Spaltung, die nicht nur grundlegend für das Subjekt ist, sondern die auch inmitten von dem, was ich bin, auf die Operation der Alterität verweist.

Für Merleau-Ponty, der Malebranche in diesem Punkt folgt, wird die Spannung dieser innerlichen Beziehung von keiner Einheit

---

[25] Merleau-Ponty, *L'union de l'âme et du corps*, S. 22 / Merleau-Ponty, *The Incarnate Subject*, S. 41.

[26] Ebd., S. 22f. / 40.

aufgelöst, für ihn wird die Beziehung nicht durch einen gemeinsamen Raum oder Zufluchtsort namens Subjekt abgesichert. Die Beziehung befindet sich vielmehr in einer Uneinigkeit mit sich selbst, und zwar ohne das Versprechen auf eine Versöhnung. Es geht hier um eine unvermeidliche »Spaltung« in einer Philosophie, in der es einen Umweg geben muss, um vom Sich zum Selbst gelangen, einen Übergang über die Alterität, der jeden Kontakt der Seele mit sich selbst notwendig verdunkelt. Diese Dunkelheit wird nicht nur als Passivität erlebt, sondern genauer gesagt als ein Gefühl, als eine Empfindung von sich selbst. Und gerade in diesem inneren Sinn für mich selbst – in diesem dunklen, passiven Gefühl – manifestiert sich Gott gewissermaßen in der menschlichen Seele. Kraft dieser Verbindung zwischen der Empfindung und Gott, die ich nicht vollständig erkennen kann, verstehe ich mich selbst als ein freies Sein, dessen Handlungen nicht schon im Voraus vollständig bestimmt sind, dem Handlungen als eine schwankende Perspektive erscheinen. Dieser innere Sinn für die Freiheit ist die Kraft, durch die der Mensch dem Weg Gottes folgen oder auch nicht folgen kann. Tatsächlich genügt der innere Sinn für mich selbst, um meine Freiheit zu behaupten, er genügt aber nicht, um sie zu erkennen.[27]

Es gibt tatsächlich keine Einsicht in mich selbst, die mir einen klaren Zugang zu Intelligibilität verleiht, denn diese Einsicht in mich selbst wird mich notwendigerweise woanders, nach außen verweisen. Damit es eine Erleuchtung gibt, die Merleau-Pontys Lektüre zufolge tatsächlich für das Verstehen notwendig ist, »damit es Licht gibt, muss es ein *repräsentatives Sein* geben, das mir zugewandt ist... Denn sonst wäre meine Seele zerstreut und ihren jeweiligen Zuständen ausgeliefert«.[28] Ein Subjekt, das sich nur auf sein eigenes gesichtsloses Gefühl beziehen kann, das auf einen Repräsentant des »Seins« trifft, wäre demnach ein Subjekt,

27 Ebd., S. 23 / 41.
28 Ebd., S. 31 / 50.

das seine eigene Zerstreuung erleiden muss, dessen Leben seinem zufälligen Gefühl ausgeliefert ist. Diese Zustände und Gefühle werden nicht von einer Einheit zusammengehalten, die sich auf der Ebene des Subjekts ausmachen ließe, sondern von einer Einheit, die vom Objekt in seiner Idealität verliehen wird. An diese Einheit ist das Gefühl adressiert, das dem eigenen Begehren Intelligibilität verleiht. Dieser Andere, an den das Gefühl adressiert ist, der das Gefühl erbittet, tut dies in genau dem Maße, wie der ANDERE das Sein repräsentiert. Wenn dieser ANDERE das Sein repräsentiert, dann ist er nicht das Sein selbst, sondern sein Zeichen, seine Weitergabe, seine Veranlassung, seine Ablenkung.

Ohne dieses Sein ist das menschliche Herz leer und vergänglich. Wenn man in diesem Kontext sagt, dass eine Empfindung referentiell ist, dann sagt man mit Merleau-Ponty, dass »es ein Sein geben muss [...], das sich auf die Wirklichkeit bezieht, denn die menschliche Seele ist nicht für sich allein diese Agilität und diese Transparenz, die allein zur Erkenntnis fähig ist«.[29] Was auch immer der Referent sein mag, er wird nicht derselbe sein wie dessen Repräsentant, und das heißt für Malebranche, dass Gott nicht dasselbe ist wie seine Objekte. Für Merleau-Ponty ist die Behauptung so formuliert, dass man in ihr die Behauptung der Phänomenologie widerklingen hört, die Behauptung nämlich, dass es einen idealen Punkt gibt, ausgehend von dem sich Variationen unterschiedlicher Perspektiven ermöglichen, und dass die Seienden, die wir erkennen können, unterschiedliche Perspektiven dieses Ideals sind. In einem gewissen Sinn nimmt Malebranche mit seiner Beschreibung Gottes die phänomenologische Konzeption des noematischen Kerns vorweg. Das ermöglicht Merleau-Ponty, zwischen einer Ordnung des Intelligiblen und deren Bezeichnung (*signification*) zu unterscheiden. Diese »intelligible Ausdehnung«, die für unterschiedliche Seinsweisen charakteristisch ist, ist bezeichnenderweise weder dem Subjekt (denn sie ist keine Tat-

---

[29] Ebd.

sache der Erkenntnis) noch dem Objekt nahe (sie ist auch kein An-sich). Es ist der ideale Kern, ausgehend von dem die wirkliche Ausdehnung [einer Substanz] der Erkenntnis dargeboten wird«.[30] Was man fühlt, sei es ein Gefühl, ein Sinn, die Liebe oder selbst eine Berührung, wird also durch die Idealität seiner Adressierung ermöglicht, durch die Unfassbarkeit des Referenten, es wird durch die Unmöglichkeit ermöglicht, das Ideal auf eine seiner perspektivischen Andeutungen zu reduzieren.

Wenn also Merleau-Ponty über Malebranche schreibt, »er fasse das Bewusstsein nicht als eine Geschlossenheit auf, seine Sinngehalte seien nicht seine eigenen«, dann will er damit verdeutlichen, dass dieses Bewusstsein von Beginn an hingegeben ist, und zwar vor jeder Entscheidung, sich hinzugeben, vor dem Auftauchen einer reflexiven Beziehung, mit der sich das Bewusstsein, mit seinem Einverständnis, hingeben könnte. Es ist einer Unendlichkeit hingegeben, die sich nicht als solche begrifflich fassen lässt und somit die Grenzen einer begrifflichen Erfassbarkeit markiert. »Ich finde es unverständlich«, schreibt Malebranche, »wie das göttliche Wort den Körper seiner eigenen Verständlichkeit verhüllt (*renferme*)«.[31] Das göttliche Wort, die sprachliche Handlung, die das Göttliche ergreift, wird nicht durch ein Wort verkündet, das sich verstehen lässt. Nein, dieses Wort ist verschlossen, verschwiegen, verborgen, *renfermé*, es wird in einem Rätsel dargeboten, das sich mit der uns unbekannten Grammatik nicht entziffern lässt. In den Grenzen der konventionellen Sprache ist das Wort unverständlich, für die menschliche Perspektive ist seine Unverständlichkeit aber auch ein Zeichen der göttlichen Intelligibilität, die das Wort in sich verschlossen hält. Indem das göttliche Wort den Körper zu einem Rätsel macht, lässt es ihn in die intelligible Welt eintreten: »*le Verbe devin renferme les corps d'une manière intelligible*«. Das Wort hüllt demnach den Körper in eine intelligible

[30] Ebd.
[31] Ebd.

Seinsweise ein, aber was vom Körper geht über diese Umhüllung hinaus? Und was ist das göttliche Wort? Uns wird das Wort für das gegeben, was das göttliche Wort macht, auch wenn es nicht, so müssen wir zumindest annehmen, das göttliche Wort selbst ist. Das Wort, das uns gegeben wird, ist *renfermer*: zuschließen oder einsperren; einschließen, enthalten, beinhalten. *Renfermer* steht für das göttliche Wort, ja wir könnten vielleicht sogar sagen, dass es das Wort ist *»qui enferme le Verbe divin«*, dass es also das Wort ist, dass das göttliche Wort auf rätselhafte Weise in sich enthält, dass es einen »unverständlichen Gedanken der Unendlichkeit« enthält – und folglich gerade nicht in sich hält.

Diese rätselhafte Unendlichkeit betrifft jedenfalls die Körper und die Weise, wie sie im Reich des Intelligiblen enthalten sind. Es gibt da etwas Rätselhaftes und etwas Unendliches, etwas, dessen Anfang wir nicht finden können, etwas, das sich unserer Erzählung widersetzt. Es schwer zu wissen, wie in den Körpern das Göttliche verkörpert wird, aber auch, wie die Körper am Göttlichen teilhaben. Welchen rätselhaften Übergang durchlaufen die Körper, dass sie eine gewisse Idealität erlangen, dass sie gewissermaßen zum Repräsentanten einer Idealität werden, die unerschöpflich, unendlich ist, etwas, für das ich keinen Bericht geben kann, für das letztlich kein Bericht ausreichend sein kann?

Die von mir oben zitierten Ausgabe der Vorlesungen der Jahre 1947–48 enthält einen Appendix mit dem Titel *Les sens et l'inconscient* (*Die Sinne und das Unbewusste*); es handelt sich dabei um eine kurze Vorlesung, die Merleau-Ponty im selben akademischen Jahr gehalten hat, die der Form nach aber nicht mit den Vorlesungen verbunden ist, die im Buch versammelt werden. Gleich auf den ersten Blick wird allerdings klar, weshalb diese Vorlesung in diesem Buch enthalten ist, weshalb sie darin unbedingt enthalten sein muss.[32] Merleau-Ponty schreibt: »[D]as Unbewusste [...] ist

32 Dieser Appendix ist nicht in der englischen Übersetzung enthalten, die ich zitiert habe.

nichts anderes als ein Aufruf zur Intelligenz, auf den die Intelligenz nicht antwortet, weil die Intelligenz von anderer Ordnung ist. Außerhalb der Intelligenz gibt es nichts, was sich erklären lässt, sondern nur etwas, das sich einfach geltend macht«.[33] Merleau-Ponty verdeutlicht den von ihm selbst anerkannten Sinn des »Unbewussten«, der mit der Art und Weise zu tun hat, wie der Bewusstseinshorizont vom Unbekannten durchzogen wird, wie er von dem durchzogen wird, was sich nicht erkennen lässt. In diesem Sinn beschäftigt ihn, wie schon Malebranche, die Frage, wie sich eine Ordnung des Intelligiblen, die das Bewusstsein nicht gänzlich einholen kann, auf einer körperlichen und affektiven Ebene partiell und rätselhaft zu erkennen gibt. Seiner Ansicht nach wäre es falsch, wenn man zum Beispiel behaupten würde, dass ich, wenn ich verliebt und mir jeder Phase des von mir durchlebten Gefühls bewusst bin, deshalb auch etwas von der Form und Bedeutung verstehe, die jedes dieser luziden Bilder für mich hat, wie sie zusammenwirken, welches Rätsel der Unverständlichkeit sie beinhalten. Es gilt, so schreibt er, zwischen dem Verliebtsein und der Erkenntnis zu unterscheiden, was Liebe ist. »Die Tatsache, dass ich verliebt bin, ist ein Grund dafür, dass ich nicht weiß, dass ich es bin, denn ich bin bereit, diese Liebe zu leben statt sie mir vor meine Augen zu stellen«.[34] Selbst wenn ich versuche, sie zu sehen – Merleau-Ponty beharrt darauf: »Meine Augen, meine Sicht, die mir als vorpersönlich erscheinen […], mein Sichtfeld ist eingeschränkt, aber auf eine Weise, die ungenau und variabel ist […], meine Sicht ist keine Operation, der ich Herr bin«.[35] Etwas sieht durch mich hindurch, wenn ich sehe. Ich sehe mit einem Sehen, das mir nicht allein gehört. Ich sehe, und sobald ich sehe, setzt sich das Ich, das ich bin, aufs Spiel, es entdeckt seine Herkunft von dem, was sich fortwährend ein Rätsel ist.

---

33 Ebd., S. 116.
34 Ebd., S. 117.
35 Ebd., S. 118.

Dass uns unsere Ursprünge fortwährend rätselhaft sind und dass das Rätsel die Bedingung für unser Verständnis unserer selbst ist, entspricht eindeutig Malebranches Vorstellung, der gemäß das Verständnis unserer selbst in einer notwendigen Dunkelheit begründet ist. Daraus folgt, dass wir nicht denken sollten, dass wir uns selbst, ja dass wir irgendeinen Gegenstand der Erkenntnis ohne ein gewisses Fehlgehen des Verstehens erfassen können, ein Fehlgehen des Verstehens, dass sich die greifende Hand, die so häufig das figürliche Bild für das philosophische Verständnis ist, als eine abgeleitete Entstellung der originären Berührung erweist. Wenn wir jedoch meinen, wir könnten zu einer originären Berührung zurückkehren und sie als ein Modell heranziehen, dann irren wir uns zweifellos auf radikale Weise. Denn ursprünglich ist gerade das, was sich nicht wieder einholen lässt, und so bleibt einem ein allgegenwärtiges Gefühl der Demut, eine Demut, die das Projekt der Beherrschung lügen straft, das dem figürlichen Bild des Verstandes zugrunde liegt, der seine »Ursprünge« erfasst. »Es sollte eine Analyse möglich sein«, schreibt Merleau-Ponty, »die das Denken nicht durch die Fülle definiert, mit er es seine Objekte ergreift, sondern durch die Art und Weise, wie es die Aktivität des Geistes unterbricht, mit der sich Gewissheiten bilden, wie es diese Gewissheiten einer Revision unterwirft, ohne sie gänzlich zu verwerfen. Es gilt ein Prinzip der mangelnden Selbstentsprechung des Denkens einzuführen«.[36] Es ist nicht so, dass es dem Denken an etwas mangelt, sondern es mangelt uns in Bezug auf das gesamte Feld der Intelligibilität, in dem wir tätig sind. Selbst wenn es uns das Vermögen der Erkenntnis verleiht, können wir es dennoch nicht vollständig erkennen.

Hier geht es nicht darum, Merleau-Pontys Phänomenologie der Berührung auf eine psychoanalytische Perspektive zu reduzieren, es geht vielleicht eher darum zu behaupten, dass Merleau-Ponty die Psychoanalyse als eine Theologie des 17. Jahrhun-

---

[36] Ebd.

derts reformuliert und so beide in einer taktilen Revision der Phänomenologie zusammengebracht hat. »Es muss möglich sein«, behauptet er, »in der Freiheit den Ursprung eines Passivitätsprinzips zu erkennen«. Die Passivität, auf die er sich hier bezieht, ist ein primäres Durchleben, von dem wir immer nur eine dunkle und partielle Erkenntnis haben können. In der Freiheit den Ursprung eines Passivitätsprinzips zu erkennen, heißt nicht, die Passivität aus der Freiheit abzuleiten, sondern zu verstehen, dass eine gewisse Passivität die Bedingung der Freiheit ist, es heißt also eine Grenze des Modells von Freiheit als einer sich selbst erzeugenden Aktivität aufzuzeigen.

Daraus folgt, dass jede Handlung, zu der wir fähig sind, eine Handlung ist, die gewissermaßen bereits im Gang ist, die nicht nur oder nicht ausschließlich unsere Handlung ist, sondern eine Handlung, die uns bereits vorausgegangen ist, wenn wir etwas auf uns nehmen, was wir eine Handlung nennen, die in unserem Namen geschieht. In der Zeit, in der wir handeln, ist etwas bereits im Gang, und wir können nicht handeln, ohne nicht in einem gewissen Sinn bereits von etwas bewirkt zu werden. Dieses Handeln, das auf uns einwirkt, eröffnet das Reich einer primären Empfänglichkeit für Eindrücke, weshalb jede Handlung, die wir beginnen und in unserem Namen auf uns nehmen, eine Handlung ist, deren Quelle nur teilweise und nachträglich auf etwas zurückgeht, das sich als Subjekt bezeichnen lässt. Diese Handlung, die nicht vollständig von einem Subjekt ausgeht, übersteigt jede Behauptung, es sei »unsere eigene« Handlung oder man könne mit einem Bericht Rechenschaft von sich selbst ablegen. Und doch beruht unser Unvermögen, uns zu begründen, auf der Tatsache, dass wir von anderen ins Leben gebracht werden, in deren Hände wir geboren und von denen wir hoffentlich versorgt werden. Immer wenn wir etwas tun, wird demnach in gewisser Weise etwas für uns getan, immer wenn wir handeln, durchleben wir etwas, in jedem Akt der Berührung – darauf verwies Merleau-Ponty immer wieder – werden wir berührt. Natürlich kann man sich auch so positionieren, dass man sich nur als berührt oder berührend betrachtet, natürlich kann man Positionen der Beherrschung oder des Selbstverlustes anstreben, die diese Verflechtung zu beseitigen versuchen; solche Bestrebungen werden aber immer zuteilen vereitelt werden oder fortwährend dagegen kämpfen müssen, nicht vereitelt zu werden. Es könnte auch gut sein, dass manche Menschen in Not geboren werden und auf Grund ihrer körperlichen Versehrtheit oder auf Grund ihrer körperlichen Verletzungen nicht Mensch werden können. Mit der Tatsache, dass wir von einer ersten und äußerlichen Berührung belebt werden, ist folglich keine Zwangsläufigkeit verbunden. Die materiellen Bedürfnisse der Kindheit lassen sich nicht völlig mit der Szene vergleichen, die uns Malebranche als die primäre Berührung des Göttlichen beschreibt. Wir können aber dennoch sehen, dass seine Theologie uns ermöglicht, nicht nur über die primären Bedingungen für das Auftauchen des Menschen, sondern auch über die Bedingung für Alterität nachzudenken, deren Erfüllung den Weg für das Auftauchen des Menschen selbst eröffnet. Das heißt nicht, dass wir alle gut berührt werden oder dass wir wissen, wie wir im Gegenzug berühren – es heißt nur, dass es in diesem Austausch um unser Auftauchen als erkennende und handelnde Wesen geht.

Übersetzt von Johannes Kleinbeck

Das Begehren zu leben. Spinozas Ethik *in extremis*

Das Begehren zu leben ist kein einfacher Gegenstand. Einerseits scheint es zu grundsätzlich, um thematisiert werden zu können; andererseits ist es so vertrackt, dass Zweifel aufkommen, ob sich überhaupt beantworten lässt, was mit dieser Formulierung gemeint ist. Das Begehren zu leben ist nicht dasselbe wie Selbsterhaltung, auch wenn beides als Interpretation des Begehrens einer Person, »in ihrem Sein zu verharren«, verstanden werden kann, wie es in Spinozas berühmter Wendung heißt.[1] Wenngleich Selbsterhaltung weitgehend mit Formen von individuellem Eigeninteresse assoziiert wird, die mit späteren kontraktualistischen politischen Philosophen in Verbindung gebracht werden, schafft Spinozas Philosophie eine andere Grundlage der Ethik, die nicht ohne Implikationen für gesellschaftliche Solidarität und eine Kritik des Individualismus ist. Das Selbst, das danach strebt, in seinem eigenen Sein zu verharren, ist für Spinoza nicht immer ein vereinzeltes, singuläres Selbst, und es gelingt ihm auch nicht notwendigerweise, sein eigenes Leben zu vergrößern oder zu steigern, ohne zugleich das Leben der anderen zu steigern. Im Folgenden hoffe ich, bei Spinoza nicht nur eine kritische Perspektive auf den Individualismus, sondern auch eine Anerkennung der Möglichkeit zur Selbstzerstörung zu entdecken. Diese beiden Aspekte haben politische Implikationen, wenn sie als Teil einer dynamischen Konzeption von politischer Solidarität neu gefasst werden, in der Selbigkeit nicht vorausgesetzt werden kann. Die Tatsache, dass Spinoza eine bestimmte Spielart der Selbsterhaltung für seinen Begriff des

[1] Baruch de Spinoza, *Ethik*, hg. u. übers. v. Wolfgang Bartuschat, Hamburg 2010, III. Teil, Lehrsatz 6, S. 239.

Menschen als wesentlich erachtet, ist unbestritten, doch was dieses Selbst ist und was genau es erhält, ist keineswegs offensichtlich. So wurde er von Psychoanalytiker_innen kritisiert, die behaupteten, er lasse keinen Raum für den Todestrieb; er wurde von Deleuzianer_innen angeeignet, die häufig die Negativität aus ihrer Konzeption von Individualität und Sozialität ausschließen wollten; und Levinas hat ihm vorgeworfen, für eine Form von Individualismus einzutreten, die der ethischen Relationalität selbst ein Ende setzen würde. Ich möchte diese Auffassungen überprüfen und Spinozas Verständnis des Begehrens zu leben genauer betrachten – nicht etwa, um eine endgültige Interpretation vorzulegen, sondern um zu sehen, welche Möglichkeiten einer sozialen Ethik sich aus seiner Perspektive ergeben.

Wenn Spinoza behauptet, dass ein menschliches Wesen danach strebt, in seinem Sein zu verharren, nimmt er dann an, dass das Begehren zu leben eine Form der Selbsterhaltung darstellt? Und was für ein Verständnis vom »Selbst« und vom »Leben« wird in dieser Perspektive vorausgesetzt? Spinoza schreibt: »Das Streben, mit dem jedes Ding in seinem Sein zu verharren strebt, ist nichts anderes als die wirkliche Essenz ebendieses Dinges«.[2] Es scheint so zu sein, dass ein Wesen, was immer es sonst tun mag, in seinem eigenen Sein verharrt, und zunächst schien das zu bedeuten, dass noch die offensichtlichsten selbstzerstörerischen Handlungen etwas Fortdauerndes und zumindest potenziell Lebensbejahendes in sich tragen. Ich bin inzwischen dazu übergegangen, diesen Gedanken infrage zu stellen, und die Absicht dieses Essays wird zum Teil darin bestehen herauszufinden, was, wenn überhaupt, der Kraft des Verharrens selbst entgegensteht. Die Wendung ist noch aus einem anderen Grund problematisch, denn es ist nicht ganz klar, worin »das eigene Sein« besteht, das heißt, wo und wann das eigene Sein anfängt und aufhört. In Spinozas Ethik verharrt ein bewusstes und fortdauerndes Wesen nicht auf rein

[2] Ebd., III. Teil, Lehrsatz 7, S. 239.

oder ausschließlich selbstbezügliche Weise in seinem eigenen Sein; ein solches Wesen ist grundsätzlich ver*antwort*lich (*responsive*), und zwar auf emotionale Weisen, was nahelegt, dass die Praxis des Verharrens eine auf die Welt bezogene und auf sie gerichtete Bewegung impliziert. Je nachdem, welcher Art von Antwort ein Wesen begegnet, hat es die Möglichkeit, seine eigenen Chancen auf zukünftiges Verharren und Leben zu verringern oder zu steigern. Dieses Wesen begehrt nicht nur, in *seinem eigenen* Sein zu verharren, sondern auch, in einer Welt zu leben, die die Möglichkeit für dieses Verharren spiegelt und fördert; tatsächlich erfordert das Verharren im eigenen Sein diese Spiegelung vonseiten der Welt, sodass das Verharren und das Modulieren des Weltbezugs miteinander verknüpft sind. Und schließlich stellt sich heraus, dass auch wenn es so scheinen mag, als sei das Begehren zu verharren ein individuelles, es eine Gesellschaftlichkeit (*sociality*) erfordert und erlangt, die für die Bedeutung des Verharrens wesentlich ist; »in seinem eigenen Sein zu verharren« heißt also, in einer Welt zu leben, die den Wert des Lebens der anderen und des eigenen nicht nur widerspiegelt, sondern erweitert.

Im vierten Teil der *Ethik,* der den Titel »Von menschlicher Knechtschaft oder von den Kräften der Affekte« trägt, schreibt Spinoza: »Niemand kann begehren, glücklich zu sein, gut zu handeln und gut zu leben, der nicht zugleich begehrte, zu sein, zu handeln und zu leben, d.h. wirklich zu existieren.«[3] Das Begehren gut zu leben setzt das Begehren zu leben voraus, oder zumindest legt Spinoza das nahe. In seinem eigenen Sein zu verharren heißt, im Leben zu verharren und Selbsterhaltung als Ziel zu haben. Die Kategorie des Lebens scheint indes sowohl das, was »jemandes Eigenes«, als auch das, was eindeutig nicht nur oder nicht bloß jemandes Eigenes ist, zu durchdringen. Das Selbst, das so erhalten wird, ist kein monadisches Einzelwesen, und das Leben, in dem man verharrt, ist nicht nur als singuläres oder begrenztes Leben

3 Ebd., IV. Teil, Lehrsatz 21, S. 415.

zu verstehen. In der Hinwendung zu anderen, durch die das Selbst die Begegnung eines anderen macht, wird der *conatus* gesteigert oder verringert, sodass es streng genommen nicht möglich ist, sich auf *das eigene* Vermögen (*power*) zu beziehen, ohne sich auf die Vermögen der anderen zu beziehen und zu antworten. Genauso wenig ist es möglich, sich auf die eigene Singularität zu beziehen, ohne die Art und Weise zu verstehen, in der diese Singularität in andere Singularitäten verwickelt (*implicated*) wird, sodass, wie wir sehen werden, dieses Verwickeltsein eine Seinsweise jenseits der Singularität selbst hervorbringt.

Für Spinoza wird Selbsterhaltung in dem Maße gesteigert oder verringert, wie andere erscheinen; sie treffen körperlich ein, und sie verfügen über das Vermögen der Spiegelung. Genauer gesagt spiegeln sie etwas über das Leben selbst wider, und sie tun dies auf unterschiedliche Weisen. Ein gutes Stück des zweiten Teils der *Ethik* ist Aufzählungen dieser Art von Erfahrung gewidmet. Der *conatus* wird vergrößert oder verringert je nachdem, ob man Hass oder Liebe verspürt, ob man mit Leuten zusammenlebt, mit denen Einvernehmen möglich ist, oder mit denen Einvernehmen schwierig, wenn nicht unmöglich ist. Es scheint, dass Selbsterhaltung in nahezu jedem Fall mit der Frage verknüpft ist, was man gegenüber einem anderen fühlt, oder wie ein anderer auf einen einwirkt. Wenn wir jenes Wesen, das ein_e jede_r von uns ist, »Selbst« nennen wollen, dann wäre es möglich zu sagen, dass das Selbst sich gegenüber sich selbst repräsentiert, dass es von anderen repräsentiert wird, und dass in diesem komplexen Wechselspiel der Spiegelungen das Leben mal gesteigert und mal verringert wird. Was das Selbst tatsächlich ständig tut, ist sich vorzustellen, was ein Körper tut oder tun würde, und dieses Vorstellen wird wesentlich für seine Beziehung zu anderen. Diese imaginären Annahmen sind nicht einfache Spiegelungen, sondern Handlungen einer gewissen Art, Ausdruck einer *potentia*, und in diesem Sinne Ausdruck des Lebens selbst. *Das bedeutet, dass die Weise, in der wir andere für uns selbst repräsentieren, dass die Mittel, durch die wir für uns selbst von oder durch andere repräsentiert werden, expressive Handlungen darstellen, durch welche das Leben selbst gesteigert oder verringert wird.* Indem wir andere so repräsentieren, wie wir es tun, postulieren wir Möglichkeiten und stellen uns ihre Verwirklichung vor. Das Leben kann also durch jenen Prozess des Ausdrucks der *potentia* des Lebens gesteigert werden.

Wenn wir diese Formulierung, die Deleuze in seinen frühen Texten über Spinoza eindeutig nahegelegt hat,[4] verstehen wollen, dann müssen wir uns von der Formulierung selbst in unserer Orientierung stören lassen. Denn wie sich herausstellt, ist es nicht möglich, im eigenen Sein zu verharren, sofern man dieses Sein als radikal singulär und von einem gemeinsamen Leben abgegrenzt versteht. Dem Wechselspiel der Selbste und ihren spiegelnden Vermögen enthoben zu sein, bedeutet des repräsentationalen und expressiven Apparats beraubt zu sein, durch den das Leben selbst gesteigert oder verringert wird. Tatsächlich wird die Bedeutung dieses Lebens, das letztlich das eigene ist und in dem man verharren will, in dieser Formulierung uneindeutig. Wenn wir also über das Begehren zu leben sprechen wollen, so scheint es in erster Linie ein im emphatischen Sinn persönliches Begehren zu sein, eines, das mein Leben betrifft oder deines. Es wird sich jedoch zeigen, dass zu leben bedeutet, am Leben zu partizipieren, sodass das Leben selbst zu einem Begriff wird, der zweideutig zwischen dem »Ich« und dem »Du« schwankt, und der uns beide in seinem Schweifen und seiner Zerstreuung aufnimmt. Das Leben zu begehren, produziert mitten im Begehren eine *ek-stasis*, eine Angewiesenheit auf eine Externalisierung, auf etwas, das spürbar nicht ich bin, doch ohne das kein Verharren möglich ist. Das bedeutet, dass ich zwar mit einem Begehren zu leben einsetze, dass jedoch dieses Leben, das ich begehre, die Vereinzelung oder Singularität dieses »Ichs« infragestellt. Außerhalb dieser besonderen

4 Gilles Deleuze, *Spinoza und das Problem des Ausdrucks in der Philosophie*, übers. v. Ulrich Johannes Schneider, München 1993.

Matrix des Begehrens kann kein Ich hervortreten. Genau genommen sollte man also sagen, dass *ich im Begehren einsetze – dass das Begehren mich als ein »Ich« einsetzt – und dass die Kraft des Begehrens, wenn es das Begehren zu leben ist, dieses »Ich« mehrdeutig werden lässt*. Folglich kann und wird die *Ethik* auch nicht bei der Frage nach dem individuellen Verharren und Überleben stehenbleiben, denn wie sich herausstellt, erfolgt die Selbsterhaltung gerade vermittels einer Spiegelung oder eines Ausdrucks, die nicht nur das Individuum an andere binden, sondern diese Bindung als bereits vorhandene ausdrücken, als eine Bindung in mancherlei Sinn: als Band, Zug, Spannung, Knoten, als etwas, von dem man sich nicht freimachen kann, als etwas Konstitutives, das einen zusammenhält. Einerseits bindet uns die Problematik des Lebens also auf verschiedene Weisen an andere, die sich als konstitutiv dafür erweisen, wer jede_r von uns einzeln oder singulär ist. Andererseits wird diese unsere Singularität niemals vollkommen unter die leidige Form der Gesellschaftlichkeit subsumiert; für Spinoza führt der Körper eine Singularität ein, die nicht im Namen einer größeren Totalität aufgegeben werden kann, sei es die Konzeption eines gemeinsamen Lebens oder ein politisches Verständnis der *civitas* oder gar der *multitudo*, ein Begriff, der in Spinozas *Theologisch-politischem Traktat* an einer Stelle wichtig wird, ein Werk, das bei seinem Tod unvollendet blieb.

Ich werde auf diese Frage des Verhältnisses zwischen Singularität und Gemeinschaftlichkeit (*commonality*) in einem späteren Teil meines Essays zurückkommen, insbesondere wenn ich Levinas' Kritik an Spinoza ins Auge fasse, aber lassen Sie uns zuerst zu dem anderen Spinoza-Zitat zurückkehren, mit dem ich begann. Zunächst scheint es relativ unkompliziert: »Niemand kann begehren, [...] gut zu leben, der nicht zugleich begehrte, zu sein, zu handeln und zu leben«. Es wirkt zunächst so, als sollten wir diese Zeile folgendermaßen verstehen: Das Begehren gut zu leben nimmt das Begehren zu sein und zu leben in Anspruch, und dieses Begehren zu leben must zuerst vorhanden sein, damit das Begehren gut zu leben ins Spiel kommen kann. Aus dieser Perspektive ist das Begehren gut zu leben eine Weise, das vorgängige Begehren zu leben näher zu bestimmen, und ›gut leben‹ ist nur eine Permutation von ›leben‹. Diese Interpretation wird jedoch durchkreuzt, weil Spinoza nicht wirklich sagt, dass das Begehren gut zu leben das Begehren zu leben voraussetzt. Er schreibt, dass beide Begehren gleichzeitig einsetzen. Sie tauchen beide »zur selben Zeit« auf. Es ist, als ob man im Begehren gut zu leben feststellte, dass man bereits in das Begehren zu leben involviert ist. Oder vielleicht begegnet man dem Begehren zu leben erst verspätet, erst nachdem es sich als die unerkannte Kehrseite des Begehrens gut zu leben zu erkennen gibt. Die Formulierung lässt auch die Möglichkeit offen, dass auf die falsche Weise zu leben, das Begehren, nicht zu leben, oder, in Spinozas Sinn, den Organismus zu verringern hervorrufen kann. Das scheint es zu sein, was er mit der folgenden Aussage behauptet: »Neid ist eben Haß [...], also [...] eine Trauer, d.h. [...] eine Affektion, von der die Wirkungsmacht oder das Streben eines Menschen gehemmt wird.«[5]

Diese Aussage Spinozas ist kontrovers, wenn er tatsächlich behauptet, wie er es zu tun scheint, dass das tugendhafte Leben *mit dem* – und nicht gegen das – Begehren zu leben arbeitet. Freilich kann es sein, dass das Begehren zu leben eine notwendige Vorbedingung für das Begehren gut zu leben darstellt, dass es auch dem Begehren falsch zu leben unterliegt, und dass das Begehren zu leben schließlich an sich neutral ist in Bezug auf die Frage nach dem richtigen oder falschen Leben. Aber selbst diese letzte, minimale Interpretation lässt die Frage unberührt, ob richtig zu leben manchmal eine Beschränkung des Begehrens zu leben selbst einschließt. Es gibt kein repressives Gesetz, das eine gewisse Lebenskraft angreift, ob diese Lebenskraft nun als nietzscheanischer Wille zur Macht vorgestellt wird oder als freudianische Konzeption von libidinösen Trieben. Und es gibt keinen Grund

[5] Spinoza, *Ethik*, III. Teil, Lehrsatz 55, S. 321.

dafür, dass das richtige Leben danach verlangen könnte, dass wir uns selbst im Namen der Moral schwächen, wie Nietzsche und Freud es beide nahelegen. Die Darstellung, die Freud im *Unbehagen in der Kultur* (1930) liefert, der zufolge ›gut leben‹ selbst auf Kosten der Lebenstriebe gehen kann, wird von Spinozas ethischen Überlegungen nicht antizipiert. Man kann in psychoanalytischer Manier dafürhalten, dass das Begehren, die richtige Art von Leben zu leben, das Begehren zu leben kompromittieren kann, und dass Moral die Aktivierung einer suizidalen Neigung voraussetzt. Dies scheint Spinozas ausdrücklichen Auffassungen zu widersprechen. In der Tat lehnt er die Vorstellung ab, dass jemand »aus der Notwendigkeit seiner eigenen Natur« heraus Selbstmord begehen könnte, und legt nahe, dass suizidales Begehren nur »von einem anderen« erzwungen werden könne.[6] Freilich unterscheidet Spinoza zwischen Formen von Lust, die das Begehren zu leben verringern oder verkleinern, und solchen, die es steigern oder vergrößern, er stößt also auf die Möglichkeit einer Zermürbung des Lebens, die durch Lust und, allgemeiner, Leidenschaft erreicht wird. Zudem bringt er die Emotionen mit menschlicher Unfreiheit (*bondage*) in Verbindung; in der Leidenschaft liegt die Möglichkeit von Passivität und Knechtschaft, die ihm zufolge sowohl die Möglichkeit, im Begehren zu leben zu verharren, als auch die des tugendhaften Lebens unterminieren.

Allerdings bestreitet Spinoza, dass das Begehren, nicht zu existieren, überhaupt vom menschlichen Begehren abgeleitet werden kann, das er bereits und konsequent als Begehren, im eigenen Sein zu verharren, definiert hat. Wenn er sich vorstellt, wie ein Selbstmord ausgeführt werden könnte, schreibt er: »Einer mag sich selbst töten, weil er von einem anderen dazu gezwungen wird, der ihm die rechte Hand, die zufällig ein Schwert hält, umdreht und ihn zwingt, die Spitze gegen das eigene Herz zu richten«.[7]

---

6 Ebd., IV. Teil, Lehrsatz 20, S. 415.
7 Ebd.

Er zitiert auch das Beispiel von Seneca, in dem ein Tyrann einen Selbstmord als eine Form der pflichtgemäßen politischen Handlung erzwingt. Die dritte Vermutung, die er anführt, ist rätselhaft, denn sie verspricht eine Analyse, die er nicht weiterverfolgt. Hier deutet Spinoza an, dass ein Mann Suizid begehen könnte, »weil verborgene äußere Ursachen (*causae latentes externae*) seine Vorstellungskraft so disponieren und seinen Körper so affizieren, daß dieser eine andere Natur annimmt«.[8] Das ist freilich eine paradoxe Behauptung, da Spinoza hier zugesteht, dass ein Selbstmord erfolgen kann, dass das Selbst sich das eigene Leben nehmen kann, er jedoch andererseits schreibt, dass das Selbst eine äußerliche Form angenommen hat, oder vielmehr, dass eine äußere Ursache sich ihren Weg in die Struktur des Selbst gebahnt hat. Das erlaubt ihm ferner zu argumentieren, dass eine Person sich nur kraft äußerer Ursachen das Leben nimmt, nicht aber durch eine etwaige dem menschlichen Begehren selbst innewohnende Tendenz, da es doch augenscheinlich ans Leben gebunden ist.

Diese äußere Ursache, die sich im Selbst einnistet, ist etwas, von dem ich keine »Vorstellung« haben kann, also eine Art unbewusster Vorgang, den ich nicht als mir selbst eigentümlich verstehen kann, etwas, das für mich ein Objekt ist, oder von außen in mich eindringt. Vom Ich wird behauptet, dass es diese Äußerlichkeit aufgenommen oder eingezogen hat, dass es sie durch irgendein Mittel absorbiert hat, von dem es keine Vorstellung hat und haben kann. In der Tat wird das Ich zu etwas anderem als es selbst, indem es diese Äußerlichkeit in sich aufnimmt; es wird, ganz offen gesagt, von sich selbst verschieden: unnachgiebig, äußerlich, verborgen, eine Ursache, für die keine Vorstellung ausreicht.

An diesem Punkt könnte es sein, dass Spinoza selbst etwas in seine Theorie eingelassen hat, das die Kontinuität seiner Darstellung des Begehrens bedroht, und dass er für einen Moment von einer anderen Konzeption des Begehrens ausging, gemäß der es

---

8 Ebd.

sich gegen das Leben wenden könnte. Und obwohl ich denke, dass wir hier eine gewisse Vorform des Todestriebs erkennen können – die im Kommentar zum Lehrsatz angedeutet wird, nur um ziemlich schnell wieder aufgegeben zu werden –, bin ich der Meinung, dass sich hier etwas über Spinozas ungeklärte Beziehung zu einer Psychoanalyse erkennen lässt, die er niemals hätte antizipieren können. Es gibt – abgesehen von seiner Einführung einer verborgenen äußeren Ursache in das Leben des Begehrens – bereits eine Art und Weise, wie das Außen auf das Begehren einwirkt, und die dessen Beziehung zum Leben moduliert. Ich hoffe einiges davon im Folgenden klären zu können, und so darauf hinzudeuten, das sein Standpunkt, wie unwahrscheinlich er im Lichte des zeitgenössischen Denkens der Triebe oder des Begehrens im Allgemeinen auch scheinen mag, manche der fortbestehenden Schwierigkeiten vorwegnimmt, die diese Diskussionen heimsuchen.

Spinozas Ethik stellt kein Ensemble von Vorschriften bereit, sondern legt vielmehr dar, wie bestimmte Dispositionen das Wesen des Menschen als Begehren, im eigenen Sein zu verharren, entweder ausdrücken oder scheitern auszudrücken. Der Satz »jedes Ding strebt danach, in seinem Sein zu verharren« funktioniert als Beschreibung der menschlichen Ontologie, aber auch als Ermahnung und als Aspiration. Es handelt sich nicht um eine Moral im konventionellen Sinne, wenn wir unter Moral gemeinhin ein mehr oder minder kodifiziertes Ensemble von Normen verstehen, die unser Handeln leiten. Wenn aber Spinoza zufolge jede Moral Tugend genannt werden soll und wir Tugend und das tugendhafte Leben als von der Vernunft geleitet verstehen, wie er es nahelegt, dann folgt daraus, dass der *conatus* durch das tugendhafte Leben gesteigert wird, und es also dem Leben genau genommen nicht schadet, wenn wir gut leben.

Die Psychoanalyse nähert sich dieser Frage aus einem anderen Blickwinkel, da Freud in der Selbsterhaltung von Beginn an einen der fundamentalen Triebe gesehen hat. Doch der Selbsterhaltungstrieb wird schließlich durch den Todestrieb ergänzt, der jenem entgegenwirkt. Das hat Konsequenzen für Freuds Nachdenken über Moral. Tatsächlich spannt das Gewissen den Todestrieb bis zu einem gewissen Grad ein, sodass die Moral stets die Lebenstriebe beschneidet. Für Freud, so scheint es, erfordern die moralischen Gebote manchmal, dass die Selbsterhaltung ausgesetzt oder infrage gestellt wird. Und in diesem Sinn kann die Moral mörderisch, wenn nicht selbstmörderisch sein. Für Spinoza hingegen bildet Selbsterhaltung, verstanden als Bestreben oder Verharren im eigenen Begehren, die Grundlage der Tugend oder des guten Lebens, und er geht außerdem davon aus, dass gut zu leben das Leben und die Fähigkeit, in ihm zu verharren, steigert. Nicht nur setzt also das Begehren, gut zu leben, das Begehren zu leben voraus, es folgt zudem, dass suizidale Personen dem Risiko von schlechtem Verhalten ausgesetzt sind. Für Spinoza könnte ein gutes Leben das Schwinden des Lebensgefühls mildern, das eine Art langsamer Selbstmord ist.

Solch ethischem Optimismus wird nicht nur durch Freuds Beschreibung der Triebe widersprochen, sondern auch, aus einer anderen Richtung, durch Levinas' Konzeption der Ethik. Für Levinas kann Selbsterhaltung nicht die Grundlage der Ethik sein, womit nicht gemeint ist, dass Selbstvernichtung ihren Platz einnehmen sollte. Beides ist problematisch, weil jeweils die Beziehung zum Selbst als vorgängig gegenüber der Beziehung zum Anderen vorgestellt wird. Seiner Auffassung nach bildet letztere die Grundlage der Ethik. Ich möchte nun zunächst die psychoanalytische Erwiderung auf Spinoza erörtern und mich dann Levinas zuwenden, um zu verstehen, warum er Spinoza explizit dafür kritisiert, dass er Selbsterhaltung als Vorbedingung für tugendhaftes Verhalten setzt. In Levinas' Lesart, so wird sich zeigen, gibt es für Spinoza keinen »Anderen«, sondern nur und stets das Selbst. Doch es könnte sein, dass wir, indem wir Spinoza durch die Linse der Psychoanalyse neu betrachten, einen Ausweg aus dem Streit um die Frage finden, wie viel Gewalt wir gezwungen sind, uns selbst und anderen im Namen der Moral anzutun.

Gemäß Freuds These im *Unbehagen in der Kultur* erfordert die als Gewissen zentralisierte und institutionalisierte Moral eine Entsagung, eine Abkehr vom Lebenstrieb. Tatsächlich ist der Prozess, in dem das Gewissen ausgebildet wird, der Prozess, durch den ein Verzicht auf den Trieb und folglich dessen Verwandlung ins Gewissen eintritt. In diesem Text wiederholt er sein Argument aus *Jenseits des Lustprinzips* (1920), in dem er die selbsterhaltenden Triebe vom Todestrieb unterscheidet. Er schreibt:

> Ausgehend von Spekulationen über den Anfang des Lebens und von biologischen Parallelen zog ich den Schluß, es müsse außer dem Trieb, die lebende Substanz zu erhalten und zu immer größeren Einheiten zusammenzufassen, einen anderen, ihm gegensätzlichen, geben, der diese Einheiten aufzulösen und in den uranfanglichen, anorganischen Zustand zurückzuführen strebe. Also außer dem Eros einen Todestrieb [...]. Die Äußerungen des Eros waren auffällig und geräuschvoll genug; man konnte annehmen, daß der Todestrieb stumm im Inneren des Lebewesens an dessen Auflösung arbeite, aber das war natürlich kein Nachweis. Weiter führte die Idee, daß sich ein Anteil des Triebes gegen die Außenwelt wende und dann als Trieb zur Aggression und Destruktion zum Vorschein komme.[9]

Im Verlauf seiner Betrachtung des Todestriebes stellt Freud zwei Behauptungen auf, die streng genommen nicht miteinander kompatibel sind. Einerseits unterscheidet er Lebenstriebe von Todestrieben und verkündet mit großen Worten: »Und nun, meine ich, ist uns der Sinn der Kulturentwicklung nicht mehr dunkel. Sie muß uns den Kampf zwischen Eros und Tod, Lebenstrieb und Destruktionstrieb zeigen, wie er sich an der Menschenart vollzieht.«[10] Aber unmittelbar nach dieser Aussage schreibt er, dass der Kampf um Leben und Tod selbst das Leben *ist*, und dass das Leben nicht

---

[9] Sigmund Freud, *Das Unbehagen in der Kultur, Gesammelte Werke*, Bd. 14, London 1948, S. 419–506, hier: S. 477f.

[10] Ebd., S. 481.

auf den Lebenstrieb reduziert werden kann. Er stellt fest: »Dieser Kampf ist der wesentliche Inhalt des Lebens überhaupt und darum ist die Kulturentwicklung kurzweg zu bezeichnen als der Lebenskampf der Menschenart.«[11] Der Kampf, von dem er spricht, ist ein Kampf *zwischen* den beiden Trieben, von denen der eine der Lebenstrieb ist, aber es ist auch ein *Lebens*kampf, was bedeutet, dass das Leben ein Kampf ist, der in dem Wechselspiel zwischen Lebens- und Todestrieben besteht. Das Leben selbst scheint ein Begriff zu sein, der zwischen diesen beiden Bedeutungen changiert, sodass das Leben, wie wir sagen könnten, seine Grundlage in den Trieben überschreitet, durch eine Verschiebung, die unaufhörlich ihr scheinbares Gegenteil aufnimmt. Ein Grund dafür, das Wort »Trieb« anstelle von »Instinkt« zu gebrauchen, liegt darin, dass der »Trieb« Freud zufolge ein Grenzbegriff ist, der zwischen den Bereichen somatischer und mentaler Repräsentation schwankt.[12] In Freuds Text steht der Trieb nicht still (wie Laplanche in *Leben und Tod in der Psychoanalyse* darlegt).[13] Der Lebenskampf ist nicht einfach das Wirken des Lebenstriebes; woran das »Leben« auch hängen mag, dieser Trieb allein ist nicht mit dem Leben identisch, verstanden als fortwährender Kampf. Es gibt keinen Kampf, und also kein Leben, ohne den Todestrieb. In diesem Sinne gibt es ohne den Todestrieb keinen Lebenskampf. Wenn das Leben selbst der Kampf *ist*, dann gibt es kein Leben ohne den Todestrieb. Wir können daraus sogar folgern, dass das Leben ohne den vom Todestrieb angezettelten Kampf selbst der Tod wäre. Ein solches Leben wäre kein Leben, und das bedeutet paradoxerweise den Triumpf des Todestriebs über das Leben.

Es scheint also, dass das Leben des Todestriebs bedarf, um der Lebenskampf sein zu können, der es ist. Das Leben bedarf

---

11 Ebd.

12 Sigmund Freud, *Triebe und Triebschicksale*, *Gesammelte Werke*, Bd. 10, London 1946, S. 209–232.

13 Jean Laplanche, *Leben und Tod in der Psychoanalyse,* übers. v. Peter Stehlin, neu bearbeitet von Jean-Daniel Sauvant, Gießen 2014 [1970].

des Todestriebs, aber es erfordert auch, dass der Todestrieb nicht triumphiert. Doch es scheint außerdem, dass der Todestrieb eine spezifische Rolle in der Entstehung und der Erhaltung der Moral spielt, insbesondere für die Funktionsweise des Gewissens. Für Freud läuft die Moral Gefahr, das Leben selbst zu beschneiden.

In *Trauer und Melancholie* (1917) beschreibt Freud das Leid der Melancholiker_innen als ein rätselhaftes: Der Melancholiker leidet am Verlust, weiß aber nicht genau, was er verloren hat. Der Kliniker sieht den Melancholiker von etwas absorbiert und dessen Selbstgefühl herabgesetzt. Man mag wissen, dass man jemanden oder ein Objekt verloren hat, aber man scheint nicht herausfinden zu können, »was« verloren ist an dem, was verloren ist, oder »welche« Art von Ideal verloren ist, wenn zum Beispiel historische Umstände eine politische Formation verschieben, einen geographischen Ortswechsel erfordern oder Ungewissheit in das Verständnis der eigenen Zugehörigkeit und des eigenen Namens einführen. Man kann es nicht erkennen, aber es macht sich gleichwohl bemerkbar; der Verlust erscheint in einer umgeleiteten Form, als Verlust der Selbstachtung und Steigerung der Selbstbeschimpfung. »Bei der Trauer«, erklärt Freud uns bekanntermaßen, »ist die Welt arm und leer geworden, bei der Melancholie ist es das Ich selbst.«[14] Das Ich findet sich selbst nicht einfach verarmt vor, einer Achtung beraubt, die es einst genoss, es beginnt vielmehr, wie von einer äußeren Ursache bewohnt, seine Selbstachtung abzustreifen. Freud beschreibt es als gewaltsamen Akt der Selbstanklage, in dem man sich selbst als moralisch verwerflich betrachtet und sich selbst herabwürdigt und bestraft. Tatsächlich kann dieser Verlust an Selbstachtung bis zum Selbstmord führen, da, so Freud, der Prozess ungehemmter Melancholie bis hin zur »psychologisch höchst merkwürdige[n] Überwindung des Triebes [reichen kann], der alles Lebende am Leben festzuhalten zwingt.«[15]

---

[14] Sigmund Freud, *Trauer und Melancholie, Gesammelte Werke*, Bd. 10, London 1946, S. 427–446, hier: S. 431.

[15] Ebd., S. 432.

Während die Trauer sich auf den Verlust eines Objektes zu beziehen scheint – den bewussten Verlust eines Objekts –, wissen Melancholiker_innen nicht, worum sie trauern. Und in gewisser Weise widerstehen sie auch dem Wissen um diesen Verlust. Aus diesem Grund erleiden sie den Verlust als einen Verlust des Bewusstseins, und also des wissenden Selbst. Insofern das Wissen das Selbst absichert, wird so auch das Selbst eingebüßt, sodass die Melancholie zu einem langsamen Dahinscheiden wird, einer potenziell selbstmörderischen Zermürbung. Diese Zermürbung vollzieht sich als Selbstbeschimpfung und Selbstkritik und kann die Form von Selbstmord annehmen, also zu dem Versuch führen, das eigene Leben aufgrund der ihm gegenüber empfundenen Geringschätzung auszulöschen.

In seinem Essay *Das ökonomische Problem des Masochismus* (1924) kehrt Freud zu diesem Motiv zurück, wenn er den Versuch unternimmt, das Phänomen des moralischen Masochismus und dessen Rolle für den Beweis des Todestriebs zu ergründen. Beim moralischen Masochismus, so Freud, sehen wir für den psychischen Organismus die geringste Menge von Lust am Werk; es ist unklar, ob in diesem Zustand überhaupt Lust vorhanden ist. Diese Form von Masochismus stützt sich weder auf die Lustressourcen noch auf den Lebenstrieb und riskiert so ihrerseits das Übergehen in den Selbstmord. Allein gelassen strebe der Todestrieb danach, das »[organische Lebe- bzw.] Zellenwesen [zu] zersetzen«,[16] das heißt er funktioniert als Prinzip, welches das Ich *de*konstituiert. Obwohl Freud den Sadismus in der Regel als nach außen gerichteten, vom Lebenstrieb begleiteten Akt der Aggression versteht, wendet der moralische Masochismus nicht nur die Aggression gegen das Selbst, sondern trennt sie vom Leben, wodurch der Fortbestand des Organismus gefährdet wird.

---

[16] Sigmund Freud, *Das ökonomische Problem des Masochismus*, *Gesammelte Werke*, Bd. 13, London 1940, S. 369–383, hier: S. 376.

Das führt Freud zu der Schlussfolgerung, der Masochismus sei ein primärer Ausdruck des Todestriebs und der Sadismus dessen abgeleitete Form, eine Form, in der der Todestrieb mit Lust, und also mit Leben vermischt sei. Auf spektakuläre Weise schreibt er, »der im Organismus wirkende Todestrieb – der Ursadismus – sei mit dem Masochismus identisch.«[17] Im von der Sexualität »gelockerten« moralischen Masochismus wird das Leiden gesucht, ohne aus diesem Leid einen Gewinn abzuleiten. Freud zufolge ist hier ein unbewusstes Schuldgefühl am Werk, ein Schuldgefühl, dass »Befriedigung« sucht, allerdings nicht etwa Lustbefriedigung, sondern vielmehr eine Entsühnung der Schuld im Strafbedürfnis und den Tod der Lust selbst. Freud erklärt: »Das Über-Ich, das in ihm wirksame Gewissen, kann nun hart, grausam, unerbittlich gegen das von ihm behütete Ich werden. […] Gewissen und Moral sind durch die Überwindung, Desexualisierung, des Ödipuskomplexes entstanden«,[18] und Selbstmord wird zur Versuchung gerade wenn diese Desexualisierung vollendet wird.

Der moralische Masochismus nähert sich dem Selbstmord an, aber insofern die Selbstbeschimpfung erotisiert wird, erhält er den Organismus, den er zu zersetzen strebt. Auf seltsame Weise arbeitet die Moral gegen die Libido, kann die Libido aber für ihre eigenen Zwecke einspannen und so den Kampf zwischen Leben und Tod aufrechterhalten. Mit Freuds Worten: »durch den moralischen Masochismus wird die Moral wieder sexualisiert.«[19] Erst wenn die Moral aufhört, von der Libido Gebrauch zu machen, wird sie explizit lebensgefährlich. Natürlich könnten wir versucht sein, diese Behauptung in Frage zu stellen, wenn wir uns an jenen letzten Moment in Kafkas »Urteil« erinnern, da der scheinbare (Selbst-)Mord Georgs, der sich von der Brücke stürzt, von Kafka in seinen Tagebüchern mit der Ejakulation verglichen wird.

---

[17] Ebd., S. 377.

[18] Ebd., S. 380, 382.

[19] Ebd., S. 382.

Für Freud zumindest macht die Moral, die nicht dasselbe ist wie Ethik, Gebrauch vom Todestrieb; wenn sie als Masochismus sexualisiert wird, regt sie zudem das Begehren zu leben an. Moral wäre also zu verstehen als ein ständig, wenn nicht dauerhaft kompromittiertes Begehren zu leben, und in diesem Sinne ein Schritt über Spinozas Behauptung hinaus oder weg von ihr, der zufolge das Begehren gut zu leben gleichzeitig mit dem Begehren zu leben auftritt. Oder vielmehr könnten wir mit Freud sagen, dass das Begehren gut zu leben zeitgleich mit dem Begehren zu leben auftritt, jedoch stets auch mit dem Begehren zu sterben, wenn nicht expliziter noch als Begehren zu morden. In diesem Kontext lässt sich auch Freuds Bemerkung verstehen, dass der kategorische Imperativ vom Ödipuskomplex abgeleitet sei. Wenn ich verpflichtet bin, jedes andere menschliche Wesen als Selbstzweck zu behandeln, dann nur, weil ich mir manche von ihnen tot wünsche, und also diesen Wunsch in mir abschwächen muss, um ein ethisches Verhalten aufrecht zu erhalten. Diese Formulierung ist nicht allzu weit entfernt von Nietzsches vehementer Behauptung in der *Genealogie der Moral*, dass der kategorische Imperativ in Blut getränkt sei.

Gewiss scheint Freuds Auffassung derjenigen Spinozas zu widersprechen, da für Spinoza Selbsterhaltung stets mit Tugendhaftigkeit zusammenzufallen scheint. Obwohl Spinoza einen gewissen Spielraum für eine Dekonstitution des Selbst lässt, oder eher für eine Zermürbung seines Begehrens zu leben, würde er gewiss die Behauptung anfechten, dass die Tugend irgendein Teil dieser *De*konstitution sein könnte; das Maß der Tugend(haftigkeit) ist gerade das Ausmaß, in dem das Selbst bewahrt wird und das Verharren und die Steigerung des *conatus* stattfinden. Und doch wird diese ziemlich klare Position bereits von zwei anderen Aussagen durchkreuzt. Die erste besagt, dass das Begehren zu leben das Begehren in eine Matrix des Lebens verwickelt, die durchaus, zumindest teilweise, das »Ich« zu dekonstituieren vermag, das doch zu leben bestrebt ist. Ich habe diesen Essay mit der Frage eröffnet, ob eindeutig geklärt ist, worin die spinozistische Selbsterhaltung besteht, da das Verharren nicht ausschließlich als Erhaltung *dieses* singulären Selbst definiert zu sein scheint; es könnte durchaus ein Prinzip der Dekonstitution der Singularität am Werk sein. Man kann vielleicht nicht sagen, dass diese Dekonstitution der Singularität parallel zum Wirken des Todestriebs verläuft oder ihm entspricht, aber diese Vorstellung wird plausibler, wenn wir die zweite maßgebliche Aussage betrachten, der zufolge es nämlich für ein Selbst möglich sei, eine äußerliche Form zu erlangen, von einer äußeren Ursache belebt, animiert oder angeregt zu werden, ohne in der Lage zu sein, von dieser fremden Natur, die sich durch unser eigenes Begehren ihren Weg bahnt, eine Idee zu bilden. Das bedeutet, dass das »Ich« bereits auf die Alterität antwortet, und zwar auf Weisen, die es nicht immer kontrollieren kann, dass es äußerliche Formen absorbiert, sie sogar einzieht, wie man sich eine Krankheit zuziehen kann. Das heißt, dass das Begehren, ähnlich wie die Freud'sche Konzeption des Triebs, ein Grenzbegriff ist, dass es stets zusammengesetzt ist aus den Verrichtungen (*workings*) dieses Körpers in Beziehung zu einer Ideation, die ihm von woanders her aufgeprägt wird. Jene fremden Formen, die das »Ich« annimmt, stammen aus der Matrix des Lebens, und sie konstituieren zum Teil die Gespenster der beendeten Leben, ebenso wie die verschiedenen Weisen, den Anderen zu beleben, wobei diese Äußerlichkeit innerlich angenommen wird, sodass eine gewisse Einverleibung erfolgt, die wiederum psychisch auf Weisen wirkt, von denen man keine deutliche Idee hat. In der Melancholie ertappen wir uns dabei, so zu handeln, wie der Andere gehandelt hätte, wir gebrauchen seine Worte, legen seine Kleidung an. Ein gewisser aktiver Modus der Substitution tritt ein, sodass der Andere nicht nur das »Ich« zu bewohnen beginnt, sondern eine äußerliche Kraft konstituiert, die im Innern wirkt – ein körperlicher Vorgang, ohne den keine Subjektivität auskommt. Wer handelt, wenn derjenige, der das Leben verlor, von dem Zurückgebliebenen zum Leben erweckt wird, der durch den Verlust transformiert wird und dessen Begehren zu dem Begehren wird, dem Verlorenen neues Leben einzuflößen, und der im Laufe dieser Bemühungen sein eigenes Leben aufs Spiel setzt?

Gewiss, das ist nicht ganz Spinozas Gedanke, doch es ist etwas, das wir, in seiner Sprache und mit seinen Worten, anfangen können zu denken. Wenn wir uns Spinozas politischem Denken zuwenden, entdecken wir, dass das Begehren noch aus einer anderen Richtung dekonstituiert wird. Wir können erst verstehen, inwiefern das Begehren zu leben Gefahr läuft, das Selbst zu dekonstituieren, wenn wir die *vita communis* verstehen, die das Begehren begehrt. Dieses gemeinsame Leben wiederum kann vielleicht nur dann richtig verstanden werden, wenn wir den Schritt von der Ethik zur Politik machen und zu einer Betrachtung der Frage, wie die Singularität in dem und durch das gedeiht, was Spinoza die *multitudo* nennt. Ich möchte mich diesem Begriff Spinozas nähern, indem ich versuche, Levinas' Kritik an dieser Konzeption nachzuvollziehen. Kurz gesagt repräsentiert Spinoza für Levinas das Prinzip der Selbsterhaltung, was er als eine Art von Selbstbeschäftigung und ein sich verschließen gegenüber dem ethischen Anspruch des Anderen interpretiert. Damit behauptet Levinas, dass Spinoza nur einen Begriff der sozialen Welt zu bieten hat, in der dem Individuum ein Primat zukommt und in der ethische Verpflichtungen nicht anerkannt werden.

In einem Gespräch mit Richard Kearney macht Levinas deutlich, dass sein eigenes Verständnis von Ethik von demjenigen Spinozas abweicht. Für Levinas hat die menschliche Beziehung zum Anderen Vorrang vor der ontologischen Beziehung zum eigenen Selbst. Zwar fragt Levinas nicht danach, worin Selbsterhaltung für Spinoza besteht, doch er scheint anzunehmen, dass die Beziehung zum Anderen aus dieser Sphäre ausgeschlossen ist.

> Die Annäherung an das Antlitz ist der grundlegendste Modus der Verantwortung. […] Das Antlitz ist nicht gegenüber von mir (*en face de moi*), sondern über mir; es ist der Andere vor

> dem Tod, es schaut hindurch und exponiert so den Tod. Zweitens ist das Antlitz der Andere, der mich bittet, ihn nicht alleine sterben zu lassen, als hieße ihn allein zu lassen, zum Komplizen seines Todes zu werden. So sagt das Antlitz zu mir: »Du sollst nicht töten.« In der Beziehung zum Antlitz, werde ich als Usurpator des Platzes des Anderen angeprangert. Das »Recht auf Existenz«, das Spinoza *conatus essendi* genannt hat, und das er als Grundprinzip jeder Intelligibilität definiert, wird durch die Beziehung zum Antlitz in Frage gestellt. Folglich setzt meine Pflicht, dem Anderen zu antworten, mein natürliches Recht auf das Überleben, das Lebensrecht aus. Meine ethische Beziehung der Liebe zum Anderen entspringt der Tatsache, dass das Selbst nicht alleine überleben kann, in seinem eigenen In-der-Welt-sein keinen Sinn finden kann [...]. Indem ich mich der Verletzlichkeit des Antlitzes aussetze, stelle ich mein ontologisches Recht auf Existenz infrage. In der Ethik hat das Existenzrecht des anderen gegenüber meinem eigenen den Vorrang, ein Vorrang, der durch das Gebot zusammengefasst wird: »Du sollst nicht töten«, du sollst das Leben des Anderen nicht gefährden.[20]

Levinas sagt weiterhin, »es gibt ein jüdisches Sprichwort, das lautet, ›die materiellen Bedürfnisse des anderen sind meine geistigen Bedürfnisse‹; es ist dieses Missverhältnis, diese Asymmetrie, die die ethische Verweigerung der obersten Wahrheit der Ontologie charakterisiert – des Kampfes darum zu *sein*. Die Ethik ist also *widernatürlich*, denn sie verbietet den mörderischen Aspekt meines natürlichen Willens, der meinem eigenen Dasein den Vorrang gibt.«[21] Es wäre interessant, bei Levinas die Annahme eines natürlichen Willens mit mörderischer Absicht zu finden, dem man sich erst entgegenstellen muss, um den ethischen Vorrang des Anderen herzustellen. Eine solche Struktur könnte über einen kompensatori-

---

[20] Emmanuel Levinas u. Richard Kearney, »De la phénoménologie à l'éthique: Entretien avec Emmanuel Levinas«, in: *Esprit*, Bd. 234, Nr. 7, Juli 1997, S. 121–140, hier: S. 131f.

[21] Ebd., S. 132.

schen Pfad hinwegtäuschen, der es wert wäre, gelesen zu werden, und das würde ihn vielleicht an Freud annähern, aber meiner Auffassung nach nicht an Spinoza. Denn auch wenn Spinozas Sein in seinem vorgängigen ontologischen Modus nach Selbsterhaltung strebt, tut es das nicht auf Kosten des Anderen, und es wäre schwer, in seinem Werk etwas wie ein Äquivalent zur ursprünglichen Aggression zu finden.

Levinas kritisiert Spinoza für seinen Glauben, dass man sich durch intellektuelle Intuition mit dem Unendlichen vereinen könne, wohingegen für Levinas das Unendliche das ganz Andere bleiben muss. Doch Spinoza sagt nicht, worin diese scheinbare Einheit besteht, und das veranlasst Levinas dazu, Spinoza mit Hegel zu verbinden, ein Schritt, der von Pierre Macherey und anderen innerhalb der Althusser'schen Tradition kritisch diskutiert wurde. Genau genommen wird diese subtile Verbindung mit Hegel gelegentlich explizit, zum Beispiel wenn Levinas in *Altérité et transcendance* schreibt, dass für Spinoza die »Offenbarung des Unendlichen die Rationalität selbst ist und die Erkenntnis für ihn also nur Erkenntnis der Erkenntnis wäre, das Bewusstsein Selbstbewusstsein, das Denken ein Denken des Denkens oder Geist. Nichts wäre mehr anders: nichts würde das Denken des Denkens begrenzen.«[22]

Betrachten wir nun die von Antonio Negri formulierte Verteidigung der spinozistischen Auffassung von Gesellschaftlichkeit. Es scheint, als ob das infrage stehende Subjekt weder ausschließlich singulär noch vollkommen in einer Totalität synthetisiert ist. Das Verfolgen des eigenen Seins, oder des Lebens, trägt einen über die Partikularität des eigenen Lebens hinaus, hin zu einer komplexen Beziehung zwischen dem Leben und dem Ausdruck der Vermögen. Die Bewegung von der Individualität zur Kollektivität ist nie vollendet, vielmehr produziert sie eine unauflösbare Spannung

---

22 Emmanuel Levinas, *Altérité et transcendance*, Saint-Clément-de-Rivière 1995, S. 83.

zwischen der Singularität und der Kollektivität und zeigt, dass sie nicht unabhängig voneinander gedacht werden können, dass sie kein polarer Gegensatz sind und dass sie sich nicht gegenseitig ausschließen. Levinas' Tendenz, den *conatus* auf ein Begehren zu sein zu reduzieren, das wiederum auf Selbsterhaltung reduzierbar sei, versucht Spinoza in ein Modell von Individualität einzusperren, das der kontraktualistischen Tradition angehört, der er sich gerade entgegenstellt. Weder tritt das Individuum per Vertrag in die Gesellschaft ein, noch wird es unter eine Kollektivität oder *multitudo* subsumiert. Die Singularität wird nicht von der *multitudo* überwunden oder absorbiert; die *multitudo* ist keine synthetische Einheit. Um zu verstehen, ob Levinas zu recht oder zu unrecht annimmt, dass es bei oder für Spinoza keinen Anderen gibt, ist es zunächst wichtig zu begreifen, dass die Unterscheidung zwischen dem Selbst und dem Anderen eine dynamische und konstitutive ist, eine Bindung, der man nicht entkommen kann, wenn nicht gar eine Unfreiheit, in der ethische Kämpfe ausgetragen werden. Außerhalb des Kontextes dieser Bindung lässt sich Selbsterhaltung für Spinoza nicht sinnvoll denken.

In Lehrsatz 37 des 4. Teils der *Ethik* expliziert Spinoza seine Abweichung von einem kontraktualistischen Verständnis des sozialen Lebens. Er schreibt dort: »Das Gut, nach dem ein jeder, der den Weg der Tugend geht, für sich selbst verlangt, wird er auch für andere Menschen begehren und umso mehr, je größer seine Erkenntnis Gottes ist.«[23] In einer Bemerkung in der zweiten Anmerkung erläutert er, inwiefern die Vertragstheorie voraussetzt, dass »es im natürlichen Zustand nichts gibt, was nach übereinstimmender Ansicht aller gut oder schlecht wäre, da nun einmal in diesem Zustand ein jeder nur seinen eigenen Vorteil im Blick hat und von seiner eigenen Sinnesart her und unter Berücksichtigung nur des eigenen Vorteils entscheidet, was gut und was schlecht ist, und von keinem Gesetz her gehalten ist, irgendeinem anderen als

[23] Spinoza, *Ethik*, IV. Teil, Lehrsatz 37, S. 437.

sich selbst Folge zu leisten«.[24] Aber wahre Selbsterhaltung bildet, wie er in Lehrsatz 54 schreibt, die Grundlage der Tugendhaftigkeit, in welcher die Selbsterhaltung unter der Aufsicht der Vernunft steht. Ebenso besteht Freiheit, verstanden als die Ausübung der Vernunft, darin, die Menschen dazu zu bewegen, über das Leben, und nicht über den Tod nachzudenken: »Ein freier Mensch denkt an nichts weniger als an den Tod; und seine Weisheit ist ein Nachdenken über das Leben, nicht über den Tod«.[25]

Auf ähnliche Weise muss die Person, die bestrebt ist, ihr eigenes Sein zu erhalten, feststellen, dass dieses Sein nicht nur oder nicht ausschließlich ihr eigenes ist. Das Bestreben, im eigenen Sein zu verharren, schließt ein Leben gemäß der Vernunft mit ein, da die Vernunft darüber aufklärt, inwiefern das eigene Sein ein Teil von dem ist, was ein gemeinsames Leben ist. »Ein Mensch, der sich von der Vernunft leiten läßt, ist freier in einem Staat, wo er nach einem gemeinsamen Beschluß lebt, als in einem Alleinsein«.[26] Für Spinoza heißt das außerdem, dass Hass durch Liebe überwunden werden sollte, was bedeutet, »daß ein jeder, der von der Vernunft sich leiten läßt, das Gute, nach dem er für sich verlangt, auch für andere begehrt«.[27] Auch hier wieder werden wir aufgefordert, die *Gleichzeitigkeit* dieser Begehren zu bedenken. Ebenso wie wir im Begehren gut zu leben auch zu leben begehren – und von dem einen kann nicht gesagt werden, dass es dem anderen vorausgeht –, so erweist sich auch hier das, was man für sich selbst begehrt, als das, was man gleichzeitig für andere begehrt. Das impliziert nicht, zunächst das eigene Begehren zu bestimmen, und dieses Begehren dann zu projizieren, oder die Begehren der anderen auf der Grundlage des eigenen Begehrens zu extrapolieren. Es ist vielmehr ein Begehren, das notwendigerweise die

---

[24] Ebd., IV. Teil, Lehrsatz 37, S. 445ff.

[25] Ebd., IV. Teil, Lehrsatz 67, S. 495.

[26] Ebd., IV. Teil, Lehrsatz 73, S. 503.

[27] Ebd., IV. Teil, Lehrsatz 73, S. 505.

Vorstellung davon, was uns eigen ist, den Begriff der »Eigenheit« (*ownness*) selbst unterbrechen und desorientieren muss.

In seinem Buch *Spinoza subversif. Variations (in)actuelles* schreibt Antonio Negri, dass »das Absolute die nicht-Entfremdung ist«, dass es genauer »die Befreiung aller sozialer Energien in einem allgemeinen *conatus* der Organisation der Freiheit aller« ist und dass Spinoza das Subjekt als »*multitudo*« neu fasst.[28] Negri bietet eine ökonomische Formulierung dieser Konzeption der *multitudo*, wobei er die irreduzible Spannung aufdeckt, die in Spinozas politischer Philosophie zwischen zwei Bewegungen besteht: einerseits wird die Gesellschaft so beschrieben als agiere sie gemäß einem einzigen Geist, andererseits ist sie, vermöge ihrer expressiven Struktur und Dynamik, unhintergehbar plural. Das bedeutet einerseits, dass das, was wir den allgemeinen *conatus* nennen können, sich als differenziert erweist und die Totalität, nach der dieser strebt, nicht erreichen kann. Andererseits bedeutet es, dass die Singularität in und durch ihre Gesellschaftlichkeit fortwährend enteignet wird; die Singularität setzt den totalisierenden Möglichkeiten des Sozialen nicht nur eine Grenze, sondern als Grenze ist sie eine Singularität, die gerade in dem Kontext ihre Besonderheit gewinnt, in dem sie von einem allgemeineren *conatus* aufgenommen wird, in dem das Leben, nach dem sie strebt, ihre Singularität wieder und wieder dekonstituiert, wenngleich erst im Zustand des Todes vollständig.

Auf diese Weise lassen sich die Implikationen lesen, die Negris Theorie für das Neudenken der Singularität hat, auch wenn er selbst die entgegengesetzte Richtung einschlägt. So schreibt er zum Beispiel: »Wenn die Absolutheit nicht mit der Singularität der realen Kräfte konfrontiert wird […], verschließt sie sich wieder in sich selbst«.[29] Doch es würde nicht weniger wahr erscheinen zu sagen, dass die Singularität realer Kräfte das ist, was in ihrer Kon-

---

28 Antonio Negri, *Spinoza subversif. Variations (in)actuelles*, Paris 1994, S. 51f.

29 Ebd., S. 53.

frontation mit der Absolutheit eine irreversible Offenheit gegenüber dem Prozess der Verallgemeinerung selbst herstellt. Kurz gesagt, der Gemeinwille wird nicht erreicht. Er wird durch die begrenzende Macht der Singularität durchkreuzt und artikuliert. Man könnte in diesem Sinne sogar sagen, dass die Singularität das ist, was den radikal offenen Horizont produziert, die Möglichkeit der Zukunft selbst. Mehr noch, wenn der Körper das ist, was die Singularität absichert, was nicht in eine Kollektivität synthetisiert werden kann, sondern ihre Grenzen und ihre Zukünftigkeit begründet, dann ist der Körper, in seinem Begehren, das, was die Zukunft offenhält.

Damit diese Singularität – verstanden als Subjekt – jedoch machtvoll sein kann, damit sie in ihrem Begehren verharren und ihre eigene Macht und ihr Vermögen des Verharrens erhalten kann, *darf sie nicht mit sich selbst beschäftigt sein.* Für Negri manifestiert sich das in der Erfahrung der *Pietas*:

> [Die *Pietas*] ist also das Begehren, dass kein Subjekt aus der Universalität ausgeschlossen sei, wie es der Fall wäre, wenn man das Partikulare liebte. Mehr noch, indem man die Universalität liebt und sie als ein Projekt der Vernunft über verschiedene Subjekte hinweg konstituiert, wird man machtvoll. Wenn man im Gegenteil das Partikulare liebt und nur aus Interesse handelt, ist man nicht machtvoll, sondern vielmehr vollkommen machtlos, insofern äußere Dinge auf einen einwirken.[30]

Und er bezeichnet diese Liebe, dieses Streben zum Universellen hier als einen »Durchgang [durch das Universelle], der so menschlich ist, dass er alle menschlichen Wesen einschließt.«[31]

Gewiss gibt es bei Spinoza eine Tendenz, das singuläre Begehren des Subjekts in eine kollektive Einheit aufzulösen: Das scheint zum Beispiel durch, wenn er behauptet, dass »der Mensch [...]

---

[30] Ebd., S. 63.
[31] Ebd.

[sich] nichts Geeigneteres [...] zur Erhaltung [seines] Seins wünschen [kann], als daß alle in allem so übereinstimmten, daß die Geister und Körper von allen zusammen gleichsam einen einzigen Geist und einen einzigen Körper bilden«.[32] Freilich ist dies eine Situation, die der Mensch sich *wünschen kann*, doch es ist der Wunsch, und nicht seine Erfüllung, der die ontologische Conditio der Menschlichkeit ausmacht. Denn Spinoza spricht von der Möglichkeit einer Einheit von Körper und Geist mithilfe einer Figur – »gleichsam« –, was bedeutet, dass diese Einheit nur gemutmaßt wird, aber nicht auf sicherem Grund hergestellt werden kann. Es gibt etwas, das als Widerstand gegen diese ersehnte Vereinigung wirkt, und das hängt mit seinem konsequenten Materialismus zusammen, mit der unbegreiflichen Beharrlichkeit des Körpers.[33]

Obwohl auf die Kritik von Levinas noch nicht geantwortet wurde, können wir bereits sehen, dass es ein Fehler wäre, Selbsterhaltung so zu lesen, als ob es sich dabei um bloße Selbstbeschäftigung handelte, als ob sie ohne jene Liebe, die »alle menschlichen Wesen einschließt«, ohne das Begehren, das gleichzeitig das Begehren nach einem selbst und nach anderen ist, möglich wäre. Wir könnten jedoch nach wie vor zu dem Schluss kommen, dass der Andere für Spinoza nicht radikal und unbegreifbar anders ist, und das wäre richtig. Aber sind die ethischen Konsequenzen dieser nicht absoluten Differenz so schwerwiegend, wie Levinas denkt? Schließlich gibt es bei Spinoza trotz allem etwas, das sich dem Zerfall des Subjekts in eine kollektive Einheit widersetzt. Es scheint, dass »der Andere« nicht ganz das richtige Wort ist für das, was *nicht* in diese Einheit zerfallen *kann*. Es ist das Begehren selbst, und der Körper. Für Levinas wäre das eine Unmöglichkeit, denn das Begehren ist gerade das, was beiseitegeschoben werden

---

32 Spinoza, *Ethik,* IV. Teil, Lehrsatz 18, S. 411.

33 Vgl. ebd., V. Teil, Lehrsatz 21, S. 565: »Etwas vorstellen und sich vergangener Dinge erinnern, das kann der Geist nur während der Dauer des Körpers. [...] [Er begreift] jeglichen Körper als wirklich existierend nur während der Dauer seines eigenen Körpers.«

muss, damit die ethische Beziehung zum Anderen hervortreten kann. An dieser Stelle scheint die Abweichung von Spinoza am deutlichsten. Denn was aus der einen Perspektive betrachtet nicht in einer kollektiven Einheit aufgehen kann, kann auf der anderen Seite nicht in einer rein individualistischen Konzeption des *conatus* aufgehen. Das Begehren, im eigenen Sein zu verharren, verwickelt einen in ein gemeinsames Leben, aber der Körper kehrt als eine unauslöschliche Bedingung der Singularität wieder, nur um als Träger eben dieses Begehrens das Gefühl des eigenen Körpers oder Selbst als das vollkommen und dauerhaft Eigene aufzulösen.

Interessanterweise schreibt Levinas, dass »die Menschlichkeit des Menschen [...] ein[en] Bruch des Seins« darstellt, und für Spinoza ist es, in einer parallelen Geste, das Begehren, das diesen Bruch als Teil seiner eigenen Bewegung in sich trägt, einer Bewegung von der Singularität hin zur Kollektivität und von der Kollektivität hin zu einer irreduziblen Pluralität. Die Desorientierung im Begehren besteht in der Tatsache, dass mein eigenes Begehren nie vollkommen und ausschließlich mein eigenes ist, sondern dass ich in die Gesellschaftlichkeit, wenn nicht in die potentielle Universalität, meines Begehrens verwickelt bin, und zwar gerade in den Handlungen, durch die ich mein Sein zu erhalten und zu vergrößern suche. In diesem Sinne provozieren die singularisierende Kraft des Körpers und dessen desorientierender Weg zum Sozialen eine Dekonstituierung der Singularität, die gleichwohl nie gänzlich vollendet werden kann. Und gleichzeitig wird die Produktion von Kollektivität durch eben diese Singularität dekonstituiert, die nicht außer Kraft gesetzt werden kann.

Man könnte hier also sehen, dass Spinoza ein bewegliches, aber beständiges Prinzip der Dekonstitution vorschlägt, das wie Freuds Todestrieb funktioniert, das jedoch, um Teil des Lebenskampfes zu bleiben, nicht als Selbstmord oder Mord zum Zug kommen darf. Es ist dies ein Prinzip der Dekonstitution, das in Schach gehalten wird und das, als solches, darauf hinwirken kann, die Zukunft offen zu halten. Es gibt hier zwei Punkte, mit denen ich zum Ende kommen möchte, einen zu Freud und einen zu Levinas.

Was Freud anbelangt möchte ich keineswegs nahelegen, dass der Körper bei Spinoza die verborgene Arbeit des Todestriebs übernimmt, sondern dass – trotz der eher starren Differenzen zwischen dem Spinozistischen Standpunkt, der das Begehren gut zu leben mit dem Begehren zu leben identifizieren würde, und der psychoanalytischen Perspektive, in der gut zu leben tatsächlich auf Kosten des Begehrens selbst gehen könnte – es ein Zusammenlaufen zu geben scheint in der Vorstellung, dass im Begehren eine Bewegung im Dienste der Dekonstitution des Subjekts am Werk ist, die es jenseits seiner selbst mit einer möglichen Auflösung in einem allgemeineren *conatus* zusammenfallen lässt. Bezeichnenderweise entsteht gerade in dieser Dekonstitution und Desorientierung eine ethische Perspektive: Es reicht nun nicht mehr zu sagen, dass ich zu leben begehre, ohne gleichzeitig darum bemüht zu sein, das Leben des Anderen zu stützen und zu erhalten.

Spinoza kommt zu dieser ethischen Aussage auf eine Weise, die sich von Levinas unterscheidet, doch man sollte bedenken, dass für beide ein gewisser Bruch und eine gewisse Desorientierung des Subjekts die Möglichkeit der Ethik bedingen. Levinas schreibt:

> Das Antlitz ist das, was man nicht töten kann oder dessen *Sinn* zumindest darin besteht, zu sagen: »Du darfst nicht töten.« Es stimmt, der Mord ist ein banales Faktum: Man kann den *Anderen* töten; die ethische Forderung ist keine ontologische Notwendigkeit. [...] Sie erscheint auch in der Heiligen Schrift, der die Menschlichkeit des Menschen, solange sie in der Welt involviert ist, ausgesetzt bleibt. Aber eigentlich ist die Erscheinung dieser »ethischen Merkwürdigkeiten« – die Menschlichkeit des Menschen – innerhalb des Seins ein Bruch des Seins. Er ist von

> Bedeutung, selbst wenn das Sein sich wieder erneuert und sich wieder in die Gewalt bekommt.[34]

Wenn die materiellen Bedürfnisse des Anderen, wie Levinas unter Berufung auf die Schrift sagt, meine geistigen Bedürfnisse sind, dann bin ich in der Lage, die materiellen Bedürfnisse des Anderen geistig zu begreifen und ihnen den Vorrang zu gewähren. Für Spinoza wäre die Unterscheidung zwischen materiellen und geistigen Bedürfnissen nicht gesichert, da geistige Bedürfnisse, in diesem Leben, letztlich auf den Körper als ihre Quelle und fortdauernde Bedingung angewiesen sind. Und doch wird sich herausstellen, dass ich die Erfüllung meiner Bedürfnisse nicht sicherstellen kann, ohne die des Anderen sicherzustellen. Die Beziehung zwischen dem »Ich« und dem »Du« ist für Spinoza nicht asymmetrisch, doch sie ist inhärent instabil, da mein Begehren in dieser zweifachen Weise auftaucht, zugleich für mich selbst und als ein mehr allgemeiner *conatus*. Gewissermaßen unterstreichen diese beiden Positionen – gemeinsam mit der Freuds – in Bezug auf den in Schach gehaltenen Todestrieb die Grenzen des narzisstischen Zugangs zum Begehren und entwerfen die Möglichkeit für ein differenziertes kollektives Leben, das nicht in Gewalt begründet ist, womit sie einerseits dem doppelten Gespenst des Narzissmus und des Eigentums und andererseits der Gewalt gegen einen anderen oder einen selbst entgehen. Keine dieser Positionen macht jedoch einen Rückgriff auf Eigentum oder auf Gewalt als letzte Instanz erforderlich.

Was ich hier versuchen wollte, ist eine Reihe von Zugängen zur Ethik zu erkunden, die dem Begehren Rechnung tragen, ohne in die egomane Verteidigung dessen zu verfallen, was einem gehört – des Besitzes – und die gleichzeitig dem Todestrieb Rechnung tragen, ohne ihn als Gewalt gegen einen selbst oder einen anderen in Erscheinung treten zu lassen. Das sind die Vorausset-

---

34 Emmanuel Levinas, *Ethik und Unendliches: Gespräche mit Philippe Nemo,* übers. v. Dorothea Schmidt, Wien 1986, S. 66.

zungen für eine *Ethik in extremis,* die als Konflikt verfasst wäre, und die »Angst« und nicht Überzeugung zur Bedingung hat.

Lassen Sie mich zum Schluss zwei Linien nachzeichnen, die sich aus diesem Rahmen ergeben, und die ich als dissonante Wege stehen lassen werde. Zunächst denjenigen von Primo Levi, dessen Tod gemeinhin als Selbstmord betrachtet wird, auch wenn er keinen Abschiedsbrief hinterlassen hat. Er stürzte oder stürzte sich die Treppen seiner Wohnung hinunter und wurde tot aufgefunden. Der Todesfall ließ die Frage offen, ob es sich um einen Unfall oder eine absichtliche Tat handelte. Die Überlegung ist, dass er entweder den Halt verloren hat oder seinen Halt aufgegeben hat. Niemand anderes war vor Ort, sodass sich für die Behauptung, er sei gestoßen worden, in Wirklichkeit keine Belege finden lassen. Doch ich war immer etwas perplex angesichts dieser Schlussfolgerung, denn gewiss kann man gestoßen werden, ohne dass buchstäblich jemand anwesend sein muss, um einen zu stoßen. Und der Unterschied zwischen Stoß und Sturz ist kompliziert, wie er selbst uns sagt, zum Beispiel in einer der Vignetten in *Der Freund des Menschen.* Dort beschreibt er einen in Auschwitz internierten Juden, der regelmäßig stolpert und stürzt. Levi schreibt, dass es jedes Mal wie ein Unfall schien, doch der Sturz hatte etwas Absichtliches an sich, er schien zum Ausdruck zu bringen, dass der Mann in dieser Extremsituation Schwierigkeiten hatte, stehen zu bleiben und sich auf die Schwerkraft zu verlassen. Wir könnten uns fragen, wie es wohl gewesen sein mag, zu versuchen, in den Lagern zu stehen und zu gehen, sich auf die Schwerkraft zu verlassen und auf die implizite Annahme, dass es da eine Erde gibt, die einen im Zweifel auffängt. Und wenn wir an das ganze Herumgestoßenwerden denken, das dort stattfand, warum sollte dieser Stoß dann in dem Moment aufhören, in dem der Körperkontakt aufgehoben wird? Warum sollte dieser Stoß nicht ein Eigenleben entwickeln, das über den Stoß hinausgeht, die Körperlichkeit des Stoßes übersteigt, um eine psychische Form, eine Lebendigkeit mit eigener Kraft zu erlangen?

In *Die Untergegangenen und die Geretteten* schreibt Levi zum Selbstmord: »In den meisten Fällen entsteht der Selbstmord aus einem Schuldgefühl, das von keiner Strafe abgeschwächt werden konnte.« Im nächsten Satz heißt es weiter, dass »die Härte der Gefangenschaft als Strafe empfunden« wurde, und er fügt in Klammern hinzu: »Wenn es eine Strafe gibt, muß es vorher eine Schuld gegeben haben.«[35] Er beschreibt hier also eine gewisse Schuld, die eine Konsequenz der Strafe ist, eine Schuld, die auf dem Rückschluss beruht, man habe etwas getan, um die Strafe zu verdienen. Diese Schuld ist letztlich vorzuziehen, wenn die Alternative darin besteht, die äußerste Kontingenz und Willkür dieser Folter, Strafe und Vernichtung zu begreifen. Mit der Schuld hat man wenigstens weiterhin Handlungsmacht. Durch die willkürliche Folter wird auch noch die Handlungsmacht ausgelöscht. Diese »Schuld«, die in Klammern eine weitsichtige Darstellung erfährt, wird in seinem Text trotzdem zur Tatsache, zur Gegebenheit, zum Rahmen, sodass er gnadenlos danach fragen kann, ob er in den Lagern genug getan hat, um anderen zu helfen. Er beschreibt, dass sie alle sich schuldig gefühlt haben, den anderen nicht zu helfen,[36] und fragt dann seinen Leser und sich selbst, ob irgendjemand von uns über einen angemessenen moralischen Anker verfügen würde, um die Verführungen des Faschismus zu bekämpfen. Schließlich akzeptiert er die Selbstanklage als die Haltung, die er gegenüber seinen eigenen Taten einnehmen muss, die nebenbei bemerkt keineswegs die eines Kollaborateurs waren.

Levis Schuld bildet den Rahmen einer Moral, die die Lagerhäftlinge zur Rechenschaft zieht für das, was sie getan und nicht getan haben. Auf diese Weise verdeckt seine Moral die Tatsache, dass die Handlungsmacht selbst weitgehend zunichte gemacht worden war und dass, wie Charlotte Delbo betont hat, das, was als ein »Ich« gelten könnte, entweder beschlagnahmt oder abge-

---

[35] Primo Levi, *Die Untergegangenen und die Geretteten*, übers. v. Moshe Kahn, München / Wien 1990, S. 75f.

[36] Vgl. ebd., S. 77.

tötet wurde. Diese Moral bietet eine Art Schutz gegen diesen äußersten Angriff, gegen die Einsicht, dass auch das Ich ausgelöscht wurde. Doch vor allem tritt sie in einen Kreislauf ein, in dem die durch die Strafe hervorgebrachte Schuld weitere Bestrafung erfordert, um Linderung zu erfahren. Wenn, wie er schreibt, »der Selbstmord aus einem Schuldgefühl [entsteht], das von keiner Strafe abgeschwächt werden konnte«, dann könnten wir hinzufügen, dass keine Strafe eine solche Schuld abschwächen *kann,* denn die Schuld ist grundlos und endlos und die Strafe, die sie mildern würde, ist verantwortlich für ihre unendliche Verdoppelung. Es ist also vor dem Hintergrund dieser besonders schlechten Unendlichkeit, dass sich für jemanden wie Levi der Selbstmord abzeichnet. Doch das bedeutet, dass wir die Frage nicht beantworten können, ob er versehentlich gestürzt ist, sich gestürzt hat, oder gestoßen wurde, da der Schauplatz der Handlungsmacht zweifellos in diese gleichzeitigen und sich wechselseitig konstituierenden Handlungen zerbrochen war. Er stürzte gewiss versehentlich, wenn wir darunter verstehen, dass sein Sturz nicht das Ergebnis seiner eigenen Handlungsmacht war; er wurde gewiss gestoßen, von einer strafenden Handlungsmacht, die weiterhin auf ihn einwirkte; er stürzte sich gewiss selbst, denn er war durch seine Moral und in seinem Glauben, dass er nicht genügend bestraft worden war und werden konnte, selbst zum Vollstrecker seiner eigenen Folter geworden.

Die zweite und letzte Bemerkung zu einer Ethik unter Druck: Wir sehen diese ethische Problematik in der Antikriegsbewegung in Israel durch all jene am Werk, die sich der Besatzung der palästinensischen Gebiete entgegensetzen oder ein neues politisches Gemeinwesen fordern, das den Zionismus hinter sich lassen würde; in den kollektiven Anstrengungen, zerstörte palästinensische Wohnungen wiederaufzubauen; in den Bemühungen von Ta-ayush, einer jüdisch-arabischen Organisation, den notleidenden Menschen in den besetzten Gebieten Zugang zu Nahrung und Medikamenten zu ermöglichen; und in den institutionellen Praktiken von Dörfern wie Neve Shalom mit dem Ziel, jüdisch-arabische Selbstverwaltung und gemeinsames Eigentum zu fördern, sowie Communities und Schulen aufzubauen, in denen mein Begehren nicht machtvoll oder selbsterhaltend ist, solange es nicht eine Desorientierung durch dein Begehren, deine Macht der Selbsterhaltung und des Verharrens erlaubt. Ich werde aus einer E-Mail einer Freundin aus Israel zitieren, da sie, wie ich denke, zeigt, dass es möglich ist, eine Ethik auf die eigene Situation zu stützen, auf das eigene Begehren, ohne dass die Beziehung zum Anderen zur reinen Projektion oder zu einer Ausdehnung des eigenen Selbst wird. Ihr Name ist Niza Yanay, sie ist Soziologin an der Ben-Gurion-Universität des Negev, und sie sorgt sich darum, dass in Israel die Macht des Obersten Gerichts schwindet, dass die Macht des Militärs hingegen zunimmt, und darum, ob Vorschläge, Palästinenser_innen zu repatriieren (*relocate*), in der Knesset ernsthaft debattiert werden. Sie schreibt,

> bei den Wahlen vor ein paar Monaten haben ein Freund und ich für die kommunistische Partei gestimmt, die mal eine jüdisch-palästinensische Partei war, nun aber größtenteils eine arabisch-palästinensische Partei ist, die fast keine jüdischen Unterstützer_innen mehr hat. Wir waren der Meinung, dass es äußerst wichtig sei, die Macht der Araber_innen im Parlament zu stärken, und Solidarität mit ihnen zu bekunden. Sami Shalom Shitrit, ein Dichter und Schriftsteller, sagte in einer kleinen Versammlung vor der Wahl, dass wenn er 1933 Deutscher und Christ gewesen wäre, er sehr genau nach einer Jüdischen Partei Ausschau gehalten und sie gewählt hätte. Das hat mich sehr bewegt, aber auch erschaudern lassen, weil wir nicht so weit von 1933 entfernt sind.

Wir sind nicht im Jahr 1933, aber wir sind nicht allzu weit davon entfernt, und gerade in diesem feinen Unterschied muss eine neue Ethik gedacht werden. Wenn in der Knesset Diskussionen um die »Überführung« (*transfers*) von Bevölkerungsgruppen geführt werden, wenn Rache das Prinzip zu sein scheint, auf das beide Seiten des Konflikts sich berufen, dann wird es äußerst dringlich, jenes »Antlitz« zu finden und zu achten, das die Gewalt beenden wird. Diesem Gesicht gegenüber ver*antwort*lich zu sein, erfordert jedoch eine gewisse Selbst-Enteignung, einen Schritt weg von der Selbsterhaltung als Grundlage oder gar Ziel von Ethik.

Während manche der Meinung sind, bei Spinoza die Überzeugung zu finden, dass Selbsterhaltung die Grundlage der Ethik sei, und andere ihm vorwerfen, die Formen von Negativität auszuschließen, die Freud unter dem treffenden Titel des Todestriebs beschrieben hat, habe ich versucht darauf hinzudeuten, dass Spinozas Standpunkt weder zur Verteidigung eines bloßen Individualismus führt, noch zu den Formen von Territorialität und dem Recht auf Selbstverteidigung, die gemeinhin mit den Doktrinen der Selbsterhaltung assoziiert werden. Innerhalb der jüdischen Bezugssysteme der Ethik, die vom Über-Ich und seinen Grausamkeiten als Vorbedingung für ethisches Verhalten ausgehen, oder die behaupten, dass Formen politischer Gesellschaftlichkeit auf der räumlich vorgestellten Einheit eines Volkes beruhen, führt Spinoza eine Form der politischen Solidarität ein, die sowohl über den Selbstmord als auch über die mit Territorialität und Nationalismus assoziierten Arten politischer Zusammenschlüsse hinausgeht. Es scheint zweifellos zu stimmen, dass er noch Teil einer innerjüdischen Auseinandersetzung um die Bedeutung und das Gebiet der Ethik ist, gleichzeitig steht er aber auch außerhalb der Tradition und bietet Beispiele und Werkzeuge, um mit und entlang von diesem »Außen« zu arbeiten.

Doch vielleicht ist es am wichtigsten zu sehen, dass sich hier die Konturen einer Ethik abzeichnen, in der der Todestrieb in Schach gehalten wird, in der eine Gemeinschaft in ihrer irreduziblen Pluralität gedacht wird, und die jeden Nationalismus ablehnt, der bestrebt wäre, diese Conditio einer nicht totalisierbaren Gesellschaftlichkeit selbst zunichte zu machen. Es wäre eine Ethik, die nicht nur das Begehren zu leben eingesteht, sondern anerkennt, dass das Leben zu begehren stets bedeutet, das Leben für dich zu begehren, ein Begehren, das die Produktion der politischen Bedingungen des Lebens einschließt, die wiederum neue Bündnisse ohne endgültige Form ermöglichen, in denen die Körper, in ihrer Verletzbarkeit und ihrer Verheißung, ja sogar in dem, was wir ihre Ethik nennen könnten, sich gegenseitig dazu animieren, zu leben.

Übersetzt von Kianush Ruf

Fühlen, was im anderen lebendig ist. Hegels frühe Liebe

Es gibt nicht viele handfeste Gründe, über Hegel und Liebe zusammen nachzudenken. Erstens gilt Hegel kaum jemandem als besonders liebenswert; viele Leser_innen wollen sich nicht die Zeit nehmen, seine Sätze zu verstehen. Zweitens versteht man die Sprache der Liebe gemeinhin als eine Art unmittelbarer Ausruf oder lyrischer Ausdruck. Drittens hat die Liebe eine Beziehung zu Bildern und Bewegungen, zu dem, was wir uns immer wieder vorstellen, oder sie hat vielmehr eine Beziehung zu einer Form des Vorstellens und Bewegens, die uns in ihre Wiederholungen und Ausschmückungen aufzunehmen scheint. Es scheint daher eher merkwürdig, wenn man sich Hegel über das Thema der Liebe annähert, ihm, dessen Sprache dicht ist, der nicht-sprachliche Formen der Kunst ausdrücklich abgewertet hat und für den sowohl eine unmittelbare Ansprache als auch ein lyrischer Stil eher fernzuliegen scheinen. Und doch hat er sich diesem Thema in seinem Frühwerk zugewandt, in dem »Liebe« der Name für das ist, was belebt und tötet. Seine Auffassungen haben klare Implikationen für ein allgemeines Nachdenken über die Sinne und die Ästhetik. In den Jahren vor dem Verfassen seiner *Phänomenologie des Geistes* (1807) schrieb er zum Beispiel eine kurze Abhandlung mit dem Titel *Die Liebe*, von der ein Fragment überliefert ist.[1] Weitere Anmerkungen finden sich auch in einem kurzen Text, der heute als *Systemfragment* bezeichnet wird.[2] Später scheint die Liebe herauszufallen, sie wird

---

1 G.W.F. Hegel, »Die Liebe«, in: *Werke*, Bd. 1, hg. v. Eva Moldenhauer u. Karl Markus Michel, Frankfurt a.M. 1986, S. 239–254.

2 G.W.F. Hegel, »Systemfragment von 1800«, in: *Werke*, Bd. 1, hg. v. Eva Moldenhauer u. Karl Markus Michel, Frankfurt a.M. 1986, S. 419–427.

beiseitegedrängt oder stillschweigend von seinem Schreiben über den Geist absorbiert.

Wie lesen wir Hegels Lektüre der Liebe? Gibt es Liebe in seiner Sprache? Das Schreiben seines Frühwerks drängt mit Aussagesätzen voran. Und das nicht nur, weil er die Wahrheit kennt und sie mit großer Selbstsicherheit aussagt, sondern auch, weil der Aussagesatz ein Weg des Vorantreibens und Wegstoßens ist. Ein Satz legt das Fundament für den nächsten, eine Idee wird ergründet oder entwickelt, ohne dass sie einfach aus der vorausgehenden Idee folgt. Obwohl wir wie sicherlich viele Hegel-Leser_innen vor uns versuchen können, die Aussagen aus seinem Schreiben herauszulösen und sie in Argumente einzuteilen, die sich auf Primär- und Sekundärprämissen und logisch abgeleitete Schlussfolgerungen stützen, möchte ich vielmehr zeigen, dass hier etwas ganz anderes geschieht. Wenn ein Satz ausgesagt wird oder in Form einer Aussage auftritt, dann wird etwas gezeigt, dann wird eine bestimmte Sicht auf die Welt aufgeworfen, dann wird ein bestimmter Standpunkt eingenommen. Wir könnten sagen, dass eine bestimmte Perspektive in Form des Aussagesatzes in Szene gesetzt wird. Wenn dann der nächste Satz folgt, so ist das nicht immer die Erweiterung derselben Perspektive. Manchmal ist es eine andere Perspektive, die die vorangehende kritisch kommentiert oder die uns ihre unerwartete Konsequenz aufzeigt. Das kann manchmal im Verlauf von einigen Sätzen, ja sogar im Verlauf von einem oder zwei Absätzen geschehen, und wir denken weiterhin innerhalb jenes Begriffsrahmens, der für diesen Zeitraum in Szene gesetzt wurde. Doch dann ereignet sich eine bestimmte Wendung – manchmal innerhalb eines Nebensatzes oder durch einen veränderten Tonfall oder durch eine Modulation der Stimme. An einem solchen Punkt sehen wir, dass die ursprüngliche Perspektive, die in einer einzigen Aussage oder in einer kurzen Reihe von Aussagen mit Selbstsicherheit verkündet wurde, allmählich infrage gestellt wird. Die Infragestellung einer einzelnen Behauptung ist nicht ganz dasselbe, wie innerhalb einer Folge von Sätzen und Aussagen eine tiefgreifende Erschütterung offenzulegen, und doch wird etwas von der Selbstsicherheit der anfänglichen Satz- und Aussagenfolge durch das Nachfolgende erschüttert. Und das Nachfolgende scheint tatsächlich aus dem Vorausgehenden zu folgen, die Saat der Rastlosigkeit – die Hegel immer wieder **Unruhe* nannte – waren von Anfang an da; zu Beginn der Ausführungen sind sie nur noch nicht bemerkt oder beiseitegeschoben worden. Es geschieht also eine Beunruhigung, die allerdings weder ein plötzlicher Ausbruch von Nihilismus noch eine gewaltsame Ablehnung des Vorausgehenden ist. Mitten in der Entwicklung der Ausführungen hat die Aussageform ihre Selbstsicherheit verloren. Das kann einfach durch eine Wiederholung der Aussageform in einem ähnlich selbstsicheren Modus geschehen, in deren Folge die Leser_innen mit zwei einander entgegenstehenden Behauptungen konfrontiert werden, die mit derselben Selbstsicherheit vorgetragen wurden. Behält die auktoriale Stimme, so ließe sich fragen, in diesem Moment die Kontrolle über ihr Material? Oder gibt es etwas im Material, in seiner Ausarbeitung selbst, das eine Umkehr, eine Wende einschließt? Die Stimme hat sich in dieser Wende selbst umgewendet, ohne sich selbst zu verleumden, ja ohne das Vorausgehende zurückzuweisen. Was, so könnte man fragen, haben solche Windungen mit der Liebe zu tun?

In seinen Ausführungen zur Liebe vollzieht Hegel eine solche Wende, die mit dem Thema und seiner Ausführung gleichermaßen verbunden ist. Wir könnten sagen, wir verstünden nun, dass sich etwas im Wesen der Liebe wenden lässt oder sich selbst umwendet und dass es eine Schreibweise zu finden gilt, die diese Reversibilität anerkennt oder erklärt. Die Darstellungsweise muss den Erfordernissen des Dargestellten entsprechen; was »ist«, bedarf seiner Darstellung, um überhaupt zu sein. Oder noch einmal anders formuliert: Die Darstellung der Liebe ist eine Entfaltung oder zeitliche Ausarbeitung des Gegenstands »Liebe«. Wir können also nicht richtig zwischen der Liebe als Gegenstand, Thema oder Problem und ihrer Darstellung unterscheiden (was nicht heißt, dass sich der Gegenstand auf seine Darstellungsweise reduzieren lässt, es heißt nur, dass der Gegenstand nur über diese Darstellung zugänglich wird). Liebe kann kein stummes, innerliches Gefühl bleiben, sondern verlangt gewissermaßen nach der Darstellung der Liebe. Damit meine ich nicht, dass jede Liebe gestanden oder in einer Aussage erklärt werden muss, um als Liebe gelten zu können, ich will damit nur darauf hinweisen, dass es keine besondere Eigentümlichkeit Hegels ist, wenn er sich 1797 dem Problem der Liebe über den Aussagemodus annähert. Liebe muss sich in der Zeit entfalten; sie muss eine bestimmte Gestalt oder Form annehmen, die sich nicht auf eine einzige Aussage beschränken lässt. Es muss so etwas wie eine Verkettung von Aussage- und Fragesätzen geben, die nicht nur das Wachsen und Schwinden der Selbstsicherheit verzeichnet, sondern unerwartete Formen des Eintreffens auslöst, und dies wären alles Arten und Weisen, diese Bewegungen als einen Teil des Phänomens selbst in Szene zu setzen. Letztlich besitzt das Phänomen der Liebe, wie stumm oder lautstark, wie innerlich oder äußerlich es auch sein mag, so etwas wie eine eigene Logik – eine Logik, die sich in der Zeit entfaltet oder entwickelt und die, wie wir im Folgenden sehen werden, tatsächlich niemals in ihrer endgültigen Form aufblüht, sondern stets durch ihre unbestimmte Offenheit bestimmt bleibt.

Von Hegel wird man vielleicht ein totalisierendes System erwarten, doch diese Fehlannahme hat ihre Zeit überlebt. In der *Phänomenologie des Geistes* führt er diese Offenheit in seiner Analyse der indexikalischen Zeichen ein.[3] In Bezug auf das »Jetzt«, jenen unmittelbarsten Augenblick, stellte sich heraus, dass das »Jetzt« immer schon vergangen war, wenn wir uns darauf bezogen. In dem Augenblick, in dem wir auf das »Jetzt« zeigten, haben wir es verloren – oder sahen es verschwinden –, referentielle Akte der Bezugnahme können demnach niemals genau

---

[3] G.W.F. Hegel, *Phänomenologie des Geistes*, *Werke*, Bd. 3, hg. v. Eva Moldenhauer u. Karl Markus Michel, Frankfurt a.M. 1970, S. 82–92.

das erfassen, worauf sie sich beziehen. Das Problem der Zeit, das auftritt, sobald man auf ein »Jetzt« zu zeigen versucht, begründet eine Verspätung, von der jede Referentialität affiziert wird. Das Problem bestand nicht darin, dass das Zeigen auf das »Jetzt« dieses »Jetzt« in ein »Damals« zurückdrängte, sondern dass der Akt des Zeigens, der Akt des Anzeigens, immer verspätet war und dass das »Jetzt« immer erst reflektiert werden kann, wenn es zu einem »Damals« geworden ist. Eine zeitliche Verzögerung trennt die Sprache, die das »Jetzt« anzuzeigen sucht, von dem angezeigten Augenblick; es gibt also eine Differenz zwischen der Zeit des Anzeigens und der Zeit des Angezeigten. Auf diese Weise verpasst die Sprache immer ihre Markierung, ja sie muss sie verpassen, um sich überhaupt auf diese Zeit beziehen zu können. In diesem Sinn ist das »Jetzt« unweigerlich ein »Damals«, sobald es uns in der Sprache zugänglich wird (und das ist übrigens die einzige Weise, wie es uns zugänglich wird, denn es gibt keine unmittelbare Beziehung zum »Jetzt«). Hegel ist kein Vitalist; er glaubt auch nicht, dass uns das Unmittelbare ohne Vermittlung zugänglich ist, und das obwohl er immer wieder all jene Erfahrungen untersucht, die uns am unmittelbarsten, am deutlichsten ohne Vermittlung erscheinen. »Vermittlung« hat hier mindestens zwei unterschiedliche Bedeutungen: Erstens ist uns alles, was uns in der Erfahrung zugänglich wird, äußerlich geworden und wird uns über ein äußerliches Medium reflektiert; zweitens befindet sich alles, was uns im Durchgang oder in der Reflexion durch das, was außen ist, zugänglich wird, in einer Entfernung von seinem ursprünglichen Ort und seiner ursprünglichen Zeit. Eine gewisse Verschiebung in Raum und Zeit ist mit anderen Worten die Bedingung für das Wissen, das Hegel häufig als eine »Rückkehr« des Objekts bezeichnet. Das Objekt muss verschwinden, es muss durch und gegen mich zu etwas anderem werden, es muss aber auch zurückkehren, etwas werden, das untrennbar zu mir gehört, wie fremd es auch sein mag. Es kommt unweigerlich anders zurück als es sich entfernt hatte, es kehrt also niemals zum selben Ort zurück, weshalb es letztliche eine Fehlbezeichnung ist, wenn man von seiner »Rückkehr« spricht.

Während wir über das »Jetzt« nachdenken, gibt es immer einen zeitlichen Vorgang, der über das hinausgeht, was wir als das »Jetzt« bezeichnen, sonst ließe sich das »Jetzt« überhaupt nicht benennen. Das gilt auch für das, was wir das »Ende« eines Prozesses nennen – sobald wir das »Ende« benennen, ist es bereits vorbei, das heißt der Zeitpunkt der Benennung geht über dieses Ende hinaus in ein anderes Register der Zeit über; wenn sich das Ende benennen lässt, wenn es angezeigt wird, dann stellt sich heraus, dass es gar nicht so endgültig ist. Es ist nicht klar, welchen Namen wir dieser Zeit geben sollten, die das Ende überschreitet. Das sprachliche Anzeigen dieser Zeit erfolgt notwendigerweise in einem Gefühl (*sense*) der Verspätung. Wir haben vielleicht recht, wenn wir denken, dass dies eine Frage der Trauer ist, eine Art von Trauer, die im Anzeigenden impliziert ist. Wie können wir von dieser Einsicht zur Liebe zurückkehren? Gibt es ein Fortdauern der Zeit, die sich am Ende oder jenseits des Endes eröffnet, oder gar eine merkwürdige poetische Funktion des Endes? Wie treten Liebe und Verlust in die Formulierung ein? Gibt es einen Weg, die von Hegels Sichtweise implizierte Trauer abzuwenden oder stellt sich letztlich heraus, dass das Trauern der Liebe vorausgeht?

Hegels Fragment über die Liebe beginnt mit der Frage, wie Teilnehmer einer Religion das Verhältnis zwischen ihrer Individualität und ihrer Zugehörigkeit zu einer Gemeinschaft aushandeln. Interessanterweise lässt sich die Frage, ob das Individuum von der Gemeinschaft getrennt ist oder mit der Gemeinschaft auf irgendeine Weise vereint ist, zunächst nicht stellen, ohne das Verhältnis des Individuums zum Eigentum oder zu dem zu verstehen, was Hegel »Objekt« oder die Welt der »Dinge« nennt.[4] Wenn die Religion entweder ein kollektives Eigentum der Dinge oder deren Opfer bedeutet, dann treten Individuen jedes Besitzrecht an

---

4 Hegel, »Die Liebe«, S. 244f.

sie ab. Unter Bedingungen, in denen der Wert des Individuums aus seinem Besitz abgeleitet wird, verliert es seinen Wert für sich selbst, wenn es alle Formen des individualistischen Besitztums aufgegeben hat; wenn das Individuum alles verliert, was es besitzt, beginnt es Hegel zufolge sich selbst zu verachten – oder zumindest erscheint es so unter Bedingungen, in denen es die Objekte sind, die der Person ihren Wert geben und die als Eigentum besessen werden.

Der Selbsthasst ist hier recht unerwartet ins Bild getreten, ebenso wie die Erfordernisse einer gemeinschaftlichen Existenz. Erstens wird Religion als eine Form der Zugehörigkeit zur Gemeinschaft aufgefasst, die die Negation oder die Opferung des individuellen Eigentums und folglich die Selbst-Negation des Individuums verlangt – eine Zugehörigkeit, die eine affektive Form des Selbsthasses annimmt. Wie, so könnten wir fragen, bahnt sich der Selbsthass seinen Weg in die Liebe? Und folgt die Selbstliebe innerhalb einer solchen Ökonomie nur aus dem Besitz von Eigentum?

Das zweite Problem, mit dem sich Hegel auseinandersetzt, ist etwas überraschend, scheint er doch nach den Bedingungen für eine *lebendige* Beziehung zwischen dem Individuum und seiner Welt zu fragen. Gemeinschaft und Gemeinschaftszugehörigkeit werden zunächst beiseitegestellt und ein neuer Ausgangspunkt eingeführt. Die Trennung des Individuums von seiner Objektwelt impliziert noch etwas Weiteres. Die erste Implikation war der Selbsthass, weil das Individuum den Besitz aufzugeben versucht, dabei aber nicht ganz erfolgreich ist. Die zweite Implikation ist nicht minder beunruhigend. Das Objekt selbst wird zu etwas Totem. Ach! Unter den Bedingungen, in denen Eigentum Wert verleiht, hasst man sich selbst und die Objektwelt ist tot. Und doch versucht Hegel, mit der Frage nach der Möglichkeit einer lebendigen Vereinigung von Individuen und Objekten diesen Schlussfolgerungen entgegenzutreten: Ist dies ein alternatives Verständnis von Religion, und zwar eines, das die Liebe erforderlich macht oder in einem gewissen Sinn aus Liebe besteht? Wenn Hegel schreibt, dass Objekt sei tot, dann sehen wir uns veranlasst zu fragen, wie das Objekt gestorben ist.[5] Ist das die allgemeine Form des Objekts und in diesem Sinn die Form aller Objekte? Ist das Objekt für alle Zeiten tot?

Objekte können auf zwei Arten sterben: durch Opfer und Eigentum. Zunächst scheint uns Hegel davor zu warnen, Eigentum aufzugeben, wenn das bedeutet, alle materiellen Dinge, alle Materialität aufzugeben. Dann scheint er jedoch einen Weg zu suchen, die Materie und die Objektwelt zu bejahen, ohne sie auf das Eigentum zu reduzieren. Der Text fordert uns zunächst auf, uns eine Welt vorzustellen und in sie einzutreten, in der ein Individuum, das seine Individualität noch nicht ganz aufgegeben hat, mit einer Welt von toten Objekten konfrontiert wird, die es umgibt, und die durch Handlungen begründet wurde, mit denen jedes persönliche Eigentum für das Gemeinwohl geopfert wurde. Unter Bedingungen, in denen Individuen jeglichen Eigentums beraubt sind, werden sie auch einer lebendigen Beziehung zu den Objekten beraubt – die Objekte werden zu etwas Totem. Welches Gefühlsleben ist den Individuen unter solchen Bedingungen möglich? Sie beginnen zu lieben, was tot ist. Sie bleiben lebendig und lieben im Verhältnis zu einem toten Objekt, einer Reihe von toten Objekten oder einer toten Objektwelt, und in diesem Sinn verbleiben sie in einer lebendigen Beziehung zum Toten. Tatsächlich stellen die toten Objekte in einer Liebesbeziehung den anderen Pol dar. Also liebt die Liebe eine Materie, die gegenüber dem Liebenden indifferent ist. Diese Beziehung ist demnach gerade keine lebendige Vereinigung. Wenn Hegel dann mit seinen Bemerkungen über die »innerste Natur« der Liebe beginnt,[6] sagt er uns nichts über das zeitlose Wesen der Liebe, sondern er erläutert, worin das Wesen der Liebe unter Bedingungen eines erzwungenen

[5] Ebd., S. 245.
[6] Ebd.

Opfers besteht, wo also die Religion von den Individuen als eine Maßgabe der Gemeinschaftszugehörigkeit verlangt, sich von ihren Objekten zu trennen.[7]

Hegel versucht jetzt die Perspektive von jemandem einzunehmen, der der Verpflichtung nachkommt, sich von der Objektwelt loszusagen, in einer Welt toter Objekte zu leben und mit den Konsequenzen dieser besonderen Form der Liebe umzugehen, in der man nur Objekte liebt, die tot sind. Es ist natürlich bemerkenswert, dass die Liebe unter diesen Bedingungen nicht für nichtig erklärt wird. Vielmehr nimmt sie eine neue Form an; ja man könnte sogar sagen, dass die Liebe eine spezifisch historische Form annimmt. Wer in einer so beschaffenen Welt lebt, hat nicht nur die Objektwelt verloren, sondern liebt weiterhin das, was zu etwas Totem geworden ist; gleichzeitig vertraut er darauf, dass sein Verlust ausgeglichen, dass irgendeine Ewigkeit oder Unendlichkeit erlangt und er dann frei von jeder Materie sein wird. Wenn aber die Materie in solch einem Schema verworfen oder verloren werden muss, wenn die Materie tote Materie werden muss, dann muss für das Individuum selbst seine eigene körperliche Materie zu etwas Totem werden. Oder noch einmal anders formuliert: Wenn das Individuum die für es jetzt tote Materie verliert und weiterhin liebt, dann verliert und liebt es jetzt seine verlorene Materialität. Sich selbst tot lebt es – melancholisch – weiter. Es verliert, was es niemals vollständig verlieren kann. Und was für das Individuum tot ist, ist zugleich die Bedingung für sein Leben.

Welche Begründung kann das Individuum unter solchen Umständen für seine eigene materielle Existenz liefern? Das Problem besteht nicht nur darin, dass das Individuum von toten Objekten umgeben ist, sondern dass es als ein Körper, der von

---

7 Von welcher Religion er hier spricht, ist etwas unklar, er scheint sich jedoch auf die geschichtliche Entwicklung einer bestimmten Verbindung von Christentum und Judentum zu beziehen, in der der lebendige Leib Christi einen Gegensatz zu den angeblich leblosen Gesetzen des Judentums darstellt.

einem reinen Geist getrennt werden muss, für sich selbst ein totes Objekt geworden ist. Und in dieser Erfahrung, die durch eine Reihe von äußerst spezifischen religiösen Vorschriften bedingt ist, ereignet sich eine Wende: »[In diesem] dürren Nichts [...] sich zu denken kann freilich der Mensch nicht ertragen«.[8] Auch hier ist Hegel in die Wende und das Paradox eingetreten, auch hier hat er begonnen sie ins Szene zu setzen, und es wird sich herausstellen, dass diese Wende und dieses Paradox für das Opfer des persönlichen Eigentums für die Religionsgemeinschaft bestimmend sein werden; denn jetzt stellt sich heraus, dass das Individuum, das diesen Vorschriften nachkommt oder vielmehr in einer durch diese Vorschriften strukturierten Welt lebt, es gerade nicht erträgt, tote Objekte zu lieben und für sich selbst zu einem verlorenen und toten Objekt zu werden, an das es unausweichlich gebunden bleibt. Das Individuum erreicht nicht ganz die Unendlichkeit, sondern bringt nun ein neues Gebiet des Unerträglichen zur Sprache (»...in diesem sich zu denken kann freilich der Mensch nicht ertragen«).[9] Hegel weist hier darauf hin, dass es Grenzen des Ertragbaren gibt; wir werden aufgefordert, die Voraussetzungen zu betrachten, die festlegen, was in der menschlichen Liebe als erträglich gelten wird. Das Individuum, das sich als ein totes Objekt denkt, kann sich nicht mehr ertragen. Aber warum? Erstens, weil es ein Bewusstsein für das gibt, was unerträglich ist – die Unerträglichkeit ist die Form, die dieses Bewusstsein annimmt, und insofern es sich ereignet und hervortritt, zeigt oder setzt es in Szene, dass eine gewisse Form von Bewusstsein die tote Materie, die das existierende Individuum vermeintlich ist, bereits transzendiert hat oder noch transzendiert. Das ist jedoch nicht nur ein epistemologisches oder gar logisches Problem. Das Individuum erleidet vielmehr eine Deformation der Liebe, in der es sich jetzt selbst als ein totes Ding liebt. Wenn alle Materie zu etwas Totem (geopfert, entwertet) werden

8 Ebd., S. 245.
9 Ebd.

muss und wenn das Individuum selbst ein materielles Wesen ist, dann muss es selbst zu etwas Totem werden. Um diese Aufgabe im Leben erfüllen zu können, muss es jedoch lebendig sein, das heißt es muss am Leben bleiben, dem unerträglichen Schicksal geweiht, zu etwas Totem zu werden, während es weiterlebt. Sein Schicksal wird zur Qual.

Es mag seltsam erscheinen, dass Hegel danach die Bemerkung »keines trägt die Wurzel seines Wesens in sich« äußert und damit unterstreicht, dass alle bestimmte Existenz von irgendwo oder von irgendetwas kommt, was sie selbst nicht ist.[10] Es stellt sich heraus, dass das Individuum innerhalb solch einer Konfiguration oder unter solchen Auflagen der Religion für seine bestimmte Besonderheit, für seinen Status als materielles Wesen und für die materielle Dimension der Objektwelt nur Verachtung empfinden kann. Alles Materielle wurde aus dem Geistigen ausgeschlossen und zu einem toten Teil des Lebens, vom Geistigen absolut unterschieden und also absolut tot. Somit nimmt es einen absoluten Status als Nicht-Lebendiges und Nicht-Geistiges an. Eine solche Sichtweise vermochte jedoch nicht in religiösen Begriffen zu erklären, warum und wie materielle Objekte zur Existenz gelangen. Hegel zeigt also nicht nur, dass seine ursprüngliche Formulierung der Religion unvollständig und letztlich unmöglich war – sie setzt unwillentlich die tote Materie absolut, sie lässt das Individuum für sich selbst zu etwas Totem werden oder stürzt es in den Selbsthass, dem sich nur über die eigene Vernichtung als lebendiges Wesen entkommen lässt, ein Zustand, bei dem sich herausstellt, dass er unerträglich ist. Hegel zeigt auch, dass diese Formulierung die religiöse Bedeutung der Frage, warum und wie die materielle Welt entsteht, nicht verstehen kann. Die materielle Existenz trifft von anderswo ein. In diesem Sinne gilt es zumindest für den Moment die Bemerkung zu verstehen, der zufolge »keines die Wurzel seines Wesens in sich trägt«.

---

10 Ebd.

Es folgt eine weitere Reihe von Aussagen, und nun scheint Hegel seine Karten offenzulegen. Er beginnt auszuführen, was wahre Liebe wirklich ist, und dass wahre Liebe zumindest in dieser Version (und wir dürfen nicht vergessen, dass es nur eine Version ist, dass dieser Version etwas widerfahren kann, das die deklarative Selbstsicherheit ihrer Darstellung erschüttern kann) eine lebendige Vereinigung ist und sich zwischen Personen ereignet, die an Macht gleich sind (womit ein Gleichheitsprinzip in die Formulierung Eingang findet) und von denen keiner für den anderen tot ist. Lieben heißt, für den anderen nicht tot zu sein und umgekehrt. Die Szene ist dyadisch, wir könnten uns also durchaus darüber wundern, was aus der Gemeinschaft geworden ist. Ist die Gemeinschaft in eine Zweisamkeit zerfallen? Und was ist aus der Objektwelt geworden? Sind die Objekte immer noch da, im Entstehen begriffen? Oder sind wir plötzlich in eine Paarform übergegangen, die sowohl von der Gemeinschaft abgeschnitten als auch vom Eigentum abgeschnitten ist? Diese Liebe, so wird uns gesagt, ist weder Verstand noch Vernunft, vielmehr »ist [sie] ein Gefühl«. Oder zumindest definiert Hegel sie als ein einzelnes Gefühl, nur um unverzüglich mit einer Reihe von Revidierungen zu beginnen. Als Leser_in sollen wir von der Behauptung ausgehen, dass die Liebe ein Gefühl ist, um dann sogleich mit dem nächsten Halbsatz zu erfahren, dass sie »aber nicht ein einzelnes Gefühl« sei.[11] Nun denn, sie ist ein Gefühl und doch kein einzelnes Gefühl, aber mit der zweiten Behauptung negiert Hegel nicht wirklich die erste Behauptung; er häuft Aussagen an; eine Aussage legt sich über die andere, und eine Art Kette beginnt langsam Gestalt anzunehmen. Auch wenn die Liebe immer singulär ist, lässt sie nicht auf einen einzelnen Fall oder dessen deklarative Darstellung beschränken. Sie nimmt eine einzelne Form an und muss doch stets mehr als nur eine einzelne Form annehmen. Wenn wir danach fragen, was dieses Mehr als eine einzelne Form ist, dann wird uns gesagt, dass ein

---

[11] Ebd., S. 246.

einzelnes Gefühl »nur ein Teilleben, nicht das ganze Leben ist«.[12] Wir kehren hier also zur Problematik des Lebens zurück oder vielmehr zu der Frage, was lebendig und was die synekdochische Belebung des Lebens ist. Wir wenden uns also wieder der Vorstellung zu, dass die Liebe lebendig sein muss, wenn sie eine wirkliche und wahre Liebe sein soll. Und doch verbindet sich dieses lebendige Gefühl, das einzeln und nicht-einzeln ist, mit einem größeren Gefühl für das Lebendige, mit einer Reihe von lebendigen Prozessen, die über das einzelne Gefühl der Lebendigkeit hinausgehen, das jeder von uns empfinden kann. Diese Verbindung ist genau genommen weder eine Identität noch eine Nicht-Identität.

Wir sind der Darstellung ausgehend von der Sichtweise eines einzelnen Subjekts und seines individuellen, lebendigen Gefühls der Liebe gefolgt – ein Gefühl, das alle Gegensätze ausschließt und somit allumfassend zu sein scheint. Dann verlassen wir die Perspektive des Lebendigen und nehmen gewissermaßen den Standpunkt des Lebens selbst ein. Nun sollen wir mehr von diesem Leben verstehen als das einzelne Lebensgefühl in der Liebe. Das einzelne Lebensgefühl führt plötzlich zum »Leben« als Subjekt des Folgesatzes, und wir erfahren, was das Leben mittels einer Personifizierung vollbringt, die den Begriff des Lebens selbst belebt oder ihm Leben verleiht. Das Leben, heißt es, »drängt«, es zerstreut sich selbst in einer Mannigfaltigkeit von Gefühlen, um »sich in diesem Ganzen der Mannigfaltigkeit zu finden«.[13] Das Leben wird hier also personifiziert, ihm wird eine Handlungsmacht (*agency*) verliehen, und zwar nicht einfach als rhetorisches Mittel, das verfälscht oder ausschmückt, was es wirklich ist. Sowohl die Wende als auch die verschobene Handlungsmacht soll zeigen, dass die Entwicklung des Phänomens der Liebe eine Verschiebung dieser rein subjektiven Perspektive zur Folge hat – in der Liebe ereignet sich eine Enteignung. Innerhalb dieses singulären und lebendigen

[12] Ebd.
[13] Ebd.

Gefühls der Liebe vollzieht sich ein Vorgang des Lebens, der die Perspektive des Individuums überschreitet und sie desorientiert. Diesem Vorgang des Lebens gilt es als einem Prozess oder einer Entwicklung zu folgen, die in der absoluten Einzelheit jener Perspektive ihren Anfang nimmt, sie aber zugleich auch überschreitet.

Die Paarform überlebt diese Einsicht nicht sonderlich gut. Dieses Gefühl des Lebens, das heißt der Lebensprozess, der jedes Gefühl und nicht nur das einzelne Gefühl durchdringt, wird seine Instanzen bestimmten und überschreiten. Auch wenn wir zu verstehen beginnen, dass die Liebe lebendig sein muss, um Liebe zu sein, wird sich tatsächlich herausstellen, dass die Liebe das Leben weder völlig fassen noch erschöpfen kann. Das Leben nimmt in der Liebe eine bestimmte Form an, die Hegel als »Verdoppelung« bezeichnet.[14] Sie wird von einer Gestalt verkörpert, nämlich von der menschlichen Gestalt desjenigen, den man liebt. Es wäre allerdings falsch zu behaupten, der Geliebte sei das Leben selbst. Natürlich machen wir manchmal so verrückte Aussagen. Es handelt sich dabei jedoch um die irrigen rhetorischen Formen, die der Liebe eigen sind, es handelt sich um einen Irrtum, um eine übermäßige Belebung (*overanimation*), die etwas Wahres und etwas Unwahres zum Ausdruck bringt. Der andere ist nicht das Leben selbst, denn der andere ist ein begrenztes, bestimmtes und materielles Wesen, das als ein solches in die lebendige Existenz eingetreten ist und sie auch wieder verlassen muss; welche Vereinigung in der Liebe auch immer erreicht wird, sie ist keine absolute Überwindung der Differenz, der Endlichkeit, die zwei Individuen voneinander trennt und auf die Sterblichkeit verweist. Das Paar geht nicht im Leben selbst auf, ohne zu sterben, denn beide müssten dafür ihre bestimmte Lebensform aufgeben. Und doch werden sie jeweils als getrennte und fortdauernde Form verstanden, die im anderen »das Lebendige fühlt«.[15] Das ist eine wichtige Formu-

---

14 Ebd.

15 Ebd.

lierung, denn für Hegel gibt es in der Liebe etwas Lebendiges, ja für ihn muss es in der Liebe etwas Lebendiges geben, auch wenn sie niemals das ganze Leben sein kann.

Was wir die Bestimmtheit der menschlichen Form, ihre körperliche Materie genannt haben, begründet den, der liebt, als ein lebendiges Wesen, das im anderen das Lebendige fühlt.[16] Ein Gefühl oder ein Fühlen entsteht demnach gerade unter der Bedingung der Trennung; der eine ist nicht das Leben des anderen, und der andere ist nicht das Leben des einen. Und doch ist dieses Fühlen des Lebens des anderen nur unter der Bedingung möglich, dass beide lebendige Wesen sind. Es wird interessant sein zu erfahren, ob dieses Fühlen des Lebens des anderen nur unter der Bedingung der Gleichheit möglich ist, die Hegel zu Beginn seiner Abhandlung eingeführt hatte. Ist Ungleichheit eine Art von Totsein? Wenn der andere nicht gleich ist, ist er dann in einem gewissen Sinne tot oder nur zum Teil lebendig? Den anderen ungleich zu behandeln, ist das eine Art, den anderen abzutöten oder für den anderen und/ oder für sich selbst zu etwas Totem zu werden?

Wenn Hegel also eine Behauptung wie »An Liebenden ist keine Materie« aufstellt, akzeptiert er sie dann als wahr?[17] Welchen Zweck verfolgt diese Aussage innerhalb seiner Darstellung? Hat er uns nicht bereits gesagt, dass es den Liebenden nicht gelingen wird, ihre Materie zu überwinden? Wenn ihre »lebendige Einigkeit« impliziert, dass sie ohne Materie zusammenkommen müssen, dann ist ihre Liebe keine körperliche Liebe. Kann es dann bei Hegel keine lebendige Materie geben oder zumindest keine

---

[16] In der englischen Übersetzung wird Hegels Formulierung mit den folgenden Worten wiedergegeben: »life senses life [...] since love is a sensing of something living, lovers can distinct only in so far as they are mortal [...] in lovers there is no matter; they are a living whole«. Im Deutschen heißt es: »das Lebendige fühlt das Lebendige. Weil die Liebe ein Gefühl des Lebendigen ist, so können Liebende sich nur insofern unterscheiden, als sie sterblich sind [...]. An Liebenden ist keine Materie, sie sind ein lebendiges Ganzes« (vgl. ebd.).

[17] Ebd.

lebendige Materie in diesem Augenblick der Liebe? Genau diese Frage scheint der Text zu stellen, ja er scheint um diese Frage als seine grundlegendste und wiederholte Sehnsucht zu kreisen. Sagt uns Hegel in diesem Augenblick einfach, dass die entkörperlichte Liebe nur ein weiterer Irrweg ist, der Liebe eine Gestalt zu verleihen? Im weiteren Verlauf der Auseinandersetzung macht er deutlich, dass die Liebenden versuchen, das Problem der Materie zu überwinden, um unsterblich zu werden. Natürlich bleibt diese Materie beharrlich bestehen – tatsächlich würde ich behaupten, dass sich ein gewisser hartnäckiger Materialismus durch Hegels Werk zieht –, und die Liebenden können die Differenz zwischen ihnen nicht vollständig negieren. Wir könnten sagen, dass ihre Körper ihrer Vereinigung in die Quere kommen, und vermutlich führt an dieser Tatsache kein anderer Weg vorbei als eine Art Mord oder Selbstmord (oder eine gesellschaftliche Praxis, für die Mord und Selbstmord zu einem Strukturprinzip geworden sind). Interessanterweise behauptet Hegel nicht, dass sich das Bewusstsein empört, wenn es lernt, dass es die Differenz, die tote Materie, die der andere ist, nicht vollständig negieren kann. In seiner Sprache wird die Liebe selbst als empörend beschrieben. Diese Empörung ist der Liebe demnach wesentlich eigen, eine Empörung, ohne die sich die Liebe selbst nicht denken lässt. Wir werden als Leser_innen aufgefordert, die Perspektive zu wechseln, ja sogar unsere eigenen Identifikationen aufzugeben; es findet eine Verschiebung oder Dezentrierung statt, die uns jedoch nicht einfach verwirrt und niedergeschlagen zurücklässt. Wir gehen irgendwo hin, und diese Wende ist Teil des Übergangs – aber der Übergang zu was? Dies ist gewiss unsere Wende, es ist aber auch eine Wende, die der Liebe eigen ist. Selbst wenn wir also unsere Orientierung verloren haben, sind wir jetzt etwas von der Liebe selbst auf der Spur. Meine Wende und jene, die die Liebe kennzeichnet, sind keine parallelen Erfahrungen oder Analogien. Sie sind sich nicht einfach gleich. Es sind zwei Dimensionen desselben Phänomens, und der Text fordert uns dazu auf, sie zusammen zu denken und sie zusammenzubringen, während sie sich inmitten unseres Noch-nicht-Wissens ansammeln. Es gibt nicht die eine Perspektive, ausgehend von der sich das Phänomen der Liebe beschreiben lässt. Wenn es sich beschreiben lässt, dann nur durch die Verschiebung der Perspektive und durch eine Art Erfassen und Zusammenbringen dieser verschiedenen Verschiebungen. Sie implizieren einander, und nur wenn wir diese Verschiebungen und Verlagerungen durchlaufen, können wir hoffen, die Liebe selbst in Szene zu setzen und auf diesem Weg zu erkennen.

Doch wenden wir uns wieder der Empörung zu, denn sie scheint darauf hinzuweisen, dass die Vereinigung, nach der die Liebe strebt, notwendigerweise unvollständig bleiben muss. Hegel bezieht sich auf »das Trennbare«, auf das die Liebe stößt, oder auf die »noch vorhandene Selbstständigkeit«.[18] Ein Teil des Individuums wurde als »Getrenntes« zurückgehalten oder sogar »[ab]getrennt« (»[die vollständige Vereinigung] fühlt sich durch dieses [Getrennte] gehindert – die Liebe ist unwillig über das noch Getrennte, über ein Eigentum«).[19] Angesichts dieses hartnäckigen Getrenntseins scheint es, in Hegels Worten, ein »Zürnen der Liebe« zu geben. Und mit diesem Zürnen ist eine Art Scham verbunden (»seine Scham wird zum Zorn«).[20] Einerseits schließt die Individualität des anderen die Vereinigung aus, und doch ist der Zorn auf die Individualität ein Angriff auf den anderen, den man liebt. Es ist offenbar das Bewusstsein des Zorns oder des Angriffs auf den anderen, das sich in Scham verwandelt, denn Hegel zufolge wird »bei einem Angriff ohne Liebe [...] ein liebevolles Gemüt durch diese Feindseligkeit beleidigt«.[21] Die Formulierung lässt offen, ob die Verletzung dem liebenden Herz desjenigen zugefügt wird, der zürnt und angreift, oder ob nicht vielmehr derjenige, dem das Zürnen und der Angriff gilt, verletzt wird. Die

[18] Ebd., S. 247.
[19] Ebd.
[20] Ebd.
[21] Ebd.

zweideutige Bemerkung legt nahe, dass notwendig beides gemeint ist, da das liebende Herz in genau diesem Augenblick aufhört, zu lieben; es wird zu einer tötenden Kraft, ja gar zu einem Wächter dessen, was tot ist, nämlich des Eigentums und des Rechts auf Eigentum. Der Geliebte wird also zu demjenigen, an dem man ein Eigentumsrecht besitzt, was bedeutet, dass der lebendige andere zum Toten geworden ist, denn Eigentum wurde bekanntlich bereits als eine Form des Totseins beschrieben.

Inmitten dieser Reflexion über die Liebe macht Hegel eine seltsame Bemerkung: »[S]o müsste man von den Tyrannen sagen, sie haben am meisten Scham, so wie von Mädchen«.[22] Es ist sinnvoll, hier für einen Augenblick innezuhalten. Warum kommt hier die Scham ins Spiel? Scham ist gewiss eine schwierige und unangenehme Weise, »reflektiert« oder gespiegelt zu werden. Man sieht sich selbst durch die Augen des anderen. Scham ist demnach eine Form des Verbundenseins mit der visuellen Perspektive des anderen. Doch wer erfährt Scham in den von Hegel beschriebenen Szenen? Und ist die Scham selbst eine Form der Liebe oder vielmehr eine Form ihrer Deformation? Hat er jene Mädchen im Sinn, die, wie man glaubt, Scham empfinden, wenn sie ihre Körper gegen Geld hergeben – Prostituierte oder Sexarbeiterinnen? Zählt er diese Frauen zu der Gruppe der »eitlen«?[23] Sind das dieselben oder nicht dieselben Frauen wie jene, deren einziges Begehren es ist, zu faszinieren, was Hegels Ansicht nach etwas anderes ist als Lieben und Geliebtwerden? Die Tyrannen werden hier nicht eingehender beschrieben, sie werden hier jedoch mit den Sexarbeiterinnen zusammengebracht, die Teil einer wachsenden Menge von Gestalten zu sein scheinen, die nicht lieben – und wir müssen uns fragen, warum das so ist. Sind die Frauen tyrannisch, weil sie ihre Körper verkaufen oder sie dazu gebrauchen, andere zu faszinieren? Oder werden die Frauen hier als jene vorgestellt, die einer

22 Ebd.
23 Ebd.

tyrannischen Macht unterworfen sind? Ein Tyrann zwingt seinen Willen absolut auf, er behandelt andere als untergeordnet, als Besitz oder Privateigentum. Werden sie hier erwähnt, weil Hegel auf eine Möglichkeit der Tyrannei in der Liebe hinweisen will, auf die Gefahr des Tyrannisierens oder Tyrannisiertwerdens? Es wäre seltsam, sich diese faszinierenden Mädchen als eine tyrannische Macht vorzustellen, es sei denn, jemand würde sich durch ihre faszinierenden Kräfte tyrannisiert fühlen, und genauso kurios wäre es wirklich zu denken, dass Tyrannen und Sexarbeiterinnen gleichermaßen zu einer ähnlichen Scham neigen. Und doch scheint Hegel die Scham mit solchen Institutionen zu assoziieren, in denen Körper vom Willen anderer instrumentalisiert werden, so wie die Scham vielleicht auch auftritt, wenn die Liebe die Form der Ungleichheit und Unterordnung annimmt – selbst wenn es nur die Scham ist, die Hegel bei diesem Gedanken empfindet. Das scheint gleichermaßen für den Gebrauch des sexuellen Körpers zum Geldverdienen und für den Gebrauch anderer Körper zu gelten, die als persönliches Eigentum oder zur Sklavenarbeit verwendet werden. Scham scheint Teil einer solchen Praxis zu sein, sie scheint aber auch aus einer aggressiven, unterwerfenden und/oder instrumentalisierenden Dimension der Liebe selbst zu resultieren.

In beinahe Klein'scher Manier scheint Hegel sich bewusst zu sein, dass die Liebe ein feindseliges Element beinhaltet. Die Scham scheint gerade dadurch zu entstehen, dass man sich der Feindseligkeit in der Liebe bewusst wird, die verhindert, dass die Liebe jemals absolut werden kann. Doch Hegels Formulierung legt nahe, dass es der Körper selbst ist, der die vollständige Vereinigung verhindert: »Die Scham tritt nur ein durch die Erinnerung an den Körper, durch persönliche Gegenwart, beim Gefühl der Individualität«.[24] Der Körper steht der Einigkeit, der Vereinigung im Weg. Er ist getrennt; er ist sterblich; man kann ihm als einem festen Hindernis begegnen. Aber durch welche Erfahrung

---

[24] Ebd.

lässt sich diese hartnäckige Trennung überwinden? Das kann nur durch einen Austausch geschehen, in dem das Geben eine wechselseitige Bereicherung und das Nehmen eine Form des Gebens ist. Hegel bezieht sich auf Formen der Berührung und des Kontakts, in denen das Bewusstsein der Trennung überwunden wird. Das ist kein Aufgehen in der Einheit, sondern eine gewisse Suspendierung des Getrennten. Wie vorauszusehen war, resultiert dieser kurze Exkurs zur Sexualität in einem Kind, die beiden Körper erreichen ihre Vereinigung in etwas, das sich als etwas von ihnen Getrenntes erweist, in ihrem Nachkommen, der etwas von ihnen und zugleich etwas jenseits von ihnen ist. Jetzt löst sich das Paar in einer Triangulierung auf, die von beiden zwingend hervorgebracht werden muss.

Doch das Kind stellt nicht das äußerste Problem dar. Die Liebenden können nicht über das hinwegkommen, was tot zwischen ihnen ist. Sie stehen mit vielem, was tot ist, in Verbindung, schreibt Hegel. Stets scheint es eine Frage des Eigentums zu geben, eine Frage danach, was sie jeweils besitzen, ob etwas vom anderen besessen wird oder besessen werden kann. Überall wo Eigentumsrechte bestehen, gibt es auch etwas Totes. Eine gewisse Mehrdeutigkeit bleibt hier bestehen: Die Objekte, die sie besitzen, die Objekte, die ihnen beiden äußerlich sind, werden zwischen ihnen nicht nur zu einer Form des Toten, auch das »unter der Gewalt des Einen befindliche Tote ist beiden entgegengesetzt«.[25] Besitzt der Liebende etwas, das der andere nicht besitzt? Bringt der Besitz eines äußerlichen Objekts etwas Totes im Inneren des Besitzers hervor, ein totes Objekt, das sich irgendwie im Besitzer oder in seiner Macht befindet? Und ist es etwas anderes als sein eigener Körper? Wenn man Eigentumsrechte an seinem eigenen Körper hat, erzeugt das nicht etwas Totes in der eigenen Liebe? Selbst wenn ein Objekt äußerlich ist und geteilt wird oder wenn das Objekt der Körper selbst ist, der als ein gemeinsames Eigentum aufgefasst

---

[25] Ebd., S. 249f.

wird, wird das Problem des Toten noch nicht ganz überwunden. Gegen Ende seiner Abhandlung verweist Hegel auf die Möglichkeit eines gemeinsamen Eigentums, doch überwindet das Gemeinsame das Individuelle oder lässt es lediglich die Eigentumsrechte unentscheidbar werden? Hegel scheint nahezulegen, dass sich Besitz nicht so recht mit der Liebe in Einklang bringen lässt. Denn Liebe ist, Sie werden sich erinnern, Liebe zwischen Gleichen, und Eigentum ist immer eine Frage des Besitzes und scheint deshalb vom Primat des Individuums abzuhängen: »Weil alles, in dessen Besitz die Menschen sind, die Rechtsform des Eigentums hat«.[26] Eigentum zu teilen, heißt das zu teilen, was bereits tot ist. Die Liebe, verstanden als lebendiger und gleichberechtigter Austausch, ist damit bereits aus dem Spiel. Hegels Fragment endet ohne eine Lösung. Aus seinem Schwanken ergibt sich dennoch eine Frage: Lässt sich Liebe mit der Ehe, mit dem Eigentum, ja gar mit Kindern vereinbaren? Wird von all dem nicht etwas Totes eingeführt und aufrechtgehalten?

In seiner Abhandlung über die Liebe und in seinem *Systemfragment* von 1800 will Hegel gewissermaßen herausfinden, was das Lebendige in der Liebe am Leben erhält. Er versucht das unendliche Leben oder vielmehr das Unendliche im Leben zu verstehen, das heißt er möchte eine Beziehung ausfindig machen, die weder den Begriff noch den Standpunkt eines Zuschauers impliziert. Merkwürdigerweise wird »Gott« zum Namen für alle jene Beziehungen, die Hegel als lebendige Beziehungen bezeichnet (»die Beziehungen ohne das Tote«).[27] Gott lässt sich darum nicht auf eine Reihe von Gesetzen reduzieren, da alle Gesetze begrifflich und also, in Hegels Worten, tot sind. Wenn er demnach über eine Form der Lebendigkeit nachsinnt, die lebendig bleibt, dann versteht er ihre ideale Form als eine Form, die – anders als die Liebe des Menschen – nichts Totes in sich trägt.

---

[26] Ebd., S. 250.

[27] Hegel, »Systemfragment von 1800«, S. 421.

Nicht alle Gesetze sind schlecht oder falsch, Hegel war kein Anarchist. Und doch sucht er immer wieder nach einem »belebenden Gesetz«, das im Einklang mit einer Mannigfaltigkeit operiert, die »alsdann eine belebte« ist.[28] Von einer Betrachtung des Lebendigen wenden wir uns dem zu, was belebt wird, und statt in einem einfachen Gegensatz zwischen Gesetz (leblos) und Liebe (lebendig) zu verharren, sollen wir jetzt ein lebendiges oder belebtes Gesetz verstehen; zugleich werden wir aufgefordert darüber nachzudenken, wie Belebung in diesem Text nicht nur als ein rhetorisches Mittel wirkt, sondern auch zur Definition des Geistes beiträgt. Erwartungsgemäß stellt sich heraus, dass der Tod nicht radikal aus dem Leben oder aus dem Geist ausgeschlossen werden kann. Wir überwinden nicht die Toten oder das Tote, wir können nicht all dieses Tote wieder zum Leben erwecken, und doch bleibt in Hegels Text diese Vorstellung einer fortwährenden, wenn nicht unendlichen Lebendigkeit lebendig. Handelt es sich hier um ein Phantasma, eine strukturierende Unmöglichkeit, einen Fluchtpunkt der Idealisierung? Wenn die Reflexion über das Leben das Leben zu einem gewissen Grad abtötet, und es vorläufig zu einem toten oder »fixierten« Leben macht, dann führt kein Weg daran vorbei, dann wir können das Leben nicht nicht reflektieren, wenn wir Philosoph_innen in gleichwelcher Bedeutung dieses Wortes sind. Wir können das Lebendige nicht begrifflich verstehen, ohne etwas vom Toten zu verstehen, denn erst der Kontrast macht diese Bestimmung möglich. Das Leben zerfällt in Teile und Segmente, und das bedeutet, dass das Verständnis des Lebens bis zu einem gewissen Grad an die jeweilige Perspektive und an ein Prinzip der Selektion gebunden ist. Ein Teil des Lebens erhält folglich seine Lebendigkeit auf Kosten eines anderen; aus jeder Perspektive im Leben gibt es also stets einen Teil, der für diese Perspektive tot ist – ausgeschöpft, ausgeschlossen, verworfen. Und weil ein Lebender, der irgendeine Perspektive einnimmt, einen Teil des Fel-

28 Ebd.

des des Lebendigen abtöten musste, kann – ja muss – irgendein Teil des Lebens für einen anderen tot und für wieder einen anderen lebendig sein; alles hängt davon ab, welche Perspektive mit Leben gefüllt und eingenommen wird. Unendliches Leben kann nicht zum »Objekt« des Denkens werden, ohne dabei endlich zu werden und damit seinen unendlichen Aspekt zu verlieren. Das wahre Unendliche ist außerhalb der Vernunft, scheint Hegel zu sagen. Und wenn die Liebe unendliches Leben ist, dann ist die Philosophie gezwungen, sich aus der Liebe zurückzuziehen, um sich weiter der Reflexion widmen und die Aufgabe erfüllen zu können, das Lebendige des Lebens herauszukristallisieren. Welche Kristallisierung die Philosophie auch bereitstellen mag, sie verleiht dem Unendlichen unweigerlich eine endliche und räumliche Form – sie hält gewissermaßen seine Zeit an und führt in diesen Prozess ein abtötendes Element ein. Das wahre Unendliche ist kein Produkt der Reflexion; die Reflexion neigt dazu, die Zeit anzuhalten, und eine Reihe von bestimmten und endlichen Augenblicken zu etablieren. Philosoph_innen müssen folglich aufhören, Philosoph_innen zu sein, wenn sie dieses unendliche Leben namens »Liebe« bejahen möchten. Man könnte daraus schließen, dass Philosoph_innen für Hegel schlechte Liebhaber_innen sind. Sein Punkt ist aber etwas präziser: Ein Name für das tötende Moment in der Liebe ist »Philosophie«.

Vielleicht aber ist die Philosophie auch nur die Botin, die uns ausnahmslos schlechte Nachrichten über die Liebe überbringt. Für ein lebendiges Wesen scheint es keinen einfachen Weg zu geben, nicht zu einem Objekt der einen oder anderen Art, zu einem Ort oder einer Bedingung der Reflexion zu werden. Wer liebt, ist ein spezifisches und existierendes Wesen, das seine Endlichkeit nicht durch Liebe überwinden kann. Schlimmer noch: Wer liebt, hält hartnäckig und beharrlich an dieser Endlichkeit fest, an einer flüchtigen Form der Selbstverhaftung, die sich allgemeiner als Weigerung nachzugeben verstehen lässt. Wenn Hegel darüber brütet, weshalb die Religion das Leben irgendwie zur Unendlichkeit erhöhen kann, die Philosophie hingegen nicht, dann wendet er sich erneut jenem aufsässigen Teil des – widerspenstigen, endlichen, ja toten – Selbst zu, das sich weigert nachzugeben. Dieses Mal besteht das Problem aber nicht darin, einem anderen nachzugeben, sondern das Eigentum an sich selbst aufzugeben. Obwohl Hegel in gewisser Weise die Möglichkeiten der Religion zu loben und die durch die Philosophie auferlegten Beschränkungen zu beklagen scheint, nimmt seine Darstellung gewiss einen kritischen Ton an, wenn er folgendermaßen argumentiert: Auf dem Altar zerstören die Menschen einen Teil von sich selbst – sie werden zu einer Art Opfer, sie zerstören das, was ihnen gehört, indem sie all ihren Besitz als gemeinsames Eigentum stiften, und sie negieren alle Objekte aufgrund ihrer Endlichkeit, indem sie sich auf exzessive Askese und Selbstverleugnung einlassen. Letzteres bezeichnet Hegel schließlich als »zwecklose[s] Vernichten um des Vernichtens willen«, was sich als die ultimative religiöse Beziehung zu den Objekten erweist.[29]

Gegen Ende seines kurzen Textes verändert sich jedoch Hegels Tonlage, ganz so, als hätte er eine Alternative gefunden. Interessanterweise bezieht sie sich auf den Tanz. Der Gottesdienst ist weder intuitiv noch begrifflich, heißt es, sein »Wesen« ist vielmehr, »mit Subjektivität Lebendiger in Freude zu verschmelzen, [vermittels] des Gesanges, der körperlichen Bewegungen, einer Art von subjektiver Äußerung, die, wie die tönende Rede, durch Regel objektiv und schön, zum Tanz werden kann«.[30] Der Tanz scheint der Idee eines belebten und belebenden Gesetzes eine konkrete Bedeutung zu verleihen. Tatsächlich scheint der Tanz in der Grammatik des Satzes herausgehoben zu werden und jenen Augenblick zu bekunden, in dem Körper in einer regelgebundenen Weise lebendig werden, ohne sich genau an ein Gesetz zu halten.

[29] Ebd., S. 425.
[30] Ebd.

Wenn Hegel sich »glückliche« Menschen vorstellt, dann haben sie ihre Trennung sicherlich verringert, ohne sie ganz aufzugeben.[31]

Hegel versucht sich eine Funktionsweise der Liebe vorzustellen, die über das Dyadische und das Eigentum hinausgeht. Wieder bewegen wir uns auf jenen Fluchtpunkt der Idealisierung zu. Mit der Bezugnahme auf den Bereich des Ästhetischen, der diesmal um gesellschaftliche Bewegungen gelagert ist, beginnt Hegel sich diejenigen vorzustellen, die weder andere als ihr Eigentum besitzen noch an ihrer Persönlichkeit als ihr Eigentum festhalten wollen. Die Frage ist, ob der menschliche Körper oder irgendein Objekt, mit dem er sich befasst, außerhalb der Eigentumsform gedacht oder gelebt werden kann. Denn seiner Ansicht nach ist Eigentum das, was abtötet, die Liebe kann also niemanden überleben, der sich selbst oder einen anderen als Eigentum festhält – sowohl die Selbsterhaltung (verstanden als beharrliches Verharren) als auch der Besitz müssen weniger wichtig werden als die Bejahung dessen, was in der Liebe lebendig ist. In diesem frühen Werk hat Hegel demnach nicht adäquat erkannt, dass, unter den Bedingungen kapitalistischer Eigentumsverhältnisse, Eigentum selbst belebt und belebend ist, und dass darin gerade die Bedeutung und Wirkung des Warenfetischismus liegt. Waren werden personifiziert, besetzt und investiert, sie schalten, walten und spuken. Allerdings steht Hegel bereits im Bann (*thrall*) der Personifizierung, wenn er darüber schreibt, was das Leben macht und tut, als sei das Leben eine Person. Das verdeutlicht, dass Abstraktionen manchmal das Opfer des Materiellen und Endlichen erforderlich machen; es unterstreicht aber auch die Macht des Eigentums, Personen, auch und ganz besonders die Eigentümer, desjenigen berauben zu können, was in ihnen am lebendigsten ist.

Wenige Jahrzehnte vor Marx' Warenanalyse artikuliert Hegel also den Wunsch, das Belebte und das Belebende von der Welt des Eigentums zu trennen. Er widersetzt sich nicht der Welt der

---

[31] Ebd., S. 426.

Objekte, er möchte diese Welt aber lebendig halten – für immer. Wenn Objekte zu Eigentum werden und sich überall das Eigentumsrecht durchsetzt, brechen jene Beziehungen zwischen den Menschen und den Objekten zusammen, die wir als Liebe bezeichnen könnten. Und dieser Vorgang scheint sich von jedem religiösen Bestreben zu unterschieden, das Endliche zum Unendlichen zu erhöhen und im Unendlichen zu bezwingen. Was Hegel mit der Idee des belebenden Gesetzes (oder der belebenden Form) anstrebt, kommt einem Tanz nahe, dem (vermutlich nicht dyadischen) Tanz der Liebenden, verstanden als Rhythmus zwischen einer endlichen Reihe oder Sequenz, als räumlich ausgearbeitete Zeit, als das, was sich nicht innerhalb ihrer Grenzen erfassen lässt – das Unendliche. Der entscheidende Punkt ist nicht, dass nichts oder niemand stirbt, sondern vielmehr, dass Leben und Sterben Momente innerhalb einer unendlichen Serie oder Reihe markieren, die niemand je durch eine einzelne oder statische Idee begreifen kann. Man denke an die Beschreibung des bacchantischen Taumels in der Vorrede zur *Phänomenologie des Geistes.* Dort macht er darauf aufmerksam, dass das, was in der Erfahrung vergeht, für das Wahre wesentlich ist. »Das Verschwindende«, schreibt er, »ist vielmehr selbst als wesentlich zu betrachten, nicht in der Bestimmung eines Festen«.[32] Hegel scheut den Gedanken einer »toten Wahrheit«, die nur mit dem zu schaffen hat, was sich als Existierendes bestimmen lässt, und versucht stattdessen ein Gebiet der Erscheinung zu begründen, in dem ersichtlich wird, dass »das Entstehen und Vergehen [...] selbst nicht entsteht und vergeht, sondern an sich ist und die Wirklichkeit und Bewegung des Lebens der Wahrheit ausmacht. Das Wahre«, heißt es weiter, »ist so der bacchantische Taumel, an dem kein Glied nicht trunken ist; und weil jedes, indem es sich absondert, ebenso unmittel-

[32] Hegel, *Phänomenologie des Geistes*, S. 46.

bar (sich) auflöst, – ist er ebenso die durchsichtige und einfache Ruhe«.[33]

In einem anderen Fragment offenbart Hegel, dass er nach einem Zustand strebt, in dem »der unendliche Schmerz und die ganze Schwere seines Gegenstandes aufgenommen« wird. Gegensatz? Uneinigkeit? Unruhe? Interessanterweise überwindet die Idee einer belebten und belebenden ästhetischen Form nicht die Negativität. Sie arbeitet lediglich gegen die »abtötende« Wirkung des Besitzes. Verlust und Trauer erfordern von uns, das aufzugeben, was wir zu besitzen glaubten, das heißt die Phantasie aufzugeben, Besitz könne die Vergänglichkeit abwenden. Manchmal ist die Trauer um den Verlust des Besitzes die Voraussetzung für die Liebe, eine anfängliche Auflösung eines Phantasmas, das den Weg für etwas Lebendiges freimacht. Zweifellos ist das auch der Grund, weshalb es in der Trauer etwas Belebendes geben kann, das genau das Gegenteil von dem ist, was durch das Eigentum abgetötet wurde und tot wie Eigentum geworden ist. Und obwohl man sich in der Melancholie an die verlorenen Objekte des Verlorenen klammert und denjenigen belebt, der weg oder tot ist, bezeugen solche belebenden Kräfte indirekt eine beharrliche Lebendigkeit inmitten des Verlusts. Unendlichkeit, wenn es sie denn gibt, flüstert in den abgelegten Kleidern, in dem alten, von den Toten zufällig hinterlassenen Zeug – nunmehr niemandes Eigentum –, Kleider, die irgendwann vielleicht von einem anderen Körper, in einer anderen Bewegung wieder aufgelesen werden, vergänglich und am Leben.

Übersetzt von Johannes Kleinbeck

---

33 Ebd.

Kierkegaards spekulative Verzweiflung

Jede Bewegung der Unendlichkeit geschieht durch Leidenschaft, und keine Reflexion kann eine Bewegung zustandebringen. Dies ist der fortwährende Sprung im Dasein, der die Bewegung erklärt, indes die Mediation die Chimäre ist, die bei Hegel alles erklären soll, und die zugleich das einzige ist, das er nie zu erklären versucht hat.

Kierkegaard, Furcht und Zittern

An Hegel kritisiert Kierkegaard in erster Linie, dass es seiner Philosophie der Reflexion nicht gelingt, all das miteinzubeziehen, was sich der Reflexion selbst entzieht: die Leidenschaft, die Existenz, der Glaube. Die Ironie von Kierkegaards Angriff auf den Hegelianismus ist mindestens eine Doppelte. Einerseits wird Kierkegaard fragen, in welcher Beziehung Hegel, also das tatsächlich existierende Individuum Hegel, zu der systematischen Totalität steht, die Hegel erhellt? Wenn das Individuum für Hegel außerhalb des vollständigen Systems steht, dann gibt es ein »Außen« dieses Systems, was auch bedeutet, dass das System nicht auf so erschöpfende Weise beschreibend und erklärend ist, wie es von sich behauptet. Paradoxerweise untergräbt die bloße Existenz von Hegel, der existierende Philosoph selbst, wirkungsvoll – man möchte sagen, *rhetorisch* – das, was man als den wichtigsten Anspruch der Philosophie bezeichnen möchte: den Anspruch, eine umfassende Darstellung (*account*) des Wissens und der Wirklichkeit zu geben. Andererseits besteht Kierkegaards Entgegnung auf Hegel in der Aufwertung der Leidenschaft und der Existenz gegenüber der Reflexion und nicht zuletzt der Sprache. Und gerade in Bezug auf diese Kritik zeichnet sich eine andere Form der Ironie ab, eine Ironie, die Kierkegaard unbekannt zu sein scheint, die aber seinen Anspruch begleitet, im Namen dessen zu schreiben, was jenseits der Spekulation, der Reflexion und der Sprache liegt. Selbst wenn Kierkegaard damit recht behält, dass Hegel das existierende Individuum in seinem System übergeht, so folgt daraus nicht, dass Kierkegaard selbst einen unsystematischen und nicht-spekulativen Blick auf das Individuum entwickelt. Obwohl er bisweilen die spekulative Terminologie des Hegelianismus verwendet, scheint er diesen Diskurs zu parodieren, um seine konstitutiven Widersprüche ans Licht zu bringen. Und dennoch dient die hegelianische Sprache in Kierkegaards Beschreibung der Verzweiflung in *Die Krankheit zum Tode* (1849) nicht nur der Infragestellung von Hegels Autorität. Sie bedient sich auch des Hegelianismus, um eine Analyse durchzuführen, die den eigentlich hegelianischen Gegenstandsbereich sowohl erweitert als auch überschreitet. In diesem Sinn *setzt* sich Kierkegaard Hegel *entgegen*, es handelt sich dabei aber um einen entscheidenden, um einen bestimmenden Gegensatz, man möchte fast sagen »einen hegelianischen Gegensatz«, selbst wenn es ein Gegensatz ist, den Hegel nicht vollständig hätte voraussehen können. Wenn das Individuum bei Hegel in die Existenz verwickelt ist, die er durch Rationalität überwinden will, so konstruiert Kierkegaard seinen Begriff des Individuums an den äußersten Grenzen des spekulativen Diskurses, dem er sich widersetzen will. Auf diese ironische Weise scheint Kierkegaards eigenes Philosophieren in die Tradition des Deutschen Idealismus verwickelt zu sein.

Verzweiflung und das Scheitern, Identität zu erlangen

Im Folgenden werde ich versuchen zu erklären, warum *Verzweiflung* eine Kategorie ist, oder, in Kierkegaards Terminologie gesprochen, eine Krankheit und eine Leidenschaft, deren Analyse entscheidend ist, um sowohl den Einfluss als auch die Kritik Hegels in Kierkegaards Werk zu verstehen. Weil die Verzweiflung das Scheitern eines Selbst markiert, sich vollständig selbst zu erkennen oder zu werden, das Scheitern, mit sich selbst identisch zu werden, ist die Verzweiflung genau das, was die Möglichkeit eines vollständig vermittelten Subjekts im Hegel'schen Sinn verhindert. Dieses Subjekt wird in Hegels *Phänomenologie des Geistes* als ein hervortretender Zusammenhang von Synthesen beschrieben: Das Subjekt vermittelt und überkommt somit das, was zunächst als *von ihm unterschieden* erscheint. Der Erfolg dieser vermittelnden Aktivität bestätigt die Fähigkeit des Subjekts, eine Selbstidentität zu erlangen, sich also selbst zu erkennen, in der Alterität heimisch zu werden, zu entdecken, dass es selbst auf eine ganz und gar nicht offenkundige oder einfache Weise das *ist*, was es unaufhörlich außerhalb seiner selbst antrifft.

Hegel erzählt in der *Phänomenologie des Geistes* von den verschiedenen Weisen, wie diese vermittelnde Beziehung scheitern kann, doch insofern er behauptet, dass das Subjekt Substanz ist, verteidigt er die ideale Möglichkeit eines jeden Subjekts, seine *erfolgreiche Vermittlung* mit der ihm entgegenstehenden Welt in Einklang zu bringen. Die verschiedenen Weisen, wie die Vermittlung tatsächlich scheitern kann, sind immer und ausschließlich lehrreich: Sie liefern ein Wissen, das eine effektivere Vermittlung der offenkundigen Differenzen ermöglicht. Jedes Mal, wenn das Subjekt in der *Phänomenologie des Geistes* behauptet, die Bedingung entdeckt zu haben, die für das Funktionieren der Vermittlung verantwortlich ist, erkennt es, dass es eine wesentliche Dimension seiner selbst oder der Welt, die es zu einer synthetischen Einheit verbinden will, übersehen hat. Was ihm entgangen ist, wird die soeben artikulierte vermittelnde Beziehung heimsuchen und untergraben. Das, was außerhalb der Beziehung geblieben ist, wird jedoch stets wieder durch das synthetisierende Vorhaben des Subjekts eingeholt: Es gibt kein endgültiges oder konstitutives Scheitern der Vermittlung. Jedes Scheitern umreißt eine neue und noch synthetischere Aufgabe für das hervortretende Subjekt der Reflexion. In einem gewissen Sinn betritt Kierkegaard das Hegel'sche System am Ende der *Phänomenologie*: Wenn Hegel dachte, dass das Subjekt der *Phänomenologie* alles, was sich unterwegs als außerhalb der vermittelten Extreme entpuppte, miteinbezogen hat, wenn es verstanden hat, *was* synthetisiert werden muss und auf welche Weise, dann ist es Hegels Subjekt, das zuletzt lacht. In seinem Synthesewahn hat das Subjekt allerdings vergessen, das mit einzubeziehen, was niemals systematisiert werden kann, was die Reflexion durchkreuzt und ihr widersteht, nämlich seine eigene Existenz selbst und seine konstitutiven und sich wechselseitig ausschließenden Leidenschaften: den Glauben und die Verzweiflung.

In Kierkegaards Augen ist die Verzweiflung genau die Leidenschaft, die vom Hegel'schen Subjekt niemals »synthetisiert« werden kann.[1] Tatsächlich definiert Kierkegaard die Verzweiflung als »Missverhältnis«,[2] welches das Scheitern der letzten Vermittlung bestätigt und daher eine entscheidende Grenze für die weitreichenden Ansprüche der Philosophie der Reflexion anzeigt. Die Verzweiflung unterbricht nicht nur den Versuch des Subjekts, bei sich selbst in der Welt zuhause zu sein, es bestätigt vielmehr die grundsätzliche Unmöglichkeit für das Selbst, jemals dieses Gefühl (*sense*) der Zugehörigkeit zu seiner Welt zu erreichen. Hegels Vorhaben wird durch die Verzweiflung nicht nur durchkreuzt, es ist *in Verzweiflung artikuliert* (»die Totalitäts-Bestimmung liegt in und gehört zu dem Verzweifelnden«).[3] Wie wir sehen werden, gibt es eine Form der Verzweiflung, die durch den Versuch gekennzeichnet ist, sich selbst zur Grundlage oder zum Ursprung der eigenen Existenz und der synthetischen Beziehung zur Alterität zu machen. Dieser Dünkel des Hegel'schen Projekts, eine

---

1 Es wäre interessant, diese Behauptung mit Freuds Versuchen, die Frage der »Angst« analytisch zu untersuchen, zu vergleichen.

2 Sören Kierkegaard, »Die Krankheit zum Tode«, in: *Die Krankheit zum Tode. Furcht und Zittern. Die Wiederholung. Der Begriff der Angst*, hg. v. Hermann Diem u. Walter Rest, übers. v. Walter Rest, Günter Jungbluth u. Rosemarie Lögstrup, München 2005, S. 33.

3 Ebd., S. 90.

Art Anmaßung oder Hybris, erleidet hier einen schweren Schlag von Kierkegaards Hand. Sich als Wesen zu präsentieren, das sich radikal selbst hervorbringt, der Autor des eigenen Willens und Wissens zu sein, all das bedeutet zu leugnen, dass man selbst von und durch etwas konstituiert ist, das unendlich viel größer ist als das menschliche Individuum. Kierkegaard wird diese Quelle aller menschlichen Dinge, die größer ist als der Mensch, »Gott« oder »das Unendliche« nennen. Zu leugnen, dass man durch etwas konstituiert wird, das größer ist als man selbst, stellt für Kierkegaard eine Form der Verzweiflung dar. Gegen Ende dieses Essays werden wir sehen, wie entscheidend diese Form der Verzweiflung für Kierkegaards eigene Autorschaft ist. Es wird sich zeigen, dass die Verzweiflung, die Kierkegaard in *Die Krankheit zum Tode* diagnostiziert und die er Hegel zuschreibt, wesentlich das Schreiben konstituiert, das sich zum Ziel macht, die Verzweiflung anzuprangern und zu überwinden.

Die Verzweiflung ist also ein »Missverhältnis«, ein Scheitern der Vermittlung, doch was sind die Termini, die es zu vermitteln gilt? Und wenn Hegel mit dem Versuch scheitert, die (eigene) Verzweiflung in dem von ihm artikulierten System zu verstehen, scheitert dann umgekehrt auch Kierkegaard daran, die spekulative Dimension zu verstehen, die dem Begriff der Verzweiflung innewohnt, den er gegen die Spekulation in Stellung bringt?

Die erste Seite von *Die Krankheit zum Tode* scheint eine wahrhafte Hegelexegese dazustellen, voll von bekannter Terminologie: das »Selbst«, der »Geist«, die »Vermittlung«, die »Beziehung«. Und doch wird im Verlauf des ersten Absatzes klar, dass Kierkegaard Hegels Sprache parodiert. Diese Parodie bedeutet jedoch, und das ist wichtig, keine vollständige Zurückweisung von Hegel. Ganz im Gegenteil behält Kierkegaard in seiner Parodie einige Aspekte von Hegels System bei und verbreitet sie weiter, andere wiederum wirft er über Bord. Die Parodie funktioniert so wie Hegels Operation der **Aufhebung*, die dieses Mal ironischerweise von Kierkegaard in Gang gesetzt wird, um Hegels Werk zu erhalten, zu überwinden und zu transzendieren. Die entscheidende Dimension der *Synthese* fehlt in Kierkegaards Wiederverwertung von Hegel freilich. Die Parodie funktioniert bei Kierkegaard wie eine **Aufhebung*, die nicht zu einer Synthese zwischen der eigenen Position und derjenigen Hegels führt, sondern zu einem entschiedenen Bruch. Kierkegaard bringt seine Argumente gegen Hegel nicht in eine propositionale Form. Er setzt diese Argumente vielmehr durch die rhetorische Konstruktion seines Textes in Szene (*reenact*). Wenn sich die Probleme, die er mit Hegel hat, *rational* lösen ließen, dann hätte Hegel von Anfang an gewonnen. Kierkegaards Text greift Hegel am effektivsten auf der Ebene des Stils an: Er will zeigen, dass die Fähigkeit der Sprache, das zu begreifen, was das Individuum konstituiert, begrenzt ist. Betrachten wir also, wie dieses Argument zu Beginn von *Die Krankheit zum Tode* in einer parodistischen Wiederholung Hegels performativ entwickelt wird.

Kierkegaard beginnt den ersten Teil seines Textes mit einer Reihe von Aussagen und Gegenaussagen, wobei er seine eigene philosophische Stimme auf zwei dialogische Gesprächspartner aufteilt und den dialektischen Stil imitiert, der bis auf Sokrates zurückgeht: »Der Mensch ist Geist. Aber was ist Geist? Geist ist das Selbst. Aber was ist das Selbst?«[4] Im Anschluss daran fällt ein schwerfälliger Satz, den man eher an den komischen Grenzen der Rationalität eines Woody Allen Films vermuten würde: »Das Selbst ist ein Verhältnis, das sich zu sich selbst verhält, oder ist das im Verhältnis, dass das Verhältnis sich zu sich selbst verhält; das Selbst ist nicht das Verhältnis, sondern dass das Verhältnis sich zu sich selbst verhält.«[5] Der erste Teil des Satzes besteht in einer Disjunktion, wobei unklar ist, ob das disjunktive »oder« die alternativen Definitionen voneinander trennen soll oder ob es impliziert, dass die Definitionen, die es trennt, im Grunde gleichbedeutend

---

4 Ebd., S. 31.

5 Ebd.

sind. Vor dem Semikolon treten zwei Definitionen auf: einerseits ist das Selbst ein reflexives Verhältnis, (das Selbst ist das, was sich selbst zum Objekt macht), andererseits ist es *die Aktivität* der eigenen Reflexivität (es ist der unablässig selbstbezügliche Prozess, in dem man sich selbst zum Objekt macht). Wenn es sich dabei um eine hegelianische Darstellung handelt, dann würde man erwarten, dass das Selbst mit sich in Einklang gebracht werden kann, es scheint hier jedoch als würde die Synthese in dem Maße unwahrscheinlicher werden, in dem die Möglichkeit einer Synthese ausgearbeitet wird.

In Bezug auf das obige Zitat können wir also fragen: Kann das Selbst zugleich das Verhältnis und die Aktivität des *In-ein-Verhältnis-bringens* sein? Können die unterschiedlich aufgespannten Definitionen in Einklang gebracht werden? Handelt es sich bei der ersten um eine statische, bei der zweiten hingegen um eine dynamische und temporalisierte Definition, die mit der ersten unvereinbar ist? Oder werden wir in Hegel'scher Manier lernen, dass der statische Begriff in dem zweiten **aufgehoben* ist, dass die temporalisierte Version des reflexiven Selbst die statische voraussetzt, verwandelt und transzendiert? Nach dem Semikolon scheint der Satz der Definition des Selbst als statischem Verhältnis zu widersprechen, die temporalisierte Version des Selbst zu affirmieren und die Möglichkeit des Hervortretens einer Synthese der beiden Versionen zu untergraben: »das Selbst ist nicht das Verhältnis, sondern dass das Verhältnis sich zu sich selbst verhält.« Die ursprüngliche Zweideutigkeit, ob das »oder« dazu dient, zwei sich wechselseitig ausschließende Alternativen oder zwei sich ergänzende und äquivalente Definitionen einzuführen, scheint für den Moment zugunsten von Ersterem aufgelöst zu sein.

Die Entwicklung des Satzes lässt die narrative Logik von Hegels *Phänomenologie* widerhallen, ein Text, in dem jedoch meistens *zuerst* die sich wechselseitig ausschließenden Alternativen dargestellt werden, um dann als Teil einer größeren Einheit synthetisiert zu werden. Schon im Stil von Kierkegaards Darstellung können wir erkennen, wie die Erwartung einer hegelianischen Logik geweckt und zugleich untergraben wird. Und in der Tat verwandelt sich das Scheitern einer Logik Hegel'schen Stils im weiteren Verlauf des Absatzes in eine ausgewachsene Unlogik, in eine Art philosophische Komödie. Der Rest des Absatzes lautet folgendermaßen: »Der Mensch ist eine Synthese von Unendlichkeit und Endlichkeit, von Zeitlichem und Ewigem, von Freiheit und Notwendigkeit, kurz eine Synthese. Eine Synthese ist ein Verhältnis zwischen Zweien. So betrachtet, ist der Mensch noch kein Selbst.«[6]

An dieser Stelle nimmt die Entwicklung dessen, was wie ein Argument erscheint, mehrere unlogische Wendungen und scheint von einer irrationalen Kraft getrieben oder in die Irrationalität abzudriften. Am Ende des ersten Satzes sind wir bei der Schlussfolgerung angelangt, dass (a) das Selbst zeitlich ist, (b) dass es die *Aktivität* des In-ein-Verhältnis-setzens ist und (c) dass es *kein* statisches Verhältnis ist. Die Möglichkeit einer Synthese ist daher ausgeschlossen. Der nächste Satz zieht zwar eine logische Konsequenz, allerdings nur, um sich über logische Übergänge lustig zu machen. Hier geschieht ein plötzlicher und unberechtigter Übergang von der Betrachtung des »Selbst« hin zu einer Betrachtung des »Menschen« – und die Ankündigung, dass der Mensch eine Synthese ist. Die Termini, aus denen sich diese Synthese zusammensetzt, sind darüber hinaus keineswegs schon in der Unterscheidung zwischen ›statisch‹ und ›zeitlich‹ angelegt, die den letzten Satz beschäftigte. Stattdessen begegnen uns wilde Verallgemeinerungen, die zugleich als Schlussfolgerungen und als Prämissen präsentiert werden. Als Schlussfolgerung aus dem vorangegangenen Satz ergibt dieser zweite Satz keinen Sinn. Als Prämisse ist er nicht minder absurd: Die Synthese wird behauptet und beschrieben, nur um dann als Schlussfolgerung in Erscheinung zu treten – »kurz eine Synthese« –, was man nur als schamlose und lachhafte Red-

6 Ebd.

undanz ansehen kann.[7] Es folgt ein didaktischer Satz, der selbst nichts anderes ist als eine Wiederholung des Offensichtlichen: »Eine Synthese ist ein Verhältnis zwischen Zweien.« Abgeschlossen wird der Absatz durch den äußerst merkwürdigen Satz, in dem sich Kierkegaard von der Hegel'schen Stimme zu distanzieren scheint, die er sowohl übernommen als auch parodiert hat: »So betrachtet«, setzt der Satz an und legt nahe, dass es eine andere Betrachtungsweise geben könnte, diejenige Kierkegaards nämlich, »ist der Mensch noch kein Selbst.« Kierkegaard schlägt also eine Unterscheidung vor, derzufolge das, was als »Mensch« bezeichnet wird, nicht dasselbe ist wie das Selbst. Interessanterweise werden wir allerdings auf das Problem der Zeitlichkeit und des Zeitmodus des Selbst zurückgeworfen. Was als Mensch beschrieben wird, ist »noch kein Selbst«, es ist noch nicht Selbst, es ist ein Selbst, das noch nicht artikuliert wurde, oder besser gesagt in der Sprache der Synthese nicht artikuliert werden kann.

Im Folgenden bringt Kierkegaard weitere Einwände gegen dieses Selbst vor, das niemals mit sich selbst übereinzustimmen scheint. Er merkt an, dass jede Synthese einen dritten Terminus erfordert. Der zweite und der dritte Absatz schreiten mit einer provisorischen Ernsthaftigkeit voran: Sie machen sich das Hegel'sche Schema zunutze, um einen Weg aufzuzeigen, der darüber hinausweist. Der zweite Absatz beginnt folgendermaßen: »Im Verhältnis zwischen Zweien ist das Verhältnis das Dritte als negative Einheit, und die Zwei verhalten sich zum Verhältnis und im Verhältnis zum Verhältnis«.[8] Die Termini, die an dieser Stelle des Textes exemplarisch in ein Verhältnis zueinander gebracht werden sollen, sind »Seele und Leib«. Wenn das Selbst eine Synthese der

---

7 »Hegel und der Hegelianismus [sind] ein Versuch im Komischen« (Sören Kierkegaard, »Unwissenschaftliche Nachschrift«, übers. v. Börge u. Susanne Diderichsen, in: *Philosophische Brosamen und unwissenschaftliche Nachschrift*, hg. v. Hermann Diem u. Walter Rest, Köln / Olten 1959, S. 161).

8 Kierkegaard, »Die Krankheit zum Tode«, S. 31.

psychischen und der physischen Dimension darstellt und wenn es *zugleich* die Aktivität ist, die den psychischen und den physischen Aspekt in ein Verhältnis bringt, dann muss diese Aktivität laut Kierkegaard aus einem dieser beiden Aspekte bestehen. Er nimmt also an, dass die Aktivität des »in-ein-Verhältnis-bringens«, ein Begriff, der in der vorangegangenen Auseinandersetzung absichtlich abstrakt gehalten wurde, nun eine Bestimmung als psychische Aktivität verlangt. Diese spezifischere Bestimmung jener verbindenden Aktivität wird noch größere Bedeutung erlangen, wenn Kierkegaard zwischen der *Reflexion*, also der Hegel'schen Weise, diese verbindende Aktivität zu verstehen und der von ihm bevorzugten Weise, dem *Glauben* unterscheidet. Im weiteren Verlauf dieser halb-hegelianischen Darstellung wird Kierkegaard zeigen, was in dieser abstrakten Logik für das existierende Individuum konkret auf dem Spiel steht.

An dieser Stelle beginnt Kierkegaard, die Unterscheidung zwischen dem Selbst als einem statischen Verhältnis und dem Selbst als einem zeitlichen oder aktiven Verhältnis zu verwischen. Die beiden Dimensionen des Selbst, die in ein Verhältnis gebracht werden sollen, müssen in irgendeinem Sinn bereits selbst dieses Verhältnis *sein*. Das Psychische und das Physische stehen also als Teile des Verhältnisses per definitionem bereits in einem Verhältnis, werden also als in einem Verhältnis stehend vorausgesetzt und befinden sich durchgängig in der Aktivität, ein Verhältnis einzugehen. Die beiden Dimensionen dieses Verhältnisses lassen sich nicht durch eine Logik des ausgeschlossenen Widerspruchs begreifen. Was das Verhältnis als Selbst auszeichnet, ist seine Reflexivität. Der charakteristische Zug eines Selbst besteht in seinem Bemühen, es selbst zu werden: Es befindet sich paradoxerweise unaufhörlich in einem Prozess, das zu werden, was es bereits ist. Man kann sich immer weigern, sich zu sich selbst zu »verhalten« oder sich darum zu bemühen, ein Selbst zu werden, doch selbst dann wird diese Weigerung noch eine Weise sein, sich zu sich selbst zu verhalten. Zu bestreiten, dass man ein Selbst hat, sich zu weigern, eines zu werden: Das sind nicht nur Modi der Reflexivität, es sind spezifische Formen der Verzweiflung.

Diese paradoxe Sicht auf das Selbst als etwas, das unablässig zu dem wird, was es bereits ist, deckt sich teilweise mit Hegels Sicht des Subjekts. Hegel denkt, dass sich das Subjekt der *Phänomenologie* entwickelt und zunehmend synthetisch wird, wobei es alles einbegreift, was es außerhalb seiner selbst in der und als die Welt entdeckt. Und dieses Subjekt, das sich nacheinander als Leben, Bewusstsein, Selbstbewusstsein, Geist, Vernunft und absolutes Wissen entpuppt, entdeckt schließlich, dass es *implizit* immer schon war, was es geworden ist. Das *Werden* des Hegel'schen Subjekts ist ein Prozess der Artikulation oder der Explikation der impliziten Verhältnisse oder Beziehungen, die das Subjekt konstituieren. In diesem Sinn entdeckt das Hegel'sche Subjekt nach und nach, was es immer schon war, ohne es gewusst zu haben. Die Entwicklung oder Konstitution des Hegel'schen Subjekts ist ein Prozess der Erkenntnis dessen, was das Subjekt bereits ist.

Für Kierkegaard ist diese Auffassung des Subjekts jedoch nur teilweise wahr. Für Hegel ist das Subjekt jeder Aspekt dieses Verhältnisses: Das Subjekt ist es selbst, die Aktivität des In-ein-Verhältnis-bringens und das, wozu es sich verhält (da sich herausstellt, dass die Welt oder die SUBSTANZ synthetisch mit dem Subjekt vereint ist). Und genau diesen Kreis der Immanenz will Kierkegaard durchbrechen. Diesen Bruch jedoch vollzieht er performativ, indem er Hegels Logik bis an ihre Grenzen, an ihre Bruchstelle treibt. Ein weiterer Absatz, der auf die obige Darstellung folgt, bringt diesen Bruch mit Hegels Argumentation auch graphisch zum Ausdruck. Kierkegaard stellt eine Entweder-oder-Frage, wie sie im Rahmen von Hegels Denken nicht gestellt werden kann: »Ein solches Verhältnis, das sich zu sich selbst verhält, ein Selbst, muss sich entweder selbst gesetzt haben oder durch ein Anderes gesetzt sein.«[9] Kierkegaard wirft hier die Frage nach der Genese

---

[9] Ebd.

dieses Verhältnisses auf. Es genügt nicht zu wissen, was das Verhältnis konstituiert, und es genügt auch nicht zu wissen, dass es sich in irgendeinem Sinne selbst konstituiert. Die Frage bleibt: Was hat das Verhältnis als ein Selbst-konstituierendes Verhältnis konstituiert? Was hat dieses spezifische Verhältnis in Bewegung gesetzt? Kierkegaard folgert, dass es ein Verhältnis geben muss, das dem sich selbst konstituierenden Selbst zeitlich vorausgeht, dass dieses vorgängige Verhältnis ebenfalls reflexiv und konstituierend ist, und dass das Selbst durch dieses vorgängige Verhältnis konstitutiv hervorgebracht wird. Dieses vorgängige Verhältnis scheint Gott zu sein, auch wenn Kierkegaard fast nie eine Definition von Gott gibt.

Das leidenschaftliche Selbst und die Bestätigung des Glaubens

In der *Unwissenschaftlichen Nachschrift* (1846) erklärt Kierkegaard, dass er kein Interesse daran hat, einen rationalen Beweis für die Existenz Gottes zu liefern. Er interessiert sich ausschließlich dafür, wie der Glaube zu erlangen ist, wie er im einzelnen Individuum aufsteigen kann: Wie werde ich Christ, welches Verhältnis habe ich zu zum Glauben?[10]

Wenn das, was das Selbst konstituiert, selbst Teil des Selbst ist, dann wird das Selbst, dessen Aufgabe es ist, sich selbst zum Objekt zu machen, notwendigerweise auch diesen vorgängigen

10 »Um aber keine Verwirrung anzurichten, muss gleich daran erinnert werden, dass das Problem nicht die Wahrheit des Christentums betrifft, sondern das Verhältnis des Individuums zum Christentum, also nicht den systematischen Eifer des gleichgültigen Individuums, die Wahrheiten des Christentums in §§ zu arrangieren, sondern die Sorge des unendlich interessierten Individuums in bezug auf sein Verhältnis zu einer solchen Lehre.« (Kierkegaard, »Unwissenschaftliche Nachschrift«, S. 144).

Grund seiner eigenen Existenz zum Objekt machen.[11] Gerade in diesem Sinn macht das Selbst, das sich selbst zum Objekt macht, nach Kierkegaard notwendigerweise »einen anderen« zu seinem Objekt. Für Hegel lässt sich dieselbe Formulierung verwenden, außer dass der »Andere«, der das Selbst konstituiert, ein gesellschaftlicher Anderer ist, eine Gemeinschaft von anderen Subjekten, die zusammen die gesellschaftliche und geschichtliche Welt ausmachen, aus der das jeweilige Subjekt hervorgeht. Darin erkennt Kierkegaard jedoch ein Symptom der Abwehr gegen die Erkenntnis dessen, was die gesellschaftliche und menschliche Welt transzendiert, nämlich des Transzendenten oder Unendlichen, aus dem die gesellschaftliche Welt in ihrer Konkretion abgeleitet ist.

Die Aufgabe des Selbst hat für Kierkegaard zwei untrennbare Seiten: Weil es sich selbst konstituiert, zugleich aber abgeleitet ist, ist das Selbst »ein Verhältnis, das sich zu sich selbst verhält, und indem es sich zu sich selbst verhält, sich zu einem Anderen verhält«.[12] Insofern der »Andere« unendlich ist und diese vorgängige Unendlichkeit das Selbst konstituiert, hat auch das Selbst am Unendlichen teil. Das Selbst ist jedoch auch bestimmt, verkörpert und somit endlich, woraus folgt, dass jedes partikulare Selbst unendlich und zugleich endlich ist, dass es in diesem ausweglosen Paradox lebt. Der Glaube wird von Kierkegaard als unendliche

---

11 Descartes argumentiert in der fünften Meditation folgendermaßen: »Gott ist vollkommen und kann nur schaffen, was ebenso oder weniger vollkommen ist wie er/sie/es, da nichts vollkommener sein kann als Gott. Wenn etwas über einen gewissen Grad von Vollkommenheit verfügt, dann muss es von etwas hervorgebracht worden sein, was mindestens so vollkommen oder vollkommener ist als es selbst. Nichts in der Welt ist vollkommener als die menschlichen Wesen, auch wenn sie selbst in bestimmten Hinsichten unvollkommen sind (sie sündigen, sie sind unwissend). Daraus folgt, dass die menschlichen Wesen von etwas geschaffen wurde, das ebenso vollkommen oder vollkommener ist als sie selbst. Dieses vollkommene Wesen wird Gott genannt.« [Es handelt sich hierbei nicht um ein direktes Zitat, sondern um eine sinngemäße Zusammenfassung von Judith Butler, Anm. d. Übers.].

12 Kierkegaard, »Die Krankheit zum Tode«, S. 32.

Inwendigkeit beschrieben, als unablässige und leidenschaftliche Bejahung des Unendlichen. Der so verstandene Glaube bietet dem Unendlichen Gelegenheit, im Selbst hervorzutreten: »das, worin alles Menschenleben eins wird, ist in Leidenschaft, und der Glaube ist eine Leidenschaft.«[13] In einem anderen Sinn wiederum wird das Selbst, auch wenn es zu unendlichem Glauben in der Lage ist, niemals dem gleichwertig sein, was als Unendliches dem Individuum vorausgeht, was Kierkegaard zwar als »Gott« bezeichnet, bisweilen aber im Sinne einer unendlichen Möglichkeit beschrieben wird.[14] Wie unendlich es in seiner Leidenschaft und in seinem Glauben auch sein mag, das Selbst *existiert* immer noch und ist dadurch endlich. Strenggenommen *existiert* das Unendliche, das dem Selbst vorangeht und aus dem es hervorgeht gar nicht. Damit eine unverwirklichte und unendliche Möglichkeit existieren könnte, müsste sie verwirklicht werden und ließe sich nicht länger als unendliche Möglichkeit bestimmen. Die unendliche Möglichkeit, dieser Grund oder Gott, kann als endliches Objekt weder gewusst noch bejaht werden, sie kann nur durch den leidenschaftlichen Glauben bejaht werden, der am äußersten Rand des Wissbaren entsteht.

Diese Bejahung kann nicht durch Rationalität, Sprache oder Spekulation vollzogen werden. Sie kann als Leidenschaft und als Möglichkeit nur dann entstehen, wenn die Reflexion gescheitert ist. In seinen *Philosophischen Brosamen* beschreibt Kierkegaard diese Krisis des spekulativen Denkens als die »Leidenschaft des Verstandes«, als eine Leidenschaft, die »überall im Denken zugegen« ist.[15] Leidenschaft bedeutet hier Leiden und Sehnsucht zugleich, und Kierkegaard scheint zu implizieren, dass

---

13 Kierkegaard, »Furcht und Zittern«, S. 253.

14 Siehe Kierkegaards Erörterung von Abraham in *Furcht und Zittern.*

15 Kierkegaard, »Philosophische Brosamen«, übers. v. Börge u. Susanne Diderichsen, in: *Philosophische Brosamen und unwissenschaftliche Nachschrift*, hg. v. Hermann Diem u. Walter Rest, Köln / Olten 1959, S. 49.

Leidenschaft genau in dem Moment auftritt, in dem das Denken sein Objekt nicht zu fassen bekommt. Weil zum Begreifen eines Objekts dazugehört, dass man seinen Ursprung begreift und weil dieser Ursprung oder Grund die Unendlichkeit Gottes ist, wird jeder Akt der Erkenntnis vom Problem des Glaubens und also der Leidenschaft heimgesucht. Kierkegaards Kommentator Niels Thulstrup beschreibt diese Leidenschaft als »etwas, das die Vernunft nicht begreifen kann und das sie in ihrer eigenen Leidenschaft straucheln lässt, eine Leidenschaft, die den Zusammenstoß will, die das entdecken will, was nicht gedacht und mit den Kategorien des menschlichen Verstandes nicht begriffen werden kann.«[16] Angesichts des Unendlichen kann das Denken nur einen endlichen Begriff oder ein endliches Wort hervorbringen, beides Werkzeuge der Verendlichung, die das, was sie behaupten wollen, nur missverstehen und daher *verneinen* können. Darin besteht freilich auch das Problem mit Hegels Vertrauen in den Begriff, um die Unendlichkeit zu fassen zu bekommen.[17]

Es könnte an dieser Stelle verlockend erscheinen, zu denken, dass Kierkegaard behauptet, das Selbst überwinde seine Endlichkeit, um durch eine leidenschaftliche Innerlichkeit das Unendliche zu bejahen, aus dem es selbst hervorgeht. Das aber stellt für Kierkegaard eine Unmöglichkeit dar. Und genau an diesem Punkt scheint er Hegel ernst zu nehmen, auch wenn er ihm letzten Endes widerspricht: Das Selbst ist notwendigerweise Endlichkeit und Unendlichkeit zugleich, und es lebt nicht als Synthese oder als Transzendenz des einen über das andere, sondern als fortwährendes Paradox. Insofern das Selbst sich selbst konstituiert, also die Aufgabe hat, es selbst zu werden, ist es endlich: Es ist *dieses*

---

16 Niels Thulstrup, »Commentator's Introduction«, in: Sören Kierkegaard, *Philosophical Fragments*, hg. v. Niels Thulstrop, übers. v. David F. Swenson u. Howard V. Hong, Princeton 1962, S. LXXV.

17 Siehe dazu auch Kierkegaards Analyse der Grenzen des spekulativen Denkens im zweiten Kapitel der *Unwissenschaftlichen Nachschrift*: »Die spekulative Betrachtung«.

Selbst und nicht ein anderes. Insofern das Selbst abgeleitet ist, eine verwirklichte Möglichkeit aus einer unendlichen Quelle von Möglichkeiten, und insofern es diese Unendlichkeit als leidenschaftliche Inwendigkeit seines Glaubens in sich trägt, ist das Selbst unendlich. Die Existenz mit dem Glauben zu versöhnen, das heißt ein existierendes Individuum zu sein, das sich, in seiner Endlichkeit, zugleich in einem unendlichen Glauben halten kann, das ist das Paradox der Existenz, das nur gelebt, aber nie überwunden werden kann. Kierkegaard formuliert es mit der ihm eigenen Ironie folgendermaßen: »Existieren ist immer etwas Lästiges«.[18]

Kehren wir zu dem Satz aus *Die Krankheit zum Tode* zurück, der nahelegt, dass das Hegel'sche Subjekt, nun verstanden als ein Selbst (mit dem Vermögen zur Inwendigkeit) und als von einer unendlichen Quelle abgeleitet, sich selbst konstituiert und zugleich abgeleitet ist, »ein Verhältnis, das sich zu sich selbst verhält, und indem es sich zu sich selbst verhält, sich zu einem Anderen verhält«. Dieser Satz, der logisch und zu einem gewissen Grad auch implizit theologisch zu sein scheint, geht der Einführung der Verzweiflung als einer psychologischen Kategorie voran: »Daher kommt es, dass es zwei Formen der eigentlichen Verzweiflung geben kann. Hätte das Selbst des Menschen sich selbst gesetzt, so könnte nur von einer Form die Rede sein, nicht es selbst sein zu wollen, sich selbst los sein zu wollen; aber es könnte nicht davon die Rede sein, verzweifelt es selbst sein zu wollen.«[19]

Verzweiflung ist das Ergebnis des Versuchs, das Paradox der menschlichen Existenz zu lösen oder zu überwinden. Wen man im Unendlichen begründet sein will, wenn man verneinen will, dass man existiert und also endlich ist, verfällt man in die Verzweiflung der Unendlichkeit: Man will nicht das bestimmte Selbst sein, das man ist. Wenn man hingegen das Unendliche verneint und

---

[18] Kierkegaard, »Unwissenschaftliche Nachschrift«, S. 636 [in der von Butler zitierten englischen Fassung heisst es: »to be in existence is always a somewhat embarassing situation«, Anm. d. Übers.].

[19] Kierkegaard, »Die Krankheit zum Tode«, S. 32.

die volle Verantwortung für seine eigene Existenz übernehmen will, alles an sich selbst als radikal eigene Schöpfung betrachtet, dann handelt es sich um die Verzweiflung der Endlichkeit.[20] Diese zweite Form der Verzweiflung des Selbst, es selbst sein zu wollen, also der Grund oder die einzige Quelle der eigenen Existenz sein zu wollen, ist grundlegender als die erste. Die zweite Form stellt eine Weigerung dar, in etwas begründet zu sein, was unendlicher ist als das menschliche Selbst, sie stellt also einen Widerstand gegen Gott dar. Die vornehmliche Weise, wie das menschliche Selbst in die Verzweiflung verfällt, besteht in der Verleugnung seines unendlichen Ursprungs. Diese Verzweiflung ist durch eine gewisse Hybris oder Anmaßung gekennzeichnet. Ins Extrem getrieben, als bewusste Verachtung des Göttlichen, wird sie dämonisch. Wir werden dieses dämonische Extrem der Verzweiflung gegen Ende unserer Anmerkungen näher betrachten, wenn wir Kierkegaards ambivalentes Verhältnis zu seiner eigenen Autorschaft untersuchen.

Das bedeutet freilich, dass man, wenn man weiß, dass man verzweifelt ist, und versucht, *sich aus eigener Kraft* aus der Verzweiflung zu befreien, dadurch nur noch tiefer in die Verzweiflung versinkt. Das Selbst versucht dann weiterhin zu verneinen, dass es in etwas gegründet ist, das größer ist als es selbst. Paradoxerweise muss das Selbst, das das Unendliche zurückweist, diese Zurückweisung *auf unendliche Weise* vollziehen (*enact*) – wobei es das Unendliche selbst noch in dieser Geste des Unglaubens auf negative Weise wiederholt und aufs Neue bejaht. Wenn Hegel dachte, dass das Subjekt eine Synthese des Endlichen und des Unendlichen darstellen könnte, so hat er nicht beachtet, dass das Subjekt, verstanden als inwendiges Selbst, die absolute qualitative Differenz zwischen dem, was im Selbst endlich und dem, was in ihm unendlich ist, niemals vermitteln kann. Das Scheitern

20 Diese Ansicht wird fälschlicherweise der existenzialistischen Philosophie im Ganzen zugeschrieben, was in Bezug auf Kierkegaard, wie wir sehen, keinen Sinn ergibt.

der Vermittlung unterstreicht den paradoxen Charakter der Existenz. Die leidenschaftliche, nicht-rationale Bejahung dieses Paradoxons, diese Bejahung, die ins Unendliche wiederholt werden muss, *ist der Glaube*. Das Bemühen, dieses Paradox im Voraus zu lösen, ist die Leistung der Verzweiflung. In diesem Sinn markiert die Verzweiflung die Grenze der dialektischen Vermittlung. Genauer gesagt liest Kierkegaard jeden Versuch einer Vermittlung als Symptom der Verzweiflung. Jede Synthese setzt eine *Ablehnung* dessen voraus, was nicht mit dem Verstand begriffen werden kann, und bekräftigt sie zugleich. Das Unendliche ist genau das, was sich dem begrifflichen Denken entzieht. Diese zurückgewiesene Unendlichkeit kehrt jedoch im existierenden Individuum, das versucht, das Paradox der Existenz durch das Denken aufzulösen, als unendliche Bewegung der Verzweiflung zurück. Durch seine Beschwörung der Verzweiflung markiert Kierkegaard die Grenzen des Hegel'schen Ideals der Synthese: »Verzweiflung ist das Missverhältnis im Verhältnis einer Synthese, das sich zu sich selbst verhält.«[21]

Das Hegel'sche Ideal, mit sich selbst eins zu werden, wird durch die eigenen gesellschaftlichen Beziehungen realisiert, durch die Beziehungen zu allem, was außerhalb des Selbst liegt. Für Hegel entdeckt das Subjekt, dass andere Menschen und Gegenstände Teil seiner eigenen Identität sind, dass es, wenn es sich zu Anderen oder zu Gegenständen *in ein Verhältnis bringt*, eines seiner grundsätzlichsten Vermögen ausübt (*enact*) (oder aktualisiert). Das Subjekt erlangt also eine Einheit mit sich, indem es sich zu dem, was von ihm verschieden ist, in ein Verhältnis bringt. Diese Einheit stellt jedoch für Kierkegaards Selbst keine Möglichkeit dar. So sehr sich dieses Selbst auch als Grund und Ursprung seiner Beziehungen zu Anderen setzen will, es ist zum Scheitern verurteilt. Das Selbst kann die Verantwortung für seine eigenen Vermögen übernehmen, indem es verneint, dass es selbst durch

---

[21] Kierkegaard, »Krankheit zum Tode«, S. 34.

etwas hervorgebracht wurde, das größer ist als es selbst. Darin besteht eine Form der Verzweiflung, die Verzweiflung des Selbst, es selbst sein zu wollen. Wenn das Selbst hingegen versucht, alle Verantwortung für sich selbst abzuwälzen, indem es behauptet, irgendeine größere und unendliche Realität, also Gott, hätte alles an ihm hervorgebracht, dann befindet sich das Selbst in einer anderen Art von Verzweiflung, in der Verzweiflung nämlich, nicht es selbst sein zu wollen. Aus diesem Paradox gibt es keinen Ausweg. Ein Selbst zu sein bedeutet deswegen, sich entweder in einer dieser beiden Formen von Verzweiflung zu befinden, oder Glauben zu haben. Das Paradox ist jedoch weder in der Verzweiflung noch im Glauben aufgelöst. In der Verzweiflung lebt man erst eine Seite des Paradoxes, dann die andere (man übernimmt entweder radikal Verantwortung für sich oder gar nicht), im Glauben hingegen bejaht man das Paradox, man übernimmt Verantwortung für sich selbst und bejaht zugleich, dass man nicht der Ursprung seiner eigenen Existenz ist.

Man möchte fragen, ob man wirklich immer entweder verzweifelt oder gläubig ist? Für Kierkegaard lautet die Antwort: ja. Zumeist leben die Menschen in Verzweiflung und wissen nicht einmal, dass sie verzweifelt sind. Tatsächlich ist das Unwissen darüber, dass man verzweifelt ist, selbst ein Symptom der Verzweiflung. Jemand, der nicht weiß, dass es die Aufgabe, den Kampf darum gibt, sich auf diese paradoxe Weise zu bejahen, macht eine Reihe von Voraussetzungen über die Festigkeit der eigenen Existenz, die nicht hinterfragt und also von der Schwierigkeit des Glaubens nicht berührt werden. Und es scheint keinen anderen Weg zum Glauben zu geben als durch die Verzweiflung. Der Glaube bietet für Kierkegaard jedoch keine Lösung des Paradoxes des Selbst. Tatsächlich bietet nichts eine solche Lösung. Das Selbst befindet sich im Wechsel, wird ständig hin und her geworfen, es ist gelebtes Paradox und der Glaube hält diesen Wechsel weder an noch löst er ihn in ein harmonisches oder synthetisches Ganzes auf. Ganz im Gegenteil ist der Glaube genau die Bejahung, dass *es keine Auflösung geben kann.* Und insofern die »Synthese« die vernünftige Auflösung des Paradoxes darstellt, und insofern das Paradox nicht aufgelöst werden kann, steigt der Glaube genau in dem Moment auf, in dem sich die »Synthese« als eine falsche Lösung entpuppt. An dieser Stelle scheint Kierkegaard als letzter zu lachen. Wo Hegel behauptet, dass das Scheitern einer jeden Synthese den Weg zu einer größeren und umfassenderen Synthese weist, versucht Kierkegaard zu zeigen, dass eine Synthese, wie umfassend sie auch sein mag, als solche das Paradox des Selbst nicht auflösen kann. Konkret impliziert diese Differenz zwischen Hegel und Kierkegaard, dass das Selbst letztlich eine sehr unterschiedliche Erfahrung von und in der Welt machen wird. Für Hegel wird sich das Subjekt letzten Endes in einem vereinten und harmonischen Verhältnis zu dem befinden, was dem Subjekt zunächst äußerlich schien, so dass es, idealerweise, in der Welt zuhause und »von« der Welt sein kann, »in« der es sich befindet. Für Kierkegaard hingegen ist das, was dem endlichen Selbst »äußerlich« ist, sprich das Unendliche, als Freiheit und als die doppelte Möglichkeit der Verzweiflung und des Glaubens (beides »unendliche« Leidenschaften, die kein Ende nehmen können) zugleich dem Selbst »inhärent«. Das Unendliche, das als Grund des Endlichen oder im Endlichen als seine Leidenschaft fortbesteht, wird fernerhin niemals ganz dem endlichen Selbst oder der endlichen Welt angehören, in welchen es dennoch auf eine weniger offenkundige Weise existiert. Das Unendliche, das die Quelle des Selbst ist und im Selbst als seine Leidenschaft fortbesteht, wird also für Kierkegaard niemals vollständig »von« der Welt sein, die es bewohnt. Das Selbst wird für Kierkegaard nicht nur unablässig von sich selbst, sondern auch von seinen Ursprüngen und von der Welt, in der es sich wiederfindet, entfremdet.

Man kann sich Hegels Erwiderung auf Kierkegaards Behauptung eines paradoxalen Selbst vorstellen. Wenn es im Selbst etwas Unendliches gibt, so könnte Hegel argumentieren, so muss es doch auf irgendeine Weise *erscheinen*, um *gewusst* zu werden. In einer hegelianischen Sprache könnte man sagen, dass das Unendliche nur wirklich und also wissbar werden kann, wenn es bestimmt wird oder in einer bestimmten Form erscheint. Und Hegel nahm an, dass gewisse Arten von Begriffen sowohl endlich (partikular, bestimmt, spezifisch) als auch unendlich (unspezifisch, unbestimmt, unbegrenzt) sein können. Hegel wollte zu einem Begriff gelangen, zu einer Art spekulativen Gedanken, in dem das Endliche und das Unendliche nicht einfach nur koexistieren, sondern wesentlich voneinander abhängen. Stell dir einen Gedanken vor, der sowohl *dein* Gedanke, genau deiner und daher bestimmt und spezifisch ist, aber *zugleich* ein Gedanke von etwas ist, das unendlich und daher überhaupt nicht an dich gebunden ist, tatsächlich an gar nichts gebunden und durch gar nichts begrenzt ist. Hegel nahm an, dass der Gedanke des Unendlichen von dem bestimmten Denker, von seinem Ort und seiner Existenz abhängt, zugleich aber diesen bestimmten Ort und Denker transzendiert. In diesem Sinn hängt der unendliche Gedanke von dem endlichen Denker ab, ohne den er nicht gedacht wäre, ohne den er keine Gegebenheit und keine Form hätte. Umgekehrt ist der Denker aber kein Denker, er denkt nicht wirklich, denkt das Denken nicht bis in seine unendliche Möglichkeit durch, wenn er nicht in der Lage ist, das Unendliche zu denken. Für Hegel besteht also eine wechselseitige Abhängigkeit zwischen dem Unendlichen und dem Endlichen im Menschen, weil beide zusammen das Projekt des Denkens bilden.

Kierkegaards Erwiderung ist standhaft. Wenn man versucht, das Unendliche zu *denken*, hat man das Unendliche *bereits* endlich gemacht. Es kann kein Denken des Unendlichen geben, denn das Unendliche ist gerade das, was nicht nur nicht gedacht werden kann, sondern was unablässig eine Krise des Denkens selbst erzwingt. Das Unendliche ist die Grenze des Denkens und kein möglicher Inhalt irgendeines Gedankens. Auf Hegels Behauptung, dass das Unendliche zuerst *erscheinen* muss, bevor es gewusst werden kann, würde Kierkegaard antworten, dass das Unendliche weder erscheint noch gewusst werden kann. Kierkegaard formuliert seinen Begriff des Unendlichen und somit des Glaubens also zu einem gewissen Grad *gegen* Hegel: Das Unendliche entzieht sich der Dialektik, keine rationale Bemühung des Denkens oder der Synthese kann es begreifen oder »verstehen«. Das Unendliche kann nur auf eine nicht-rationale und also leidenschaftliche Weise bejaht werden, an den Grenzen des Denkens, das heißt an den Grenzen des Hegelianismus.

Furcht, Zittern und die inwendige Leidenschaft

Die Opposition gegen Hegel bringt Kierkegaard in eine Zwickmühle, denn er ist ein *Schriftsteller* und als solcher muss er seine Opposition gegen Hegel in Worte fassen. Er produziert konkrete und bestimmte Texte, endliche Dinge, die seine Aussagen über das Unendliche beherbergen. Wie können wir Kierkegaard, den endlichen Menschen oder das »existierende Individuum« in Bezug auf diesen Begriff des Unendlichen verstehen, der niemals vollständig durch eine endliche oder bestimmte Aussage oder einen Text zum Ausdruck gebracht werden kann? Als endlicher Ausdruck können Kierkegaards eigene Texte *Die Krankheit zum Tode* oder *Furcht und Zittern* (1843) nur an dem Versuch *scheitern*, den Begriff des Unendlichen, den sie mitteilen wollen, tatsächlich zum Ausdruck zu bringen. Wenn ein Hegelianer behaupten würde, dass Kierkegaards Schreiben des Unendlichen wesentlich dafür ist, dass das Unendliche selbst zum Ausdruck kommt, so würde Kierkegaard darauf erwidern: »Wenn es ein Unendliches gibt, das nicht ins Endliche aufgelöst werden kann, dann müssen meine Texte immer daran *scheitern*, das Unendliche mitzuteilen.« Kierkegaards Antwort wird also lauten: »Meine Texte müssen daran *scheitern*, das Unendliche zum Ausdruck zu bringen, und gerade durch dieses *Scheitern* wird das Unendliche bejaht werden. Außerdem wird diese Bejahung des Unendlichen nicht die Form eines Gedankens annehmen. Sie wird an den Grenzen des Denkens selbst statthaben. Sie wird eine Krise im Denken auslösen, den Beginn der Leidenschaft.«

Damit Kierkegaard ein Buch gegen Hegel, gegen die Synthese und für die Leidenschaft und den Glauben schreiben kann, muss er ein Buch schreiben, dass daran scheitert, die Leidenschaft und den Glauben, die er verteidigen will, unmittelbar mitzuteilen. Ein Autor kann das Unendliche weder verkörpern noch ausdrücken, da der »Ausdruck« das, was unendlich bleiben soll, unweigerlich endlich machen würde. Die Worte »Leidenschaft« und »Glaube« können die Leidenschaft und den Glauben nicht mitteilen. Sie können nur daran *scheitern*, es mitzuteilen und durch dieses Scheitern *den Weg weisen* zu einer Bejahung, die wesensgemäß jenseits der Sprache liegt. Kierkegaard, der sich dieser paradoxen Aufgabe eines Schreibens über das, was nicht durch Sprache getragen werden kann, bewusst ist, beharrt auf der Notwendigkeit einer indirekten Mitteilung, einer Mitteilung, die sich ihrer eigenen Grenzen bewusst ist und die, indem sie diese Grenzen indirekt zur Darstellung bringt, den Weg weist zu dem, was nicht mitgeteilt werden kann.

Schon die Tatsache, dass Kierkegaard häufig unter einem Pseudonym geschrieben und veröffentlicht hat, kann als Beleg für seine Ansichten über die indirekte Mitteilung gelten. *Die Krankheit zum Tode* wurde unter dem Autornamen »Anti-Climacus« veröffentlicht, *Furcht und Zittern* wurde von einem gewissen »Johannes de Silentio« verfasst, die *Philosophischen Brocken* von einem »Johannes Climacus«, der auch der Autor der *Unwissenschaftlichen Nachschrift* ist. Zu seinen weiteren Pseudonymen gehören »Constantin Constantius« (*Die Wiederholung*, 1843) und Victor Eremita (*Entweder – oder*, 1843). Die Verwendung eines Pseudonyms wirft die Frage auf, wer der Autor hinter dem Autor ist. Warum versteckt sich Kierkegaard? Was verbirgt sich hinter seinen Schriften und was wird offenbart? Meint der Autor, was er sagt oder erlauben ihm seine Pseudonyme, etwas zu schreiben, was er unter seinem eigenen Namen nicht schreiben würde? Was bedeutet es, unter einem anderen Namen zu schreiben? Ich will damit nicht nahelegen, dass die pseudonyme Autorschaft in Kierkegaards Werk immer auf dieselbe Weise oder aus denselben Gründen operiert. Doch scheint sie unmittelbar mit dem Problem des Schreibens des Unendlichen verbunden zu sein, das wir weiter oben erwähnt haben. Der falsche Name legt nahe, dass das, was unter diesem Namen geschrieben wird, nicht die ganze Bandbreite dessen erschöpft, was der Autor sein kann. Etwas wird nicht ausgesprochen oder ausgedrückt oder bekannt gemacht. Zumindest ist Kierkegaard ein Mann, der sich zu einem gewissen Grad hinter fiktiven Autoren verbirgt, unter deren Namen er schreibt. Auf einer existentiellen Ebene gibt es jedoch in jedem Selbst etwas, das durch einen Akt des Schreibens *nicht ausgedrückt werden kann.* Es gibt in jedem Selbst etwas, das schweigt, und Kierkegaard lässt keinen Zweifel daran, dass der Glaube, und die Leidenschaft im Allgemeinen, keine Sache des Schreibens oder Sprechens, sondern des Schweigens sind.

Wenn Kierkegaards Texte also Werke des Glaubens sind, dann entspringen sie nicht nur der Arbeit der Sprache, sondern auch der Arbeit des Schweigens. Dies wird durch das Pseudonym »Johannes de Silentio«, den »Autor« von *Furcht und Zittern* nahegelegt. Und in diesem Text treffen wir auch auf die Figur Abraham, dessen Schweigen der Autor nicht verstehen kann. Tatsächlich steht Abraham für den Glauben, er wird als »Held des Glaubens« bezeichnet, und dennoch spricht er nicht und gibt uns keine Hinweise, vermittels derer wir in der Lage wären, die Gründe seines Glaubens zu verstehen. Der Autor versucht wiederholt, Abrahams Glauben zu verstehen, doch er scheitert.

Was ist Abrahams Geschichte und was ist das Wesen seines Glaubens? Abraham erhält ein Zeichen Gottes, dass er seinen Sohn zum Gipfel eines Berges, des Berges Moria führen und ihn dort, als Akt des Glaubens, töten soll. Abraham sagt seinem Sohn Isaak nicht, was er tun wird, auch seiner Frau Sarah sagt er es nicht. Kierkegaard eröffnet *Furcht und Zittern*, indem er sein Pseudonym Johannes de Silentio mehrmals die Geschichte von Abraham erzählen lässt. Jeder Versuch zu erzählen, was Abraham geschehen ist, ist auch ein Versuch zu ergründen, wie Abraham sich darauf vorbereiten konnte, so zu handeln. Wenn Abraham gewillt war, seinen Sohn zu töten, dann ist er das Risiko eingegangen, ein Mörder zu werden, zumindest gemäß der konventionellen ethischen Normen. Er zerstört das Leben seines Sohnes, er zerstört seine Familie, bricht mit dem meistgeschätzten *menschlichen* Band. Johannes de Silentio versucht zu ergründen, wie es sein konnte, dass Abraham, der seinen Sohn liebte, dennoch gewillt war, dieser Liebe und den grundsätzlichsten Gesetzen der Ethik zu trotzen, zu widerstehen, sie auszusetzen, um so seinen Glauben zu verwirklichen (*perform*). Was für einen Glauben hat Gott von Abraham eingefordert, wenn er ihn dazu veranlasst, die weltliche Verbindung zu opfern, die ihm am teuersten ist? Handelt es sich um einen grausamen Gott, um einen Gott, dem man den Gehorsam verweigern soll? Und warum hält Abraham an seinem Weg fest, bringt Isaak schweigend zum Gipfel des Bergs Moria und hebt seine Hand, um erst *dann* von Gott zurückgehalten zu werden?

Das Beispiel ist natürlich schockierend, doch Kierkegaard probt diese Szene, in der Abraham den Berg Moria besteigt und sein Schwert zieht, immer wieder. Er versucht zu verstehen, wie ein menschliches Wesen in der Lage sein konnte, sich gegen das zu wenden, was ihm in der Welt am wichtigsten ist. Abraham liefert keine Erklärung und Kierkegaard führt uns bis an den Punkt, an dem wir verstehen, dass es keine Erklärung in Worten geben kann. In wessen Namen? Für welches höhere Gut? Für Johannes de Silentio kommt es nie zu einer Antwort, die Fragen wiederholen sich beharrlich, erschöpfen die Sprache und münden in die schweigsame Leere des Glaubens.

Kierkegaard stellt sich vor, wie es für Abraham gewesen sein muss, die ganze Kraft seiner Liebe zu Isaak zu spüren und zugleich dem Gebot eines Glaubens zu folgen, der das Opfer von Isaak erfordert. Es handelt sich dabei gewiss um ein Paradox, Kierkegaard übergibt uns in der Geschichte von Abraham so etwas wie eine Allegorie des paradoxen Selbst. Die zutiefst endliche und weltliche Liebe eines Vaters für seinen Sohn lässt sich unmöglich mit dem Begriff eines Glaubens vereinen, der unendlich ist, der zwar »in« der Welt ist, nicht aber »von« der Welt. Genau diese Art von Paradox kann nicht gedacht werden, kann nicht in einer harmonischen Lösung aufgelöst werden, sondern zerstört das Denken, zwingt das Denken, sich selbst bloßzustellen: »in Abraham kann ich mich nicht hineindenken«; »Ich für mein Teil kann zwar die Bewegungen des Glaubens beschreiben, aber ich kann sie nicht vollziehen«; »weil der Glaube da anfängt, wo das Denken aufhört«.[22]

Doch Kierkegaard ist nicht einfach nur entsetzt über das Opfer des Glaubens, das von Abraham gefordert wird. Er ist auch von der Tatsache abgestoßen, dass Abraham Isaak zurückzubekommen scheint, dass Gott nur nach dem Opfer verlangt, das Verlorene dann aber zurückgibt, und all das *ohne Grund*. Darüber hinaus scheint es so, als würde Abraham sich nicht gegen Gott wenden, der so grausam mit dem wertvollsten Objekt von Abrahams menschlicher Liebe gespielt hat: »aber seinen Verstand verlieren können und damit jene ganze Endlichkeit, deren Wechselmakler er ist, und dann kraft des Absurden eben jene gleiche Endlichkeit zu gewinnen, das erschreckt meine Seele; aber deshalb sage ich nicht, [der Glaube] sei etwas Geringes, da es im Gegenteil das einzigste [sic] Wunder ist.«[23]

Einerseits wird Kierkegaard von der *Willkürlichkeit* und der Launenhaftigkeit der Weise abgestoßen sein, wie Gott hier in seinem Geben und Nehmen dargestellt wird. Andererseits ist Abrahams Glaube ein Wunder, da er angesichts des Wechsels von

22 Kierkegaard, »Furcht und Zittern«, S. 209, 214, 235.

23 Ebd., S. 212.

Wohlwollen und Grausamkeit dieser letzten Autorität nicht ins Wanken gerät. Abraham ist in Bezug auf Gott nicht scharfsinnig. Er denkt nicht, dass Gott, wenn er nur so tut, also ob er Isaak opfern wollen würde, seine Hand aufhalten würde: »Er glaubte kraft des Absurden; denn alle menschliche Berechnung hatte ja längst aufgehört.«[24] Wenn der Glaube die Grenzen des Denkens anzeigt, wenn der Glaube genau in dem Moment aufsteigt, in dem das Denken daran scheitert zu begreifen, was vor ihm liegt, dann besteigt Abraham den Berg und zückt sein Schwert *ohne zu wissen*, dass Gott ihm Isaak zurückgeben wird. Was an Abraham so beeindruckend ist, ist dass er seinen Glauben aufrechterhält, *ohne zu wissen*, dass er Isaak zurückerhält. Der Glaube ist kein Tauschhandel; die Bestätigung des Glaubens tritt dann auf, wenn jeder Tauschhandel gescheitert ist. Das meint Kierkegaard, wenn er behauptet, dass Abraham kraft des Absurden glaubt. Und wenn der Glaube ein Sprung ist, ein Sprung über die Berechnung hinaus, ein Sprung der aus *Leidenschaft* und mit *Leidenschaft* geschieht, dann kann er weder durch das Denken begriffen noch durch die Sprache mitgeteilt werden.

In *Furcht und Zittern* behauptet Kierkegaard, dass er noch nicht in der Lage sei, diesen Sprung zu machen, dass er nur seinen Schritten nachspüren und seine Bewegung bewundern könne. Er weiß genug, um zu erkennen, dass Abraham in dem Moment, als er das Schwert zog, Angst verspürt haben muss. Es gibt jene, die Gott trotzen, die in die ethische Welt zurückkehren und so ihre Angst zerstreuen würden, Abraham aber gehört nicht zu ihnen. Es gibt jene, die sich gegen ihre Liebe für Isaak wenden und die Bedeutung dieses Bandes verneinen würden, Abraham aber gehört nicht zu ihnen. Er wendet sich weder gegen das Endliche (Isaak) noch gegen das Unendliche (Gott), sondern bereitet sich auf die paradoxe Bejahung beider vor. Indem er sich auf das Opfer Isaaks vorbereitet, vollzieht Abraham jedenfalls performativ eine »teleo-

---

[24] Ebd., S. 212.

logische Suspension des Ethischen«.[25] Es handelt sich dabei nicht um eine Verneinung der Ethik, sondern um eine Suspension, um einen Aufschub der ethischen Sphäre im Namen von etwas, das höher ist, im Namen des Unendlichen oder Göttlichen. Die menschliche und endliche Welt ist in etwas begründet, das größer ist als sie selbst, nämlich im Unendlichen, und es gibt Momente, in denen die Bejahung dieses Unendlichen wichtiger ist als die Bejahung der endlichen und ethischen Sphäre, die ein Produkt des Unendlichen ist. Doch diese Suspension des Ethischen bringt Angst mit sich, und der Glaube löst diese Angst nicht auf, er lebt mit ihr. Jedes endliche Individuum kann nur glauben, indem es die Angst kontrahiert, denn aller Glaube beinhaltet eine Art Verlust oder Abschwächung der weltlichen Verbindungen, die weltliche Verbindung zum eigenen, körperlichen Selbst miteingeschlossen. Es liegt im Glauben ein Absterben des endlichen Selbst, dieses Körpers, dieses Namens, dieser weltlichen Verbindungen zur Familie, zu Freunden, Liebhabern, der Zugehörigkeit zu einer Zeit und einer Landschaft, zu einem Zuhause, einer Stadt. Der Glaube verdeutlicht, dass all diese endlichen Dinge, in die wir involviert sind, vergänglich sind und dass es keinen notwendigen Grund und keine Sicherheit dafür gibt, dass sie so bleiben, wie wir sie kennen, oder dass sie überhaupt überleben.

Wenn die Geschichte Abrahams eine Allegorie für den Glauben darstellt, und wenn Abraham selbst eine Gestalt des Glaubens ist, dann können wir die Geschichte auf ihre allgemeineren philosophischen Implikationen hin lesen. Aristoteles hat einmal behauptet, dass die Philosophie mit einem Staunen anhebt, dem Staunen, dass es etwas gibt und nicht vielmehr nichts. Aristoteles' »Staunen« ist gar nicht so verschieden von Kierkegaards Empfindung der Bewunderung, die er in der Begegnung mit Abrahams Glauben verspürt. Für Aristoteles steigt das Staunen aus der Tatsache auf, *dass* es etwas gibt, man staunt nicht darüber, *wie*

[25] Ebd., S. 237.

die Dinge wurden – auch wenn ihn das ebenfalls interessierte –, sondern darüber, dass sie überhaupt geworden sind. Kierkegaard hingegen nennt es die »Leidenschaft [...], die der leidenschaftliche Sinn für Werden ist«.[26] In Kierkegaards Worten ist es einerseits bewundernswert, dass diese besonderen endlichen Dinge, die Menschen, die Elemente, dass Objekte aller Art auf die Welt gekommen sind und nicht irgendwelche anderen Seienden. Andererseits ist es auch furchteinflößend, dass alles, was existiert ohne irgendeinen notwendigen Grund auf die Welt gekommen zu sein scheint. Denn wenn die Dinge ohne notwendigen Grund auf die Welt gekommen sind, dann gibt es auch keinen notwendigen Grund, der sie auf der Welt erhält, und ebenso wenig gibt es dann einen Grund, der verhindert, dass diese Dinge aus der endlichen Welt scheiden. Wenn diese endlichen Dinge aus einer Reihe von unendlichen Möglichkeiten in die Welt kamen, warum sind dann aus der unzählbaren Menge von Dingen, die zur Welt gekommen sind, gerade *diese* zur Existenz gelangt? Wenn wir annehmen, dass die Quelle alles Seienden die unendliche Möglichkeit – ein anderer Name für Gott – ist, so scheint es keine Notwendigkeit dafür zu geben, dass *diese* Seienden zur Existenz gelangt sind und andere nicht. Doch das Staunen oder die Verwunderung wird auch durch eine andere Erkenntnis provoziert. Wenn das, was in der Sphäre des Endlichen existiert, die Verwirklichung einer Reihe von Möglichkeiten ist, und wenn diese Reihe von Möglichkeiten nur ein Ausschnitt der nicht aktualisierten unendlichen Möglichkeiten ist, wie können wir dann erklären, welche Möglichkeiten den *Übergang* von der unendlichen Möglichkeit hin zur Existenz in der endlichen Welt geschafft haben? Kein Grund kann vorgebracht werden: Das, was existiert, existiert nicht notwendig. Tatsächlich gibt es nicht nur keine Notwendigkeit für das Unendliche, für Gott, das Endliche oder die menschliche Welt zu schaffen, es ist sogar vollkommen absurd, dass er es getan hat.

---

[26] Kierkegaard, »Philosophische Brosamen«, S. 95.

Das Endliche ist im Unendlichen begründet: Soviel wissen wir aus Kierkegaards Analyse der Verzweiflung. Doch das Endliche bringt niemals vollständig das Unendliche zum Ausdruck, das sein Ursprung ist. Gerade insofern ein existierendes Individuum endlich, also begrenzt, sterblich, in Raum und Zeit verortet und körperlich ist, ist es eindeutig nicht unendlich und drückt daher nicht die Unendlichkeit aus, aus der sie oder er (absurderweise) hervorgeht. Dieser Übergang aus dem Unendlichen ins Endliche kann nicht gedacht werden: Er ist wundersam und erstaunlich, aber auch furchteinflößend, denn es gibt keinen notwendigen Grund dafür, dass irgendetwas existiert und daher in seiner Existenz beharrt, also am Leben bleibt. Was auch immer Gott für Kierkegaard sein mag, »er« (Kierkegaard neigt dazu, Gott nicht zu personifizieren) gibt keinen Grund und keine Notwendigkeit für das Existierende. Ganz im Gegenteil unterstreicht das Postulat des Kierkegaard'schen Gottes die Absurdität der Existenz selbst.

Die Geschichte von Abraham legt nahe, dass alles, was auf dieser Welt ist, nur dank einer Art Gnade, also dank eines arbiträren und irrationalen Aktes existiert. Die Existenz kann als eine Art unerwartetes Geschenk verstanden werden, das ebenso leicht gemacht wird, wie es wieder weggenommen werden kann. Glaube zu haben heißt diese Kontingenz zu bejahen, dieses absurde Entstehen der Existenz, es heißt, diese Absurdität anzuerkennen, unabhängig davon, wie viel Leid sie verursacht. Diesen Schrecken, der durch die Anerkennung der Absurdität der Existenz hervorgerufen wird, zu verwandeln, ist keine einfache Aufgabe. Der Ästhet und der Ethiker können sich von diesem Schrecken nicht befreien: Sie sind verzweifelt, und zwar gerade insofern sie von diesem Schrecken getrieben und in sinnliche oder ethische Unternehmungen verwickelt sind, die versuchen, die Angst zu unterdrücken, die aus der bloßen Tatsache der menschlichen Kontingenz hervorgeht. Der Ritter der Resignation aus *Furcht und Zittern* kann als eine Figur an der Grenze der ethischen Sphäre verstanden werden, die die Bewegung des Glaubens nachzeichnet, aber zu dem notwendigen Sprung nicht in der Lage ist. Aus diesem Grund *entsetzt* ihn die Aussicht, dass Abraham seinen eigenen Sohn »opfern« muss. Tatsächlich kann der Ritter der unendlichen Resignation Abrahams Intention nur als einen Mord begreifen – und nicht als Opfer oder Gabe für Gott.

Vielleicht können wir die Bewegung von der ethischen Sphäre hin zur Sphäre des Glaubens dann als eine Verwandlung des Schreckens in ein Gefühl der Gnade verstehen. Das Problem an dieser Bewegung ist jedoch, dass man der Aussicht, die eigenen weltlichen Bindungen, also die eigene endliche Existenz ohne notwendigen Grund zu verlieren, schwerlich mit etwas anderem als Schrecken begegnen kann. Kierkegaard hat verstanden, dass dieses Ziel des Glaubens sich besonders schwer von all jenen erreichen lässt, die nach jenem romantischen Impuls leben, der existierenden Individuen so einen enormen Wert aufbürdet, dass sie sich nicht vorstellen können, weiterhin in einer Welt zu existieren, deren Teil sie nicht mehr sind. Das war das schmerzerfüllte Dilemma des jungen Mannes in *Die Wiederholung*, und es gibt überzeugende Hinweise darauf, dass Kierkegaard selbst in Bezug auf seine Verlobung mit Regine Olsen, die er aufgelöst hat, ebenso gefühlt hat. Diese aufgelöste Verlobung lässt sich als Kierkegaards eigenes »Opfer« verstehen, das aus einer ethischen Perspektive wie das emotionale Äquivalent eines Mordes erschien.

Inmitten seiner Auseinandersetzung mit Abrahams Glauben in *Furcht und Zittern* merkt Kierkegaard mit der entsprechenden Ironie an, dass Abraham, wenn Hegels Philosophie im Recht wäre, tatsächlich ein Mörder gewesen wäre. Hegel repräsentiert für Kierkegaard die ethische Sphäre, da er in der *Phänomenologie des Geistes* und in den *Grundlinien der Philosophie des Rechts* argumentiert, dass ein Individuum seine wahre und eigentliche Bestimmung nur in einer Gemeinschaft erfüllt, die an *ethische* Gesetze gebunden ist. Tatsächlich denkt Hegel, dass ein Individuum sündhaft ist, wenn es sich über das ethische Gesetze erhaben wähnt. Kierkegaard widerspricht Hegel, der die Behauptung der

Individualität als sündhaft charakterisiert. Für Kierkegaard scheitert Hegel daran zu verstehen, dass das Individuum höher steht als die ethische Norm, dass es Momente gibt, in denen ethische Gesetze »ausgesetzt« oder »aufgegeben« werden müssen, damit ein höherer Wert, namentlich der Wert des Glauben – der für Kierkegaard natürlich immer eine *individuelle* Angelegenheit ist – bejaht werden kann. Die Beziehung zu Gott kann nicht vermittelt werden. (Diesen Glauben teilt Kierkegaard mit Luther). Hegel würde glauben, dass Gott im ethischen Gesetz anwesend ist und dass die Individuen, indem sie sich dem ethischen Gesetz unterwerfen, in ein Verhältnis zu Gott treten. Diese frohe Versöhnung des Ethischen (genannt »das Universale«) mit dem Religiösen (genannt »das Absolute«) weist Kierkegaard entschieden zurück. Der Begriff, der für Hegel zwischen dem Individuum auf der einen und dem Göttlichen auf der anderen Seite vermitteln soll, also das Ethische oder »Universale«, ist für Kierkegaard genau das, was untergeordnet oder ausgesetzt werden muss, damit die absolute und unmittelbare Beziehung des Glaubens zwischen dem Individuum und Gott lebendig werden kann: »Dieser Standpunkt lässt sich nicht mediieren; denn alle Mediation geschieht gerade kraft des Allgemeinen; es ist und bleibt in aller Ewigkeit ein Paradoxon, dem Denken unzugänglich.«[27]

In Kierkegaards Augen erfordert Hegels ethische Gemeinschaft, dass das Individuum für das anonyme Gesetz geopfert wird. Als gesetzestreue Bürger sind wir gegeneinander austauschbar; jeder von uns bringt sein eigenes Selbst durch dieselben Handlungen zum Ausdruck, durch die wir einem Gesetz treu sind, das für alle Menschen gilt, unabhängig von allen spezifischen Unterschieden. Vor dem Gesetz ist daher keiner von uns ein Individuum, jeder von uns wird besser gesagt vom Gesetz wie ein anonymes Subjekt behandelt. Insofern er sich von dem ethischen Gesetz distanziert, das den Mord verbietet, wird Abraham

[27] Kierkegaard, »Furcht und Zittern«, S. 239.

zu einem Individuum. Und je mehr er die Autorität dieses Gesetzes über seine eigene Existenz verneint, desto individueller wird er. Dadurch, dass er das ethische Gesetz als letzte Autorität über das eigene Leben in Frage stellt, verwickelt sich Abraham in die Angst: Indem er das Gesetz hinterfragt, erkennt Abraham sein eigenes Wesen als unabhängig von der ethischen Gemeinschaft, der er angehört.

Kierkegaard widersetzt sich Hegels Begriff der Individualität als Sünde, wenn er dieser Angst einen Wert als menschliche Freiheit zugesteht, wenn er sie als Aufforderung begreift, sich zu entscheiden, ob man dem Gesetz oder einer höheren Autorität folgen will. Auch wenn Hegel sich über einen solchen Moment, in dem das Individuum aus seiner ethischen Gemeinschaft heraustritt und die Herrschaft der Gesetze über das eigene Leben aussetzt, keine Sorgen zu machen scheint, gesteht er der »Furcht« und dem »Zittern« doch einen Wert als notwendige Momente der Entwicklung des menschlichen Subjekts zu.[28] Bezeichnenderweise berücksichtigt Kierkegaard diesen Moment bei Hegel, in dem Furcht und Zittern als notwendige Erfahrungen für die Erlangung menschlicher Freiheit verstanden werden, nicht. Dieser Moment findet sich am Ende des bekannten Kapitels »Herrschaft und Knechtschaft« in der *Phänomenologie des Geistes*. An dieser Stelle hat sich der Knecht, der zuvor Eigentum des Herrn war, aus seiner Sklaverei befreit. Man könnte an dieser Stelle einen Lobgesang auf die Freiheit erwarten, stattdessen begegnet uns in dem sich loslösenden

---

[28] Es ist interessant, dass Kierkegaard die Formulierung »Furcht und Zittern« dem Neuen Testament entnimmt, um sie dann auf Abraham, eine Figur des Alten Testaments anzuwenden. Hegels Situierung von »Furcht und Zittern« in seinem Werk ist vielleicht etwas näher an der Bedeutung der Formulierung im Neuen Testament: »Also, meine Lieben, – wie ihr allezeit gehorsam gewesen seid, nicht allein in meiner Gegenwart, sondern jetzt noch viel mehr in meiner Abwesenheit – schaffet, dass ihr selig werdet, mit Furcht und Zittern. Denn Gott ist's, der in euch wirkt beides, das Wollen und das Vollbringen, nach seinem Wohlgefallen.« (Phil, 2,12–13).

Knecht eine erschütternde Angst. Die folgende Beschreibung des emanzipierten Knechts aus Hegels *Phänomenologie des Geistes* ist ein Beispiel für Furcht und Zittern, das durch die Erfahrung einer zeitweise von der Autorität entbundenen menschlichen Freiheit hervorgebracht wird. Der Knecht produziert Gegenstände und *erkennt* nun zum ersten Mal seine Arbeit in dem, was er gemacht hat, *wieder*. Diese Erkenntnis seiner selbst in dem von ihm gemachten Gegenstand löst Furcht in ihm aus: »Das Formieren hat [...] auch die negative [Bedeutung], die Furcht. Denn in dem Bilden des Dinges wird ihm die eigene Negativität, sein Fürsichsein [...] zum Gegenstande [...]. Aber dies gegenständliche *Negative* ist gerade das fremde Wesen, vor welchem es gezittert hat.«[29]

Während der Knecht zuvor Angst vor seinem Herrn hatte, fürchtet er sich nun vor seiner eigenen Freiheit – jetzt, da die Freiheit zu dem geworden ist, was über seine eigene Existenz »herrscht«. Einige Zeilen später fährt Hegel mit einem Abschnitt fort, der den Ausdruck der Freiheit in der Arbeit mit der Erfahrung der Furcht in Zusammenhang bringt:

> Ohne das Bilden bleibt die Furcht innerlich und stumm, und das Bewusstsein wird nicht für es selbst. Formiert das Bewußtsein ohne die erste absolute Furcht, so ist es nur ein eitler eigener Sinn [...]. Hat es nicht die absolute Furcht, sondern nur einige Angst ausgestanden, so ist das negative Wesen ihm ein Äußerliches geblieben [seine Freiheit scheint immer noch jemand anderem zu gehören, nicht ihm selbst, J. B.], seine Substanz ist von ihm nicht durch und durch angesteckt.[30]

Wenn der Knecht nicht von der Furcht bis ins Mark seines Seins erschüttert wurde, dann bleibt die Freiheit, so merkt Hegel weiter

[29] Hegel, *Phänomenologie des Geistes*, S. 154.
[30] Ebd., S. 154f.

an, »eine Freiheit, welche noch innerhalb der Knechtschaft stehenbleibt«.[31]

Wir können langsam erahnen, dass Kierkegaards Bild von Hegel nicht immer fair ist. Hegel war offensichtlich nicht für die Versklavung des Einzelnen unter dem ethischen Gesetz, denn das mit dem Moment der Emanzipation verbundene »Furcht und Zittern« prägt das Individuum bei seinem Eintritt in das moralische Leben im folgenden Kapitel der *Phänomenologie*. Tatsächlich kann man durchaus die Frage stellen, ob Kierkegaards eigene Rede von »Furcht und Zittern« nicht direkt aus Hegels Beschreibung des sich loslösenden Knechts in der *Phänomenologie des Geistes* abgeleitet ist. Wie weit ist das Zittern des Knechts angesichts der eigenen Freiheit von Abrahams Angst im Angesicht der eigenen potentiellen Handlung entfernt? Worin unterscheidet sich das eine »Zittern« vom anderen?

Wo Hegels Knecht vor dem erzittert, was er erschaffen hat, vor der äußerlichen Bestätigung seiner schöpferischen Kraft, erzittert Abraham (innerlich) vor dem, was Gott ihm zu opfern und zu zerstören befohlen hat. Wo der Knecht sich vor seinem eigenen schöpferischen Vermögen fürchtet, vor einem Vermögen, das ihm durch seine scheinbare Grenzenlosigkeit eine große Macht und Verantwortung aufbürdet, wird Abraham genötigt, sich einer göttlichen Forderung zu unterwerfen, die er nicht verstehen kann. Abrahams Freiheit wird in dieser Hinsicht nicht von der Vernunft geleitet, sondern von etwas, das irrational ist, jenseits der Vernunft liegt und erfordert, den Gehorsam an dieses Irrationale über alle menschlichen Gesetze zu stellen. Der Knecht hingegen scheint sich selbst ein Gesetz zu geben, das in seinem eigenen »Bilden« oder in seiner Arbeit zum Ausdruck kommt. Der Knecht scheint zeitweise von der Autorität befreit, von einem Herrn, der ihm ein anderer ist. Abraham jedoch ist von einem HERRN gefesselt, der so radikal anders ist als er selbst, dass er ihn überhaupt nicht verstehen kann.

---

[31] Ebd., S. 155.

Dass der Knecht gezwungen ist frei zu sein, ohne die Führung einer zusätzlichen Autorität, das ist eine unerträgliche Situation, die im folgenden Kapitel über das »unglückliche Bewusstsein« zur Entwicklung eines *Bewusstseins* führt, in dem sich der Knecht selbst ein moralisches Gesetz auferlegt, was Hegel als eine Form der Selbstversklavung beschreibt. Hegels Knecht entzieht sich also der furchteinflößenden Aussicht der eigenen Freiheit, indem er sich zu ethischen Projekten versklavt und verschiedene Rituale der Selbstverneinung vollzieht. Abraham hingegen muss sich einer Autorität unterwerfen, deren Forderungen unverständlich sind, was ihn auf furchteinflößende Weise von der moralischen Gemeinschaft und von seinem eigenen rationalen Vermögen entbindet. Kierkegaard erzählt uns, dass Abraham gerade durch dieses Verharren in Furcht und Zittern zu einer vollen und gnädigen Erfahrung des Glaubens gelangt.

Die Aufgabe des Glaubens liegt darin, auch angesichts der Ereignisse, die aus der eigenen Existenz ein radikal unmögliches Unterfangen machen, weiterhin an der unendlichen Möglichkeit festzuhalten. Was Kierkegaard an der Geschichte so faszinierend fand, ist, dass Abraham trotz der Aussicht, das Wertvollste zu verlieren, nicht vom Glauben abgefallen ist, dass er Gott nicht verflucht hat: Er bleibt seinem Glauben angesichts dieses Verlustes nicht nur treu, er ist sogar bereit, selbst das Opfer zu bringen.[32] Abraham liebt Isaak, aber dieses menschliche Band kann nicht die wichtigste Leidenschaft in seinem Leben sein, denn alles bloß existierende kann kommen und gehen, und diese Vergänglichkeit kann niemals der Gegenstand des Glaubens sein. Wenn wir in Bezug auf das Auf und Ab der romantischen Liebe oder in Bezug auf die komplizierten emotionalen Bindungen des Familienlebens davon sprechen, dass unsere Existenz ohne ein bestimmtes existierendes Individuum sinnlos wäre, dann ist das ein Symptom unse-

---

[32] Man stelle sich vor, Hegels Knecht hätte einen Sohn mit einer Frau gezeugt und wäre dann genötigt worden, ihn zu opfern. Wie würde Hegel seine Analyse verändern müssen, um Abrahams Qual gerecht zu werden?

rer Verzweiflung. Wenn irgendein existierendes Individuum zum letzten Grund für das Leben wird, dann muss dieses Individuum für Kierkegaard geopfert werden, damit der Glaube zu seinem eigentlichen Gegenstand zurückkehren kann: zum Unendlichen.

In *Die Wiederholung*, das gleichzeitig mit *Furcht und Zittern* veröffentlicht wurde, erzählt Kierkegaard die Geschichte, wie ein junger Mann, ein kaum verkleideter Stellvertreter des Autors selbst, die Verlobung zu einem Mädchen auflöst, in das er verliebt ist. Das Opfer scheint absurd, denn er hat nicht aufgehört, sie zu lieben. Und doch, gerade wenn das Mädchen zum letzten Grund des eigenen Lebens wird, zur Quelle aller Bejahung, dann hat der junge Mann die Ungebundenheit seiner Leidenschaft an ein existierendes Individuum gebunden: Und das stellt für Kierkegaard eine Form der Verzweiflung und ein Scheitern des Glaubens dar. Gerade weil das Mädchen ein Gegenstand geworden ist, den er nicht verlieren will, muss er seine Bereitschaft demonstrieren, sie vollkommen zu verlieren. Sein Opfer ist demjenigen Abrahams nicht unähnlich, außer dass Abraham, der »Ritter des Glaubens«, Isaak zurückerhält, während der junge Mann, ein wahrhafter »Ritter der Resignation«, einen unwiederbringlichen Verlust zu orchestrieren und zu erleiden scheint. Er kann endliche Dinge opfern, ohne in die Verzweiflung zu verfallen, die für das Leben des Ästheten ebenso wie für das Leben des Moralisten kennzeichnend ist, aber er ist nicht in der Lage, die Unendlichkeit zu bejahen, die die ganze Existenz vollkommen absurd erscheinen lässt.

Was hat es zu bedeuten, dass Abraham Isaak zurückerhält, der junge Mann aus *Die Wiederholung* hingegen seine Liebe nicht zurückbekommt. Zu glauben bedeutet, dem Endlichen nicht länger eine absolute Bedeutung zuzumessen, unabhängig davon, ob es sich um ein Individuum, um ein Ensemble von Objekten oder Besitztümern, ein Vaterland, einen Beruf oder eine Familie handelt. All diese Gegenstände der Wertschätzung sind endlich und vergänglich, und wenn wir unsere religiösen Leidenschaften auf diese Dinge richten, dann wenden wir uns laut Kierkegaard von

Gott ab und gestehen den Dingen von dieser Welt eine verfehlte religiöse Bedeutung zu und verfallen so der Verzweiflung. Wenn man den Sprung des Glaubens macht, dann gesteht man dem Unendlichen absolute Leidenschaft und Wertschätzung zu. Dies zieht eine Aussetzung nicht nur der ethischen, sondern der endlichen Sphäre im Ganzen nach sich, da jeder endliche Gegenstand der Leidenschaft von nun an als Geschenk verstanden wird, das aus dem Unendlichen hervorgeht und schließlich in dasselbe wieder zurückkehrt. Für Kierkegaard sind wir überhaupt erst frei zu lieben, wenn wir die Vergänglichkeit und Kontingenz (Nichtnotwendigkeit) des Geliebten bejahen. Wenn Abraham Isaak zurückbekommt, dann weil er seine Anhaftung an das Endliche ausgesetzt, das Unendliche bejaht und so verstanden hat, dass nichts auf dieser Welt eine absolute Leidenschaft aufrechterhalten kann. Genau in diesem Sinn war Isaak schon immer ein Geschenk Gottes; die eigene Existenz ist ein Geschenk und ebenso die Existenz jedes anderen existierenden Dings.

Anzuerkennen, dass es keinen notwendigen Grund dafür gibt, dass bestimmte Dinge existieren und andere nicht, produziert natürlich nicht nur ein Gefühl des Erstaunens, sondern auch eine Gefühl des Schreckens. Der Gedanke, dass ein existierendes Leben kontingent ist, ein arbiträres Ereignis, das ebenso gut nicht hätte geschehen können und das ohne Grund dahinscheiden könnte – dies ist ein Gedanke, der in sich selbst versinkt, denn wie kann ein Gedanke die Kontingenz des Denkers denken, der ihn denkt? Doch es ist gerade dieser Gedanke, der zu der Furcht um die eigene Existenz und weiter zur Frage des Glaubens führt. Die existierende Welt auf diese Weise zu erleben, als ein erschreckendes und erstaunliches Geschenk, heißt zu wissen, dass man nicht der Schöpfer der Welt ist, dass der Vater im strengen Sinn des Wortes nicht der »Ursprung« des Sohnes ist, und dass nicht nur alle Dinge – auf absurde, erstaunliche Weise – aus dem Unendlichen hervorgehen, sondern dass sie auch dorthin zurückkehren.

Für Kierkegaard hat das Problem der Kontingenz der Existenz Implikationen für die menschliche Liebe, eine Leidenschaft, die an den Glauben grenzt, die aber in Verzweiflung umschlägt, wenn sie sich zu sehr an den Glauben annähert, an jene absolute oder unendliche Leidenschaft. Das Existierende zu lieben, ohne zugleich um das fragile und kontingente Wesen dieser Existenz zu wissen, heißt verzweifelt zu sein: Wenn man versucht, einen menschlichen Gegenstand so zu lieben, als ob er absolut wäre, dann projiziert man die religiöse Leidenschaft auf einen menschlichen Gegenstand. Das Ergebnis ist laut Kierkegaard, dass man von einer verschobenen Leidenschaft und einem andauernden Gefühl des Verlusts geplagt wird. Kierkegaard beschreibt das Problem recht ausführlich im ersten Band von *Entweder – Oder.* Das Buch, das zu seinem Frühwerk gerechnet wird, besteht aus zwei Bänden. Der erste Band versammelt Texte, die den ästhetischen Standpunkt in Szene setzen oder erkunden; der zweite Band beinhaltet Predigten und Abhandlungen zum ethischen Standpunkt. Keine dieser beiden Perspektiven fällt mit dem Glauben zusammen, doch Kierkegaard suggeriert auf eine unverkennbar Hegelianische Weise, dass diese beiden Sphären, diese beiden Weisen, sich der Welt zu nähern, erfahren werden müssen, damit man ihre Begrenztheit und die Überlegenheit des Glaubens verstehen kann. In keinem der beiden Bände gibt es ein Schreiben vom Standpunkt des Glaubens, es ist nicht klar, ob ein derartiges Schreiben überhaupt existieren kann. Der Glaube ist dennoch in den Schriften präsent, er ist präsent als der nicht gewählte Pfad, als der Weg, der das Paradox bejaht, das zwischen der ästhetischen und der ethischen Perspektive entsteht.

Der eitle Versuch, aus dem menschlichen Wesen einen Gegenstand der absoluten oder unendlichen Leidenschaft zu machen ist das schicksalhafte Dilemma des Ästheten in *Entweder – Oder.* Die Alternative in diesem Text besteht darin, ein rein moralisches Wesen zu werden, ein Wesen, das an nichts Endlichem haftet, sondern im Einklang mit dem universalen Gesetz handelt, mit einem Gesetz, das für jeden gilt und das aus dem gehorchenden Subjekt ein anonymes und unpersönliches Subjekt macht. Der Ästhet andererseits schätzt das Unmittelbare und Endliche als wäre es das Absolute. Die ethische Person (die auch als »Ritter der unendlichen Resignation« bezeichnet wird) behandelt das menschliche Gesetz als ob es absolut wäre und wendet seine ganze Leidenschaft auf, um dieses Gesetz anzuwenden. Wer im Glauben steht, lebt hingegen ganz in der endlichen Welt, bejaht aber zugleich deren Kontingenz. Das ist das Wunder, von dem Kierkegaard behauptet, es nicht bewirken zu können: das Existierende zu lieben und zu bejahen, dass es verloren werden könnte, dass es nicht als letzter Gegenstand der Leidenschaft dienen kann, als das, wofür man lebt. Die menschliche Liebe erfordert ein Wissen von der Gnade, sie erfordert zu wissen, dass das, was uns zu lieben gegeben ist, nicht uns gehört, und dass der Verlust des Geliebten uns an den Ursprung aller endlichen Dinge, also auch an den Ursprung unserer selbst verweist. Für den Glaubenden bedeutet das, dass die Liebe immer eine furchterfüllte und ironische Angelegenheit bleibt, und man kann nicht unmittelbar einsehen, wie dieser unendliche Glaube neben der endlichen Liebe für das Existierende bestehen kann. In Kierkegaards Worten: »das Sublime absolut im Pedestrischen auszudrücken – das vermag nur ein Ritter [des Glaubens] –, und das ist das alleinige Wunder.«[33]

Kierkegaards paradoxe Auffassung des Glaubens impliziert, dass es sich nicht um eine Form des Asketismus handelt. Kierkegaard empfiehlt keine Abkehr von der Welt. Im Gegenteil stellt er sich vor, dass der Ritter des Glaubens in der gewöhnlichen Welt der Dinge leben wird, ein »Steuereintreiber«, wie er in *Furcht und Zittern* vorschlägt. Von außen könnte man nicht erkennen, dass dieses Individuum glaubt, denn der Glaube ist durch seine radikale Inwendigkeit unausdrückbar. Die gesamte unendliche Sphäre würde einem solchen Individuum aus dem paradoxen Grund

[33] Kierkegaard, »Furcht und Zittern«, S. 219.

»wiedergegeben«, dass sie oder er durch den Glauben nicht länger um den Verlust des Existierenden fürchtet. Im Glauben bejaht das Individuum die Absurdität und die Arbitrarität, durch welche die existierende Welt entsteht und vergeht. Diese Bejahung ist keine Weisheit und kein Wissen, sondern eine irrationale Leidenschaft, die an den Grenzen alles Denkens entsteht.

Die paradoxe Sprache des Glaubens

Auch wenn klar ist, dass Kierkegaard für den Glauben schreibt, so bleiben doch zumindest zwei Fragen offen, die jede Leser_in seiner Schriften umtreiben. Die erste Frage betrifft das »Was« des Glaubens: Woran glaubt Kierkegaard? Was ist dieser Gott, der das Unendliche zu sein scheint, oder genauer noch, die unendliche Möglichkeit? Die zweite Frage ist unmittelbar mit der ersten verbunden: Wie können wir eine Antwort auf die Frage »Woran glaubt Kierkegaard?« erhalten, wenn wir die Antwort *in der Sprache* erwarten? Schließlich haben wir bereits erfahren, dass der Glaube, also die unendliche Leidenschaft der Inwendigkeit des Selbst, nicht sprachlich ausgedrückt werden kann. Doch welcher Status kommt dann Kierkegaards eigenen Texten zu, wenn wir verstehen, dass ihr Ziel in einer Anregung zum Glauben besteht? Wie können sie ihr Ziel erreichen, wenn wir von Anfang an wissen, dass sie den Glauben niemals ausdrücken können, dass sie, wenn sie behaupten, den Glauben ausgedrückt zu haben, sie an dieser Aufgabe bereits gescheitert sein müssen?

Kierkegaards Gott ist unendlich, und daraus folgt, dass er niemals mit einem seiner Produkte identifiziert werden kann. Von diesem Gott wird zwar gesagt, dass er der Ursprung der existierenden Welt ist, es handelt sich jedoch nicht um einen personifizierten Gott, der an irgendeinem Punkt der Geschichte – oder vor der Geschichte – gesagt hat »Es werde Licht« und plötzlich ward es Licht. Es ist nicht so, dass Kierkegaard die Wahrheit der

Bibel infrage stellt, er beharrt vielmehr darauf, dass die Wahrheit der Bibel nicht in der Sprache des Textes gefunden werden kann. In diesem Sinn ist Kierkegaard gegen eine wörtliche Lektüre der Bibel, gegen eine Lektüre, die jedes darin gedruckte Wort für ein von Gott übermitteltes Wort hält. Ganz im Gegenteil befindet sich die »Wahrheit« der Bibel nicht eigentlich *im* Text, sondern *im Leser*, in den verschiedenen Akten, durch welche die verschiedenen Aufrufe zum Glauben von den Lesenden *angeeignet* und aufgenommen werden. Die Wahrheit der Bibel kann im Glauben derjenigen gefunden werden, die die Bibel lesen. Der Text ist eine *Voraussetzung*, unter der eine bestimmte Anweisung zum Glauben erfolgen kann, doch der Glaube kann niemals dadurch erreicht werden, dass man lernt, was die Bibel sagt, sondern einzig dadurch, dass man sich schließlich vom Text ab und nach innen wendet, um dort die unendliche Leidenschaft zu entdecken, die aus der Forderung nach der Bejahung der Kontingenz hervorgeht. In den *Philosophischen Brosamen* werden die Bibel und die Bibelexegese mit Ironie verhandelt: Diese Texte können keine *historische* Wahrheit liefern, die für eine am Glauben interessierte Person von Interesse wäre, denn historische Belege für die Existenz oder die Lehren von Jesus Christus können eine Person niemals vom Glauben überzeugen. Der Glaube entsteht nicht als Ergebnis eines überzeugenden Arguments. Der Glaube (und ebenso sein Gegenstück, die Verzweiflung) können gerade dann auftreten, wenn alle Argumentation und alle historischen Belege scheitern.[34]

[34] Man beachte Kierkegaards ironischen Tonfall, wenn er gegen die historischen Anstrengungen, die Existenz Gottes zu beweisen, anschreibt: »Und wie kommt nun das Dasein des Gottes aus dem Beweis zum Vorschein? Geht es so ganz direkt zu? [...] solange ich an dem Beweis festhalte (das heißt: fortfahre, der Beweisende zu sein), kommt das Dasein nicht zum Vorschein, wenn nicht aus einem anderen Grunde, dann deshalb, weil ich im Begriff bin, es zu beweisen; aber indem ich den Beweis loslasse, ist das Dasein da. Doch, dass ich loslasse, das ist doch wohl auch etwas, das ist ja meine Zutat; müßte dies denn nicht auch in Anschlag gebracht werden, dieser kleine Augenblick, wie kurz er auch sei – lang

Ein historisches Verständnis des Glaubens begegnet aber noch einer weiteren Schwierigkeit. Einige christliche Gelehrte behaupten, man könne beweisen, dass Jesus Christus gelebt hat, dass er zur Welt gekommen ist, und dass er der Sohn Gottes war. Die Behauptung, »dass« er existiert hat, genügt Kierkegaard jedoch nicht. Sie führt ihn nur zu einer Reihe von philosophischen Fragen, auf welche die historischen Untersuchungen keine Antwort geben können: Was bedeutet es, »zur Existenz zu gelangen«? Wenn man von etwas sagen kann, dass es »zur Existenz gelangt«, dann muss es zu irgendeinem früheren Zeitpunkt überhaupt nicht existiert haben. Wie kann also etwas, das nicht seiend ist, in ein Seiendes verwandelt werden? Diese Frage hat uns freilich schon weiter oben beschäftigt, als wir der Frage nachgingen, wie das philosophische Staunen der scheinbaren Absurdität nachgeht, dass einige Dinge existieren, und nicht vielmehr nicht existieren, dass bestimmte Möglichkeiten wirklich oder endlich werden, während andere Möglichkeiten bloß möglich bleiben. Möglichkeit und Wirklichkeit sind Zustände, die sich wechselseitig ausschließen: Ein Ding ist entweder möglich oder wirklich, zu sagen, dass es beides zugleich ist, würde keinen Sinn ergeben. Sagt man also, dass etwas zur Existenz gelangt, so ist darin impliziert, dass das in Rede stehende Ding aus einem Zustand der Möglichkeit in einen Zustand der Wirklichkeit übergegangen ist. Dieser

---

braucht er ja nicht zu sein, da er ein *Sprung* ist. Wie klein dieser Moment auch sei, ob es auch im selben Nu ist; dieses selbe Nu, das muss in Anschlag gebracht werden.« (Kierkegaard, »Philosophische Brosamen«, S. 54f.).

Kierkegaard spielt hier mit der doppelten Bedeutung des Loslassens als »eigener Zutat«. Einerseits besteht darin der philosophische Beitrag zur Kritik am Rationalismus und der »Sprung« ist ein Begriff, den Kierkegaard in den philosophischen und religiösen Diskurs eingeführt hat. Andererseits legt er nahe, dass niemand, auch er selbst nicht, zum Glauben gelangen kann, ohne selbst einen Beitrag zu leisten, ohne eine eigene Zutat. Und diese Zutat, die der Leidenschaft entstammt, muss aus der Inwendigkeit des Selbst hervorgehen und auf einen Glauben abzielen, den kein »Beweis« auf automatische Weise produzieren kann.

Übergang kann laut Kierkegaard nicht »gedacht« werden, er ist vielmehr ein Widerspruch, der alle Dinge begleitet, die »seiend werden«.

In den *Philosophischen Brosamen* betrachtet Kierkegaard das äußerst wichtige Paradox, dass in der Person des ERRETTERS (dessen historischer Status ungewiss oder zumindest irrelevant bleibt) das Ewige zeitlich geworden und das Unendliche endliche Form angenommen zu haben scheint. Während Hegel behaupten würde, dass die endliche Erscheinung das Unendliche in dieser folgenreichen Instanziierung tatsächlich zum Ausdruck bringt und verwirklicht, dass diese zeitliche, alternde und sterbliche Person das zum Ausdruck bringt, was niemals sterben kann, nimmt Kierkegaard an einer derartigen Auffassung Anstoß: Er argumentiert, dass dieses Auftreten ausgesprochen paradox ist, dass der menschliche und der göttliche Aspekt der Gestalt Christus niemals versöhnt werden können. Insofern er unendlich ist, kann er nicht in endlicher Form erscheinen, ohne seinen Status der Unendlichkeit zu verlieren. Und insofern er endlich ist, kann er nicht unendlich werden, denn Endlichkeit impliziert Sterblichkeit.

Was Kierkegaards Schreiben in den *Philosophischen Brosamen* so bemerkenswert macht, ist, dass das sogenannte Wunder, dass Gott zur Existenz gelangt, in jedem Moment wiederholt wird, in dem ein endliches Ding »zum Sein gelangt«. Christus ist keine Ausnahme, er vollzieht diese paradoxe Bewegung, er ist in dieser Hinsicht nicht einzigartig, schließlich geht jedes menschliche Wesen aus einer Reihe von unendlichen Möglichkeiten hervor, bewegt sich aus dem Unendlichen (aus dem Nicht-Sein, das noch nicht endlich ist und noch nicht über ein spezifisches Sein verfügt) ins Endliche (oder ins Sein). Alles, was zur Existenz gelangt, ist wundersam, und zwar aus genau den Gründen, die wir in der Erörterung des Wunders entwickelt haben. Kierkegaard scheint sich auf eine geradezu anmaßende Weise von der Autorität der Kirche, der Schrift und der Gelehrten zu entfernen, deren Aufgabe es ist, die historischen Einzelheiten von Christi

Aufenthalt auf Erden zu bestimmen. Er geht sogar so weit, dass er den Grundbegriffen des Christentums neue Definitionen verpasst, Definitionen, die er selbst entwickelt. Kierkegaard hat kein Interesse daran, seine Interpretation gegen das Wort der Schrift oder gegen andere Interpretationen abzuwägen. Er entwickelt und präsentiert seine eigene Interpretation. Im Lauf des einleitenden Kapitels zu den *Philosophischen Brosamen* scheint Kierkegaard die Macht des Benennens zu übernehmen, die im Buch Genesis eigentlich Gott vorbehalten war. In Genesis sprach Gott, und er sagte, »Es werde Licht, Mann, Frau, Getier usw.«, und die bloße Macht seiner Stimme genügte, um diesen Wesen Sein zu verleihen. Kierkegaard scheint diese Macht der Benennung für sich zu beanspruchen, bei den Wesen, die er durch seine Schriften zur Existenz gelangen lässt, handelt es sich jedoch um christliche Begriffe. Er *benennt* diese Konzepte und verändert dadurch ihre Bedeutung so, dass sie in sein interpretatorisches Schema passen: »Wie sollen wir nun solch einen Lehrer nennen, der ihm die Bedingung wiedergibt und mit ihr die Wahrheit? Wir wollen ihn einen *Erretter* nennen [...], einen *Erlöser*«.[35] Er gibt weiterhin Definitionen von der »Bekehrung«, von der »Reue«, von der »Wiedergeburt« usw.

Was bedeutet Kierkegaards Bereitschaft, neue Bedeutungen für orthodoxe christliche Begriffe zu schaffen? Spricht sich in dem Versuch, diesen Worten eine neue Interpretation zu geben, nicht eine Art von Anmaßung oder Hochmut aus? Steht dieser kreative Umgang mit den Worten in einer Beziehung zu Kierkegaards geheimnisvoller Karriere als Autor?

Worin besteht die Autorität des Autors? Für Kierkegaard kann der Glaube nicht mitgeteilt werden, weswegen jeder Versuch, ein Buch zu schreiben, das den Glauben mitteilt, per definitionem zum Scheitern verurteilt ist. Kierkegaard muss also ein Buch schreiben, das unaufhörlich daran scheitert, den Glauben mitzuteilen, ein Buch, dass beharrlich seine eigene Autorität aufgibt,

[35] Kierkegaard, »Philosophische Brosamen«, S. 26.

die Autorität, zu bestimmen, was der Glaube ist. Er muss einen Text schreiben, der sich gegen sich selbst wendet und sein eigenes Scheitern herbeiführen will. Wenn die Leser_in dieses Buchs weiß, dass es kein Wissen vom Glauben zu bieten hat, dann wird sie vom Versprechen eines solchen Wissens nur soweit verführt, als sie auf eine lehrreiche Weise enttäuscht wird. Kierkegaards Sprache muss sich also der paradoxen Aufgabe stellen, die Grenzen der Sprache selbst in Szene zu setzen. Der Autor, der versucht, den Weg zum Glauben zu weisen, muss jedem Versuch, den Glauben unmittelbar mitzuteilen, widerstehen; er muss also das Scheitern seines eigenen Buches wollen und gerade in diesem Scheitern seinen Erfolg erkennen.

In *Die Krankheit zum Tode* beschäftigt sich Kierkegaard mit einer bestimmten Form von Verzweiflung, von der die »Dichter« und die Verfasser fiktiver Texte betroffen sind. Wir können in dieser Diagnose ein kaum verhülltes autobiographisches Bekenntnis erkennen. Wir können davon ausgehen, dass Kierkegaard eine Art Dichter ist,[36] ein Dichter, der durch die Konstruktion der verschiedenen Pseudonyme fiktive Erzählerstimmen für die meisten seiner frühen Texte kreiert. Er konstruiert weiterhin verschiedene »Beispiele« für den Glauben und die Verzweiflung, fabriziert »Typen« von Individuen, indem er biblische und klassische Figuren ausschmückt: Abraham, Don Juan usw. Ziehen wir nun Kierkegaards Diagnose einer Person in Betracht, die von einer trotzigen Verzweiflung beherrscht ist, von dem Willen, sie selbst zu sein, also der alleinige Grund und die alleinige Macht ihrer eigenen Existenz zu sein und somit Gottes Platz einzunehmen: »Und gerade dies will das Selbst verzweifelt sein, das Selbst von jedem Verhältnis zu der Macht losreißend, die es gesetzt hat, oder von der Vorstellung losreißend, dass es eine solche Macht gibt. Mit dieser unendlichen

[36] Vgl. dazu: Louis Mackey, *A Kind of Poet*, Philadelphia 1971.

Form will das Selbst verzweifelt über sich selbst verfügen oder sich selbst schaffen«.[37]

Kierkegaard erklärt im Anschluss daran, dass diese Art des verzweifelnden Individuums fantasiert, alle möglichen Dinge zu sein, die er oder sie nicht ist: »das verzweifelnde selbst [...] verhält sich eigentlich beständig nur experimentierend zu sich«.[38] Dieses experimentierende, Fiktionen produzierende Selbst kann »zu einem experimentierten Gott« werden, »baut also beständig nur Luftschlösser und ficht ständig nur in der Luft«.[39] Auf die Spitze getrieben wird diese trotzige Form der Verzweiflung *dämonisch*, der Wille sich selbst zu fabrizieren und zu fiktionalisieren behauptet sich dann als eindeutiger Trotz, sogar als Hass auf Gott. Gibt es also für Kierkegaard einen harten Gegensatz zwischen dem Leben des Glaubens und einem Leben der Produktion von Fiktionen? Und kann Kierkegaard selbst von diesen imaginären Konstruktionen ablassen, um ein Leben des Glaubens zu leben, ein Leben, von dem wir durch die Beschäftigung mit Abraham wissen, dass es ein Leben des Schweigens ist?

Die dämonische Verzweiflung, die Kierkegaard als die intensivste Form der Verzweiflung bezeichnet, ist in einem »Hass auf die Existenz« begründet: »er will auch nicht im Trotz oder trotzig, aber zum Trotz er selbst sein«.[40] Über welche Evidenz gegen die Existenz verfügt eine solche Person? Wer in dämonischer Verzweiflung steckt, ist sich selbst die Evidenz, die seinen Hass gegen die Existenz rechtfertigt. Das scheint zu implizieren, dass derjenige, der dämonisch verzweifelt, dieser beständige Schöpfer von Fiktionen *sich selbst dafür hasst*, dass er eine imaginäre Konstruktion seiner selbst hervorbringt, zugleich aber an dieser Selbst-Erschaffung festhält. Es handelt sich um ein Selbst, das sich durch seine Schöpfung von Fiktionen als Schöpfer seiner eigenen

37 Kierkegaard, »Die Krankheit zum Tode«, S. 100.
38 Ebd., S. 101.
39 Ebd., S. 101f.
40 Ebd., S. 107.

Existenz geriert, das also den Platz Gottes als den wahren Urheber der menschlichen Existenz bestreitet. Doch dieses dämonische Selbst muss sich zugleich auch selbst dafür verachten, dass es versucht, die Macht Gottes zu übernehmen. Dieses in dämonischer Verzweiflung gefangene Selbst schwankt zwischen Selbst-Erschaffung und Selbsthass. Insofern dieses dämonische Selbst ein Autor ist, insofern es Kierkegaard selbst ist, bringt es Fiktionen hervor, nur um im Anschluss die Konstruktionen, die es selbst geschaffen hat, niederzureißen. Wer in dämonischer Verzweiflung gefangen ist, kann die göttliche Autorschaft, die seine eigenen Fiktion, sein pseudonymes Werk ermöglicht, nur anerkennen, indem er zugibt, dass sein Schaffen notwendigerweise einen Betrug darstellt.

Am Ende des ersten Teils von *Die Krankheit zum Tode* scheint Kierkegaard damit zu beginnen, sein eigenes Schaffen zu verwerfen, womit der Weg für eine Würdigung Gottes als des einzigen »ausgezeichneten Autors« frei wird: Kierkegaard erkennt an, dass sein eigenes Werk stets als abgeleitet von einer Macht verstanden werden muss, die ihn konstituiert, einer Macht, die ihm vorausgeht und seine eigene imaginäre Produktion ermöglicht:

> Es ist, um es bildlich zu sagen, als wenn einem Verfasser ein Schreibfehler unterliefe, und dieser würde sich als solcher bewusst – vielleicht war es doch eigentlich kein Fehler, sondern gehörte in einem viel höheren Sinne wesentlich zur Darstellung hinzu – es ist, als wenn nun dieser Schreibfehler gegen den Verfasser sich zur Auflehnung bringen wollte, aus Haß ihm verwehrte, ihn richtigzustellen, und in wahnwitzigem Trotz zu ihm sagte: »Nein – ich will nicht ausgemerzt werden, ich will als ein Zeuge gegen dich dastehen, als Zeuge dafür, dass du ein mittelmäßiger Schriftsteller bist.«[41]

Der 1848 verfasste und 1849 veröffentlichte Text zeigt uns Kierkegaards wachsenden Wunsch, den Verlockungen der Autorschaft zu

[41] Ebd., S. 108.

widerstehen. Zwei Jahre zuvor notierte er sich in sein Tagebuch: »mir ist jetzt seit längerem klar, dass ich nicht mehr Schriftsteller sein darf, was ich nämlich nur entweder ganz sein will oder gar nicht.«[42] Es scheint, als hätte Kierkegaard nach *Die Krankheit zum Tode* seine Karriere als Autor literarischer und philosophischer Texte aufgegeben und fortan rein religiöse Traktate geschrieben. Hat er den Glauben erlangt? Hat er die Verzweiflung überwunden? Waren seine Schriften nach diesem Sprung noch genauso fesselnd, oder hat sich gezeigt, dass sie gerade jene Verzweiflung erforderten, die er überwinden wollte?

Übersetzt von Oliver Precht

---

[42] Sören Kierkegaard, *Die Tagebücher*, Bd. 2, hg. u. übers. v. Hayo Gerdes, Düsseldorf 1962, S. 28.

Sexuelle Differenz als Frage der Ethik. Fleischliches Anderssein bei Irigaray und Merleau-Ponty[1]

Man kann zwar feststellen, dass Luce Irigaray in ihrer *Ethik der sexuellen Differenz* eine feministische Lektüre ausgewählter philosophischer Werke unternimmt, doch wir sollten uns vielleicht nicht allzu sicher sein, was das bedeutet. Ihr Text, der nur in einem ungewöhnlichen Sinn des Wortes feministisch genannt werden kann, formuliert nicht in erster Linie eine Kritik daran, wie die verschiedenen Philosophen Frauen dargestellt haben und er präsentiert auch keine Philosophie aus einer feministischen oder weiblichen Perspektive. Er stellt vielmehr, wie ich behaupten möchte, eine komplexe Auseinandersetzung mit philosophischen Texten dar, eine Auseinandersetzung, die zunächst die Voraussetzungen dieser Texte anzunehmen scheint, wie es die langen und sorgfältigen Zitierungen nahelegen. In diesem Sinne könnte man, zumindest auf den ersten Blick, schließen, dass Irigaray durch die üppige Zitation für die Texte, die sie liest, Verantwortung übernehmen will. Man könnte sogar schließen, dass sie sich in einem gewissen Sinne selbst unterordnet, so häufig stellt sie Auszüge der männlichen Philosophen, die sie liest, in den Vordergrund.

1 Dieser Essay ist ursprünglich im Jahr 1990 entstanden. Die Veröffentlichung der englischen Übersetzung von Luce Irigarays *Ethik der sexuellen Differenz* eröffnete dem englischsprachigen Publikum die Möglichkeit ihre gehaltvollste Auseinandersetzung mti der Geschichte der Philosophie zu studieren. Der Text besteht aus einer Reihe von Vorträgen, darunter Kapitel zu Platons *Gastmahl*, zu Aristoteles' *Physik*, zu Descartes' *Die Leidenschaften der Seele* und eine Reihe von abschließenden Reflexionen zu Merleau-Pontys postum veröffentlichten *Das Sichtbare und das Unsichtbare* und Emmanuel Levinas' *Totalität und Unendlichkeit*.

Aber die Art und Weise, wie sie aus diesen Texten zitiert, legt eine andere Beziehung nahe: Weder ordnet sie sich einfach unter, noch verspottet oder verhöhnt sie diese Texte lediglich. Tatsächlich möchte ich nahelegen, dass Irigaray gerade durch ihre Zitierweise eine ambivalente Beziehung zu der Macht (*power*) unterhält, die diesen Texten zugeschrieben wird – eine Macht, die sie ebenso anerkennt, wie sie sie auflösen (*undo*) will. Es ist vielleicht das Paradoxeste und Geheimnisvollste an ihrer textuellen Verwicklung in diese Texte, und insbesondere in die Texte von Merleau-Ponty, dass die Arten der Verwicklung – oder Verflechtung –, die sie realisiert und allegorisch darstellt, ausgerechnet für fleischliche Beziehungen charakteristisch sind. In diesem Sinne realisiert der Text also die Theorie des Fleisches, mit der er sich zugleich beschäftigt und richtet sich dadurch in einem hermeneutischen Zirkel ein, aus dem er nicht ausbrechen kann und in dem er auch gerne beschlossen zu bleiben scheint.

Irigarays Lektüre von Merleau-Pontys »Die Verflechtung – Der Chiasmus« ist in vielerlei Hinsicht recht ablehnend und verächtlich, etwa wenn sie eine gehemmte Entwicklung, eine Mutterfixierung und sogar eine intrauterine Phantasie unterstellt. Nichtsdestoweniger scheint ihre Abhängigkeit von seiner Theorie der taktilen, visuellen und linguistischen Beziehungen geradezu allumfassend zu sein. Weil es kein Denken außerhalb seiner Begrifflichkeit gibt, wird seine Begrifflichkeit in immer neuen Anläufen zum Gegenstand des Denkens gemacht. Dadurch wird Irigaray in einen spektakulären *double-bind* verstrickt: in seiner Begrifflichkeit gegen ihn zu denken, also zu versuchen, die Begrifflichkeit auszuschöpfen, die sie zugleich gegen ihn wenden will, mit dem Ziel, den Raum für die sexuelle Differenz zu eröffnen, von dem sie glaubt, dass sein Text ihn auszulöschen sucht.

Wir müssen die Implikationen ins Auge fassen, die ihre Strategie des Schreibens sowohl für die impliziten Machtverhältnisse zwischen den beiden Autor_innen als auch für die Theorie des Leibes bereithält, die in Irigarays verflochtener Lektüre thematisiert und zugleich realisiert wird. Sie geht erstens davon aus, dass sein Diskurs eine Begrifflichkeit bereithält, die eine Kritik dieses Diskurses ermöglicht; dass zweitens die Begrifflichkeit seiner Arbeit auch dazu in der Lage ist, die Verständlichkeit der Körper und des Leibes zu begründen; dass drittens diese begründende Kraft, wie sie sagt, in einer Zurückweisung des Weiblichen, in einer Tilgung und Verdeckung der sexuellen Differenz gründet; dass viertens Irigarays Wiedergabe und Zitierung seines Werks der einzige Weg ist, um das Scheitern seiner Begrifflichkeit herauszustellen; was schließlich heißt, dass sich fünftens die Kraft, seinem Werk entgegenzuwirken, aus ebendiesem Werk herleitet.

Wenngleich dies nahezulegen scheint, dass Irigaray, indem sie der angenommenen Macht von Merleau-Pontys Essay entgegenwirkt, diese Macht immer nur bestätigen und steigern kann, so muss doch gefragt werden, ob der doppelte Widerschein, den sein Werk bei Irigaray zeitigt, auf eine andere Weise gelesen werden kann. Wenn man auch geneigt sein mag, zu folgern, dass das Weibliche für Irigaray in einem radikalen Sinn außerhalb des herrschenden philosophischen Diskurses und deswegen auch außerhalb von Merleau-Pontys Reflexionen über den Leib steht oder dass, was vielleicht dasselbe heißt, sich die Macht nur in dem herrschenden Diskurs verorten lässt, so legt die textuelle Verstrickung ihrer Lektüre eine widersprüchlichere und ambivalentere Verteilung der Kraft nahe. Sie begreift auch das radikal mit ein, was sich ihr entgegenstellt. Sie stellt sich dem ANDEREN entgegen, indem sie auf merkwürdige Weise an seiner Begrifflichkeit teilhat und sie verschlingt. Ihr Standpunkt ist von einer Position, die das Weibliche für das radikal Andere hält, ebenso zu unterscheiden wie von der Position des Phallogozentrismus, der sich selbst auf radikale Weise die sexuelle Differenz aneignet. Auf einer textuellen Ebene realisiert Irigaray eine Art von Verstrickung, die nahelegt, dass das »außerhalb« des Phallogozentrismus »innerhalb« seiner Begrifflichkeit zu finden ist, dass das Weibliche in die Begrifflichkeit des Phallogozentrismus eingedrungen ist und so die Frage mehrdeutig macht, *ob die Stimme, die spricht, männlich oder weiblich ist.* Die Machtbeziehung und die leibliche Beziehung, die sich allegorisch in den textuellen Beziehungen, die Irigarays Text mit dem Text Merleau-Pontys unterhält, erkennen lässt, ist also kein *Gegensatz*, in dem das Weibliche gegen das Männliche in Stellung gebracht wird, sondern das Herausstellen und Hervorbringen einer wechselseitig konstitutiven Beziehung. Das bedeutet einerseits, dass das Männliche nicht ohne das »Andere« »sein« kann, dass die Verstoßung des Weiblichen aus dem Phallogozentrismus nichts anderes ist als der Ausschluss, ohne den er nicht überleben kann, also die negative Möglichkeitsbedingung für das Männliche. Umgekehrt zeigt Irigarays Nachahmung seiner Prosa, ihr Eindringen in seine Begrifflichkeit nicht nur die Anfälligkeit seiner Begrifflichkeit für das, was sie ausschließt – sie erweist diese Anfälligkeit als konstitutiv. Es zeigt sich, wie sein Text in ihren verflochten ist, wie das Zentrum seines Textes an einem bestimmten Punkt außerhalb seiner selbst liegt, wie er in dem impliziert ist, was er ausschließt und wie ihr Text ohne seinen nichts ist, wie er radikal abhängig bleibt von dem, was er zurückweist.

Tatsächlich würde ich behaupten, dass sie, wenn sie die Texte auf diese Weise zitiert, die philosophische Tradition im wörtlichen Sinne verschiebt (*dislocates*), indem sie sie in ihren eigenen Text versetzt (*relocates*). Sie weist diese Tradition nicht zurück, sondern nimmt sie in sich auf und eignet sie sich dadurch auf eine merkwürdige Art an. Was aber, sind wir zu fragen versucht, geschieht durch diese Strategie der zitierenden Aneignung mit diesen Texten? Bleiben sie sich gleich oder, wenn sie das nicht tun, was will Irigaray uns mit diesem Beispiel darüber sagen, wie feministische Philosophie sich zu dem Maskulinismus des Kanons verhalten soll, dessen Kind sie ist? Stellt ihre Lektüre vielleicht ebenso ein Beispiel für die Aneignung wie für die Zurückweisung dar?

Bevor ich einen Vorschlag machen werde, wie ihre Antwort auf diese Frage aussehen könnte, möchte ich betonen, dass ein Zweck, der diesen Text zusammenhält, der sich in diesen Lektüren durchhält, in der Ausarbeitung dessen besteht, was Irigaray die ethische Beziehung zwischen den Geschlechtern nennt. Die ethische Beziehung zwischen den Geschlechtern kann ihrer Argumentation zufolge nicht als ein Beispiel für ethische Beziehungen im Allgemeinen verstanden werden. Das verallgemeinerte oder universelle Verständnis von ethischen Beziehungen setzt voraus, dass Männer und Frauen sich als Subjekte begegnen, denen in der Sprache symmetrische Positionen zugewiesen sind. Irigaray behauptet jedoch, dass die Sprache der Geschlechterfrage gegenüber weder neutral noch gleichgültig ist; sie ist maskulinistisch, dies aber nicht in dem Sinn, dass sie die kontingenten Interessen von Männern vertritt, sondern insofern als sie ständig die Identifizierung des Universellen mit dem Männlichen leugnet, die sie nichtsdestoweniger vollzieht. Wenn die Sprache die Universalität des Männlichen setzt, dann wird jede spezifische Ausformung der Sprache unter diese postulierte Universalität subsumiert. Sprache wird so, aus Irigarays Perspektive, nicht nur zur Einheit aller spezifischen Ausformungen, sondern zur Weigerung, die ausgezeichnete Unterscheidung zwischen den Geschlechtern als einen Unterschied anzuerkennen, der verschiedene Arten von Sprachen begründet, der selbst den Begriff der Universalität in Frage stellt, oder, besser gesagt, aufzeigt, wie das, was bisher für Universalität gehalten wurde, nichts anderes als ein stillschweigender oder unmarkierter Maskulinismus ist. Wir würden gerne mehr darüber erfahren, was Irigaray für die charakteristischen Markierungen eines maskulinistischen und eines femininen Sprachgebrauchs hält, doch es finden sich keine »empirischen Sprachen«, die den Geschlechtern entsprechen. Merkwürdigerweise scheint das Maskuline einzig durch diese Anmaßung der Universalität charakterisiert zu sein, während die Anfechtung dieser Universalität für das Weibliche charakteristisch ist. Anders gesagt werden also nicht gewisse, näher zu bestimmende maskuline Werte in den Rang des Universellen erhoben, sondern diese Erhebung selbst, unabhängig davon, worin die Werte bestehen, diese Tendenz zur Universalisierung macht das spezifisch Maskuline aus. Und umgekehrt macht diese Unterbrechung, diese Differenz, die sich nicht vereinnahmen lässt und diese Bewegung der Universalisierung in Frage stellt, das Weibliche in der Sprache aus. Es existiert sozusagen in der Unterbrechung des Universellen, in dem, was man einen Protest im Universellen nennen könnte, als der interne Widerspruch des Femininen.

Was genau ist aber mit »dem Universellen« in dieser Charakterisierung gemeint? Und was bedeutet es für die ethische Beziehung zwischen den Geschlechtern, die Irigaray vorschwebt und für die sie sich einsetzt, weil sie ihrer Ansicht nach für das Projekt einer feministischen Philosophie entscheidend ist? Wir sollten nicht vergessen, dass eine Norm zu universalisieren oder sich in einen anderen hineinzuversetzen für Irigaray Beispiele eines ethischen Verfahrens darstellen würden, das voraussetzt, dass Männer und Frauen in der Sprache symmetrisch gesetzt sind. Und tatsächlich, wenn Frauen und Männer symmetrisch oder reziprok gesetzt wären, dann könnte die ethische Reflexion durchaus darin bestehen, sich in den anderen hineinzuversetzen und aus dieser vorgestellten und vorstellbaren Versetzung eine Reihe von Regeln und Praktiken abzuleiten. Falls Männer und Frauen aber *a*symmetrisch gesetzt sind, wird der Versuch des Mannes, sich in die Frau hineinzuversetzen, um eine vorgestellte Gleichheit zu produzieren, nur seine eigene Erfahrung auf Kosten ebendieser Frau extrapolieren. In diesem Szenario wird das Hineinversetzen in die Frau zu einem Akt der Aneignung und der Auslöschung. Das ethische Verfahren des Sichversetzens verkommt paradoxerweise zu einem Akt der Beherrschung. Wenn andererseits die Frau von einem unterlegenen Standpunkt in der Sprache aus versucht, sich in einen Mann hineinzuversetzen, dann stellt sie sich in einer dominanten Position vor und opfert dadurch ihren Sinn für die Differenz von der Norm. In diesem Fall bedeutet das Sichversetzen, dass sie sich selbst auslöscht oder opfert.

Irigarays Ansicht über die asymmetrische Setzung von Männern und Frauen in der Sprache legt nahe, dass es für sie überhaupt keine ethische Beziehung geben kann. Doch gerade an diesem Punkt liefert sie ihren eigenständigen Beitrag zum Denken der Ethik und eröffnet einen neuen Weg, die ethische Beziehung ausgehend von der sexuellen Differenz zu denken. Ihrer Ansicht nach kann eine ethische Beziehung keine Beziehung der Substantialität oder der Wechselseitigkeit sein. Es lässt sich im Gegenteil sogar behaupten, dass die ethische Beziehung zwischen den Geschlechtern gerade in dem Moment entsteht, in dem eine gewisse Inkommensurabilität zwischen den beiden Positionen anerkannt wird. Ich bin nicht derselbe wie der ANDERE. Ich kann den ANDEREN nicht am Modell meiner selbst begreifen. Der ANDERE ist wesentlich jenseits von mir und ermöglicht mich in dieser Hinsicht, indem er mich begrenzt. Dieser ANDERE, der nicht ich ist, bestimmt mich außerdem wesentlich dadurch, dass er genau das darstellt, was ich nicht an mich und an das, was mir schon bekannt ist, angleichen kann.

Es ist gerade dieser Versuch, alle ANDERSHEIT auf das Selbst zurückzubringen, den Sinn der ANDEREN nur in meinem Spiegelbild zu erkennen, den Irigaray maskulinistisch nennt. Eine derartige Beziehung zur Alterität, die sich als bloße Reduktion der Alterität auf das Selbst entpuppt, bezeichnet sie auch als geschlossenen Kreislauf des Subjekts. Dabei ist wichtig zu bemerken, dass nicht nur die Beziehungen von Männern durch diesen geschlossenen Kreislauf und diese Abschottung gegen die Alterität charakterisiert sind. Es geht hier um den Unterschied von »Männern« und Maskulinismus: Wann und wo immer ein solche Abschottung stattfindet, wird sie als »maskulinistisch« bezeichnet werden. Paradoxerund, wie wir sehen werden, konsequenterweise, wird sich zeigen, dass Irigaray selbst imstande ist, sich mit diesem Standpunkt zu identifizieren. Sie wird sich selbst in die Perspektive des Maskulinismus versetzen, der sich der Alterität konsequent verweigert und diese universelle Stimme nachahmen, die eine Gleichwertigkeit, Austauschbarkeit und Umkehrbarkeit aller Sprecherpositionen in der Sprache annimmt. Wir könnten die Fülle an Zitaten als einen Versuch begreifen, sich in den ANDEREN hineinzuversetzen, nur dass dieser ANDERE jetzt ein maskulinistisches Subjekt ist, das in der Alterität nichts anderes sucht und findet als sich selbst. Wenn sie die maskulinistischen Texte der Philosophie nachahmt, *versetzt sie sich* eigenartigerweise *in das Maskuline* und vollzieht (*performs*) dadurch eine Art Ersetzung, die sie aber, wenn sie von Männern vollzogen wird, zu kritisieren scheint. Unterscheidet sich ihre Ersetzung von derjenigen, die sie kritisiert?

Leser_innen, die Irigaray aus *Speculum, Spiegel des anderen Geschlechts* kennen, werden erwarten, dass sie an dieser Stelle kehrt machen und diese maskulinistische Perspektive mit scharfer Klinge, ja mit einer angedrohten Kastration, zerstören wird. Ich möchte nahelegen, dass der Austausch, den sie mit dem maskulinistischen Text der Philosophie in *Ethik der sexuellen Differenz* unterhält, ambivalenter und weniger schneidend ist als in jenem früheren Text. Während der frühere Text eher betont, wie das Weibliche in den theoretischen Konstruktionen von Platon und Freud ständig und unerbittlich ausgeschlossen und zugleich vorausgesetzt wurde, macht der spätere Text zwar dasselbe, aber auch noch etwas mehr. Hier scheint Irigaray paradoxerweise ihre Verpflichtung gegenüber den philosophischen Texten, die sie liest, anzuerkennen und zugleich in ein kritisches Gespräch mit ihnen zu treten, wobei die Begriffe, die sie dafür benutzt, selbst aus diesen Texten geborgt werden, man könnte auch sagen, gegen sie geborgt werden. Sie ist sozusagen in das Gespräch mit diesen Texten eingeschlossen. Diese dialogische Beziehung lässt sich weder durch ein Modell begreifen, das eine einfache Gleichheit und Ersetzbarkeit voraussetzt, noch durch ein solches, das einen radikalen Gegensatz voraussetzt. Denn wir dürfen nicht vergessen, dass Luce Irigaray eine Philosophin ist und daher an dem Projekt teilhat, das sie einer Kritik unterzieht. Aber sie ist ebenso Feministin, und ihrer Ansicht nach bedeutet das, dass sie für genau das steht, was aus dem philosophischen Diskurs und seiner angemaßten Universalität ausgeschlossen wurde.

Irigaray liest das letzte Kapitel aus Merleau-Pontys postum veröffentlichten Buch *Das Sichtbare und das Unsichtbare*, das den Titel »Die Verflechtung – Der Chiasmus« trägt, als ein Beispiel für diesen monologischen Maskulinismus, und das, obwohl es sich um einen Text handelt, dem sie eindeutig auch die philosophischen Mittel entnimmt, mit denen man sich der ethischen Beziehung auf eine alternative Weise annähern kann. Es handelt sich um einen Text, in dem Merleau-Ponty untersucht, wie der philosophische Versuch, das Wissen anhand des visuellen Paradigmas zu begreifen, die Bedeutung des Taktilen unterschätzt hat. Er wird sogar vorschlagen, das Sehen als eine Art von Berührung zu verstehen. Er legt darüber hinaus nahe, dass wir in der Berührung »wahrnehmen«, dass außerdem das Berühren oder Sehen eine reflexive Dimension hat und dass die Sphären des Visuellen und des Taktilen sich gegenseitig logisch bedingen und ontologisch überlappen. Sein Schreiben ist reich an absichtlich vermischten Metaphern, die anzeigen sollen, dass Sprache, Sicht und Berührung ineinander verflochten sind und dass die ästhetische Erfahrung der Ort sein könnte, an dem man die synästhetische Dimension des menschlichen Wissens studieren kann. Dort, wo ein epistemologisches Modell stehen sollte, das ein wissendes Subjekt mit einer entgegenwirkenden Welt konfrontiert, stellt Merleau-Ponty gerade diese Unterscheidung zwischen Subjekt und Welt infrage, die die für dieses epistemologische Unternehmen charakteristischen Fragestellungen hervorbringt. Er versucht zu verstehen, durch was (und ob) das Subjekt mit dem Objekt derart in Beziehung gesetzt wird, dass eine epistemologische Fragestellung überhaupt aufkommen kann.

Mit einem Argument, das man als Fortführung von Heideggers in *Sein und Zeit* unternommenem Projekt, die Vorgängigkeit der Ontologie gegenüber der Epistemologie nachzuweisen, lesen kann, versucht Merleau-Ponty zu einer Beziehung zurückzukehren, die Subjekt und Objekt vor ihrer Trennung aneinanderbindet, bevor sie sich als gegensätzliche und unterscheidbare Begriffe ausbilden. Heidegger behauptet, dass jede fragende Beziehung zu einem Objekt voraussetzt, dass wir bereits eine Beziehung zu diesem Objekt unterhalten, dass wir nicht einmal wüssten, was wir über ein bestimmtes Objekt fragen sollten, wenn wir uns nicht bereits in einer Beziehung der Affinität oder der Verständlichkeit mit diesem Objekt befänden. In seiner Einleitung zu *Sein und Zeit* erwägt Heidegger nicht nur, was es bedeuten könnte, die Frage nach dem Sinn von Sein zu stellen, sondern auch, was sich allgemeiner aus einer Klärung dessen, »was überhaupt zu einer Frage gehört«, ableiten ließe. Er zeichnet hier bereits das vor, was später als hermeneutischer Zirkel bezeichnet wird:

> Alles Fragen nach... ist in irgendeiner Weise Anfragen bei... Zum Fragen gehört außer dem Gefragten ein *Befragtes*. In der untersuchenden, d. h. spezifisch theoretischen Frage soll das Gefragte bestimmt und zu Begriff gebracht werden. Im Gefragten liegt dann als das eigentlich Intendierte das *Erfragte* [...].
>
> Als Suchen bedarf das Fragen einer vorgängigen Leitung vom Gesuchten her. Der Sinn von Sein muß uns daher schon in gewisser Weise verfügbar sein.[2]

Mit diesem Schritt, in dem er die Frage und das Gefragte auf ein bereits bestehendes und bereitliegendes Ensemble von ontologischen Zusammenhängen zurückführt, versucht Heidegger zu zeigen, dass die Fragen, die wir als Subjekte über Objekte stellen, selbst schon Anzeichen dafür sind, dass wir eine ontologisch vorgängige Verbindung zu dem Objekt verloren oder vergessen haben, die uns jetzt fremd und unbekannt erscheint. Bei Merleau-Ponty lässt sich ein ähnlicher Zug beobachten, nur dass er in *Das Sichtbare und das Unsichtbare*, anders als Heidegger, zeigen will, dass das Beziehungsgeflecht, das jede Befragung ermöglicht

---

2 Martin Heidegger, *Sein und Zeit*, Tübingen 1967, S. 5.

und das jede Befragung womöglich vergisst oder verbirgt, ein *linguistisches Netz* ausmacht. Auch wenn er bisweilen verschiedene Ausdrücke wie »Gewebe« oder »Stoff« oder sogar »verbindendes Tuch« benutzt, ist die Implikation doch klar: dass es sich um ein *verbindendes* Ensemble von Beziehungen handelt, in dem alle augenscheinlichen Differenzen durch die Totalität der Sprache selbst überspielt werden. Man könnte an dieser Stelle sagen, dass Merleau-Ponty die von Heidegger eingeführte Problematik der Vorgängigkeit der Ontologie gegenüber der Epistemologie in das Bezugssystem der strukturalistischen Linguistik übertragen hat, welches davon ausgeht, dass die Sprache in einem bestimmten Sinn der Epistemologie vorausgeht. Unter »Epistemologie« verstehen wir hier nur ein Bündel von Fragen, die etwas erkennen wollen, was noch nicht eigentlich oder angemessen bekannt ist. Wie Heidegger geht es auch Merleau-Ponty darum, die Subjekt-Objekt-Trennung zu überwinden, die seiner Meinung nach von der epistemologischen Tradition zugleich vorausgesetzt und bestärkt wird. Die von dieser Tradition voraus- und eingesetzte Subjekt-Objekt-Trennung setzt ihrerseits voraus, dass sich das Subjekt ontologisch vom Objekt unterscheiden lässt, fragt aber nicht, ob es eine Art gemeinsames Substrat oder eine gemeinsame Genesis geben könnte, aus dem sowohl Subjekt als auch Objekt hervorgehen und das sie auf ursprüngliche Weise verbindet.

Irigaray tritt mit folgender Frage in die Diskussion ein: Wenn jede Frage eine *Totalität* von bereits bestehenden Beziehungen voraussetzt, von Beziehungen, die zwischenzeitlich in einem Fragen nach etwas scheinbar Unbekannten vergessen oder verborgen sind, welcher Platz bleibt dann für ein Fragen nach dem, was noch nicht bekannt ist? Die Annahme einer bereits bestehenden Totalität von Beziehungen, seien sie nun ontologisch oder linguistisch verstanden, ist aus ihrer Sicht symptomatisch für das Um-sich-selbst-Kreisen des Subjekts, demgemäß jeder Moment von Alterität bereits im Subjekt vorausgesetzt ist, immer schon dieses Subjekt und deswegen gar kein Moment der Alterität ist. Tatsächlich müsste das viel bemühte »immer schon«, das in der Phänomenologie die präjudikative Sphäre des Selbstverständlichen bezeichnet, als paradigmatisch für jene Art von maskulinistischem Monolog gelten, in dem die Alterität, das noch nicht Bekannte und das noch nicht Erkennbare verneint wird.

Irigaray scheint in der Tat zu fragen, was wir aus dem *noch nie Bekannten* machen, aus der offenen Zukunft, die nicht auf ein Wissen zurückgeführt werden kann, das immer und immer schon vorausgesetzt ist. Für Irigaray drückt sich die ethische Beziehung im Sprechakt der Frage aus, in der offenen Frage, in der Frage, die nicht schon im Voraus die oder den zu kennen meint, an die oder den sie sich richtet, sondern die Adressat_in vielmehr erst in der Artikulation der Frage kennenlernen will. In ihren eigenen Worten besteht die ethische Beziehung in der Frage »Wer bist du?«. Diese Frage versucht, den Unterschied, der das Männliche vom Weiblichen trennt, zu durchkreuzen, und zwar nicht durch eine Ersetzung, die eine Entsprechung oder Austauschbarkeit des Männlichen und des Weiblichen voraussetzt. »Wer bist du?« ist für Irigaray die paradigmatische ethische Frage, weil sie die Kluft der sexuellen Differenz zu überwinden sucht; weil sie das Unterschiedene kennenlernen will, und zwar so, dass es nicht dadurch, dass es bekannt wird, von der oder dem Fragenden angeeignet oder auf sie oder ihn reduziert wird.

Und doch scheint diese »ethische« Dimension in einem gewissen Konflikt mit der textuellen Strategie zu stehen, die am Anfang dieses Kapitels erläutert wurde. Aus »ethischer« Perspektive ist die sexuelle Differenz ja gerade eine unergründliche Differenz, die sich nicht einfach umkehren und überwinden lässt und die für die Beziehung zwischen dem Männlichen und dem Weiblichen konstitutiv ist. Ihre Beziehung wird am Modell der Begegnung verstanden und das ethische Problem, mit dem sie konfrontiert sind, besteht in der Frage, wie man sich annähern kann, ohne sich den Anderen anzueignen. Aus Irigarays Perspektive gibt es kein Männliches, das nicht schon das Weibliche impliziert und es gibt kein Weibliches, das nicht schon das Männliche impliziert. Jeder Begriff ist durch seine Beziehung zu dem ANDEREN für sich unmöglich. Die Beziehung besteht nicht in erster Linie in einer *Begegnung*, sondern vielmehr in einer konstitutiven Verflechtung, in einer dynamischen, nachbarschaftlichen Differenzierung.

Die ethische Beziehung auf diese Weise zu umschreiben, birgt mehrere Probleme. Es ist sinnvoll zu fragen, ob Irigarays Fokussierung auf das Ethische ihre kritische Aufmerksamkeit von den vorgängigen und konstitutiven Machtverhältnissen ablenkt, durch die ethische Subjekte und ihre Begegnungen hervorgebracht werden. Diskussionswürdig ist die Annahme, dass die Frage der Alterität im Ethischen restlos mit der Frage der sexuellen Differenz identifiziert werden kann. Offensichtlich nehmen die problematischen Dimensionen der Alterität eine ganze Reihe von Formen an, und die sexuelle Differenz ist – auch wenn ihr in manchen Hinsichten eine herausragende Bedeutung zukommt – nicht die primäre Differenz, aus der sich alle anderen sozialen Unterschiede ableiten lassen. Als ethische Frage setzt die sexuelle Differenz voraus, dass nur das Männliche und das Weibliche eine ethische Begegnung mit dem ANDEREN eingehen. Könnte man in diesem Vokabular eine gleichgeschlechtliche Beziehung als eine ethische Beziehung, als eine ethische Frage beschreiben? Kann es überhaupt eine Beziehung grundsätzlicher Alterität zwischen Gleichgeschlechtlichen geben? Ich würde das natürlich bejahen. Die spezifische Verschränkung von Psychoanalyse und Strukturalismus, die den Rahmen für Irigarays Arbeit abgibt, führt dazu, dass die Beziehungen unter Frauen oder unter Männern entweder als überidentifikatorisch oder als narzisstisch und in diesem Sinne als noch nicht der Dimension des Ethischen zugehörig gedacht werden müssen. Ist der Unterschied zwischen den Geschlechtern eine Voraussetzung für echte Alterität? Es gibt analog noch weitere Arten von gesellschaftlicher Differenz, welche die Gesprächspartner_innen auf einer sprachlichen Ebene unterscheiden und warum sollten diese gesellschaftlichen Differenzen irgendwie weniger fundamental für die Artikulation der Alterität im Allgemeinen und für die Szene des Ethischen im Besonderen sein? Und ist es schließlich nicht auch so, dass Irigaray das Männliche und insbesondere Merleau-Ponty auf eine Weise präsentiert, die der ethischen Dimension seiner eigenen philosophischen Erkundungen in *Das Sichtbare und das Unsichtbare* nicht gerecht werden.

Statt diese Fragen als solche zu verhandeln, möchte ich untersuchen, wie die textuelle Produktion der Verflechtung das ethische Programm, das Irigaray verteidigt, infrage stellt. Denn was zwischen Irigaray und Merleau-Ponty entsteht, ist nicht per se »Differenz«, sondern eine fundamentale Implikation im ANDEREN, eine ursprüngliche Komplizenschaft mit dem ANDEREN, ohne die kein Subjekt und kein_e Autor_in hervortreten kann. Und diese Situation wirft eine noch kompliziertere »ethische« Frage auf als diejenige, die Irigaray formuliert: Wie kann man den ANDEREN gut behandeln, wenn der ANDERE niemals ganz anders ist, wenn die eigene Getrenntheit eine Funktion der eigenen Abhängigkeit vom ANDEREN ist, wenn der Unterschied zwischen dem ANDEREN und mir von Anfang an zweideutig ist?

Indem wir uns zuerst der letzten Frage zuwenden, wollen wir Merleau-Pontys Text im Verhältnis zu Irigarays »Lektüre« betrachten und überlegen, was an seinem Text sich ihrer Interpretation widersetzt. Merleau-Ponty wird von ihr eines »labyrinthischen Sollipsismus« bezichtigt. Um diese Anschuldigung zu stützen, macht sie auf das folgende Argumentationsmuster von Merleau-Ponty aufmerksam. In Bezug auf die phänomenologische Beschreibung der Berührung behauptet er, dass man nicht berühren kann, ohne in irgendeinem Sinn selbst von dem, was man berührt, berührt zu werden und dass man nicht sehen kann, ohne ein Feld der Sichtbarkeit zu betreten, in dem die oder der Sehende selbst potentiell oder sogar wirklich sichtbar ist. In beiden Fällen besteht eine Beziehung der Umkehrbarkeit zwischen dem, was man den subjektiven und dem, was man den objektiven Pol der Erfahrung nennen kann. Diese beiden umkehrbaren Beziehungen der Berührung und des Sehens werden jedoch zusätzlich selbst gekreuzt. Man denke nur an folgendes Zitat aus dem Kapitel »Die Verflechtung – Der Chiasmus«:

> Es ist das Einrollen des Sichtbaren in den sehenden Leib, des Berührbaren in den berührenden Leib, das sich vor allem dann bezeugt, wenn der Leib sich selbst sieht und sich vor allem dann sieht und sich berührt, während er gerade dabei ist, die Dinge zu sehen und zu berühren, sodass er gleichzeitig *als* berührbarer zu ihnen hinabsteigt und sie *als* berührender alle beherrscht und diesen Bezug wie auch jenen Doppelbezug durch Aufklaffen oder Spaltung seiner eigenen Masse aus sich selbst hervorholt.[3]

Was Merleau-Ponty hier beschreibt, könnte man als die Entfaltung und Differenzierung der gelebten Welt des Fleisches bezeichnen, wobei das Fleisch hier nicht nur als Subjekt und Objekt der Berührung verstanden wird, sondern auch als Grund oder Bedingung des Sehens und des Gesehenen. In einem entscheidenden Sinn bezeichnet das Wort »Fleisch« die Umkehrbarkeit der Berührung und die Umkehrbarkeit des Sehens. Es bezeichnet das, was diese beiden Umkehrbarkeiten voraussetzen und artikulieren.

Doch was ist dieses »Fleisch«, und kann man sagen, dass es etwas anderes ist als die Artikulationen, Differenzierungen und Umkehrbarkeiten, in denen es zum Ausdruck kommt? Ist es dasselbe wie diese umkehrbaren Beziehungen oder ist es das, womit Merleau-Ponty letztlich nicht fertig wurde? Irigaray wird behaupten, dass es in Merleau-Pontys Darstellung nichts gebe, was außerhalb des einen und selben berührenden und berührten, sehenden und gesehenen Körpers liege – und dass die Schließung, die dieser umkehrbaren Beziehung zugeschrieben wird, zugleich für seinen

---

3 Maurice Merleau-Ponty, »Die Verflechtung – Der Chiasmus«, in: ders., *Das Sichtbare und das Unsichtbare gefolgt von Arbeitsnotizen*, hg. v. Claude Lefort, übers. v. Regula Giuliani u. Bernhard Waldenfels, München 1986, S. 172-203, hier: S. 191.

Solipsismus verantwortlich ist. Auch wenn die Rede vom »Fleisch der Welt« oder vom »Fleisch der Dinge« auf ein Gebiet zu verweisen scheinen, das beide Pole dieser umkehrbaren Beziehung umschließt und überschreitet, bleibt der Begriff doch dunkel. Für Irigaray ist er ein Zeichen der Schließung und dient daher dem Solipsismus – den sie für ein zentrales Problem Merleau-Pontys hält: »Die Subtilität dessen, was über das Sichtbare und seine Beziehung zum Fleisch gesagt wird, verhindert nicht den solipsistischen Charakter dieser Berührung zwischen Welt und Subjekt, der Berührung von Sichtbarem und Sehendem im Subjekt selbst.«[4]

Auch wenn Merleau-Ponty mit seinen Formulierungen darauf abzielt, die Isolierung des sehenden und berührenden Subjekts zu überwinden und es als etwas zu denken, das durch sein Sehen und seine Berührung bereits in der und von der Welt impliziert ist, die es entdeckt, führen seine Formulierungen Irigaray zufolge dennoch dazu, dass das Subjekt überhöht wird als das, wohin alle weltlichen Beziehungen zurücklaufen. Doch ist ihr Urteil wirklich gerechtfertigt? Man darf nicht vergessen, dass Merleau-Pontys phänomenologische Erwiderung auf den Cartesianismus unter anderem in der Zurückweisung der Distanz der Wahrnehmung besteht, die zwischen dem reflektierenden Subjekt und der Welt der Objekte behauptet wird. Weil er mit dieser Unterscheidung bricht, wird das »Ich« zu einem fleischlichen »Ich«, das in einer fleischlichen Welt impliziert ist. Gerade dieser Status des verkörperlichten »Ich« sorgt dafür, dass es in einer fleischlichen Welt impliziert ist, die ihm nicht nur äußerlich ist, sondern die das »Ich« auch nicht mehr zum Zentrum oder zum Grund hat. Irigarays Intervention beruht selbst auf dieser philosophischen Hinwendung zu einem verkörperten »Ich«. Wenn sie betont, dass das verkörperte »Ich« von einem Körper abhängig ist, der ihm vorausgeht, dann meint sie damit, dass der Körper der Mutter im

---

[4] Luce Irigaray, *Ethik der sexuellen Differenz*, übers. v. Xenia Rajewsky, Frankfurt am Main 1991, S. 183f.

wortwörtlichen Sinn die Möglichkeitsbedingung der Erkenntnisbeziehung darstellt, die zwischen dem verkörperten »Ich« und den verkörperten Dingen besteht. Doch auch wenn Irigaray diese vorgängige und konstitutive »Welt des Fleisches« als eine Zerstreuung, als eine Umlenkung oder eine Abweisung des Mütterlichen interpretiert, was garantiert überhaupt das Primat des Mütterlichen? Warum sollte man die Welt des Fleisches, die Welt der durch die Sinne miteinander verbundenen Bedeutungen auf den mütterlichen Körper reduzieren? Ist das nicht eine »Aneignung« oder eine »Reduktion« eines ganzen Komplexes von wechselseitig konstitutiven Beziehungen? Versucht Irigaray hier »den Körper der Mutter« an die Stelle eines komplexen Feldes zu setzen? Nur weil man in der Welt, die man sieht, »impliziert« ist, bedeutet das nicht, dass man die Welt, die man sieht, auf sich selbst reduzieren kann. Es könnte vielmehr das glatte Gegenteil bedeuten, nämlich dass das sehende »Ich« der sichtbaren Welt ausgeliefert ist, oder dass das berührende »Ich« in irgendeinem Sinn an die taktile Welt verloren ist und sich nie wieder vollständig zurückgewinnen kann, oder dass das schreibende Subjekt von einer Sprache beherrscht wird, deren Bedeutungen und Effekte nicht aus dem Subjekt selbst hervorgehen.

Auch wenn man Irigaray so interpretieren kann, als hätte sie sich selbst auf eine ähnliche Weise an den Text von Merleau-Ponty »verloren«, so ist es doch bemerkenswert, dass das »ethische« Modell, das sie für die Erklärung heranzieht, diese Beziehung der primären Impliziertheit und den daraus resultierenden ambivalenten Status der sexuellen Identität eher zu verdunkeln scheint. Der Maskulinismus dieses Subjekts wird von Irigaray zu keinem Zeitpunkt in Frage gestellt. Sie behauptet, dass das Kennzeichen des Maskulinen darin besteht, jede Alterität an dieses vorexistente Subjekt anzugleichen. Doch was macht diese Ablehnung der Alterität, die das ANDERE als das Selbe einverleibt, zu einem spezifisch maskulinen oder maskulinistischen Unterfangen? An diesem Punkt bedient sich Irigarays philosophische Argumentation einer psychoanalytischen Theorie, die das Maskuline ausgehend von seiner nicht völlig differenzierten Beziehung zu seinem mütterlichen Ursprung begreift. Die Mutter wird für ihn zum Ort einer narzisstischen Reflektion seiner selbst und wird dadurch als Ort der Alterität verdeckt und auf eine bloße Gelegenheit für die narzisstische Spiegelung reduziert.

Irigaray übernimmt den psychoanalytischen Ansatz, der die Individuation des männlichen Subjekts als einen Akt der Zurückweisung seines mütterlichen Ursprungs versteht, als eine Zurückweisung der körperlichen Beziehung zur Mutter in der Gebärmutter und der wesentlichen Abhängigkeit von der Mutter im Säuglingsalter. Dieser Bruch mit der Mutter sei demnach die Voraussetzung für die Konstituierung des männlichen Subjekts und die Bedingung für den männlichen Narzissmus, die im Grunde nichts anderes sei als die Selbstschätzung als losgelöstes und klar umrissenes Ich. In ihrem wohl schwächsten Argument legt sie nahe, dass Merleau-Ponty diese »Verbindung« zur Mutter nicht nur auf die klassisch maskuline Weise zurückweist, sondern sie im Anschluss für seine solipsistische Theorie des Fleisches, das er als das »Medium« oder als das »verbindende Gewebe« beschreibt, wieder aneignet. Sie liest seine Theorie des Fleisches gewissermaßen als eine philosophische Erneuerung der kindlichen Verbindung zum mütterlichen Körper, als Zurückweisung dieser Verbindung, die dann in seinem philosophischen Text wieder auftritt. Sie liest ihn so, als wäre das »verbindende Gewebe« etwas, das er als männliches Subjekt hervorbringt und was ihn, anstatt ihn mit irgendetwas zu verbinden, in einen selbstgemachten, selbstverschuldeten solipsistischen Kreis einschließt. Ausgehend von diesem Argument schließt Irigaray, dass es für Merleau-Ponty keine Verbindung zu dem geben kann, was nicht das Subjekt ist, was verschieden ist, mit dem Weiblichen und daher mit der Alterität im Allgemeinen.

Wenn man Irigarays Rekonstruktion der Entstehung des männlichen Narzissmus als Zurückweisung des Mütterlichen nicht akzeptiert, lässt sich ihre ganze Argumentation nur noch schwer aufrechterhalten. Wenn man zudem die These zurückweist, dass die sexuelle Differenz der Schlüssel oder das entscheidende Register ist, in dem Verhältnisse zur Alterität eingegangen und gewusst werden, wenn man fernerhin die einfache Übertragung der psychoanalytischen Erklärung des männlichen Narzissmus in die philosophische Erklärung des Solipsismus nicht akzeptiert, dann wird ihr Standpunkt zunehmend unhaltbar.

Konzentrieren wir uns aber auf das Wichtigste an Irigarays Beitrag zum Denken des ethischen Verhältnisses, nämlich auf die Behauptung, dass jedes Verhältnis der Austauschbarkeit zwischen dem Maskulinen und dem Femininen auf eine Art Aneignung hinausläuft: auf eine Auslöschung, die nach einer anderen Art von ethischem Verhältnis verlangt, das von einer fragenden Struktur und Tonlage geprägt ist, die für ein offenes Verhältnis zu einem noch unbekannten ANDEREN charakteristisch ist. Irigaray denkt, dass die komplexen Querverbindungen, die zwischen Merleau-Pontys Verständnis der Sprache, des Sehens und der Berührung bestehen, auf einen maskulinen Solipsismus hinauslaufen. Wir werden ihrer Lektüre an diesem Punkt folgen, allerdings nicht nur, um zu verstehen, was sie meint und aus welchen Gründen sie es tut. Ich hoffe vielmehr zeigen zu können, dass Irigaray stärker in den Text verwickelt ist, als sie es selbst zugibt und dass ihr Text, rhetorisch betrachtet, davon ausgeht, dass Merleau-Pontys Text einer feministischen Aneignung offensteht. Daher steht er in einem ungewollten dialogischen Verhältnis zu Irigaray, und das, obwohl sie dem Text vorwirft, sich gegenüber dem Dialog zu verschließen.

Das Argument, das Irigaray gegen Merleau-Ponty vorbringt, verfährt folgendermaßen: Wenn man, wie Merleau-Ponty, behauptet, dass das Verhältnis der Berührung oder des Sehens umkehrbar ist, dann behauptet man auch, dass die oder der Berührende auch berührt werden kann, dass die oder der Sehende selbst gesehen werden kann, dass der subjektive und der objektive Pol dieser Erfahrungen durch ein »Fleisch der Dinge« miteinander verbunden sind. Diese Umkehrbarkeit setzt die Austauschbarkeit des subjektiven Pols mit dem objektiven Pol voraus, und diese Austauschbarkeit wiederum bringt Irigaray zufolge die *Identität* des Berührenden und des Berührten, des Sehenden und des Gesehenen hervor. (»Die Reversibilität zwischen *Welt* und *ich*«, schreibt sie, »evoziert etwas wie eine Wiederholung des vorgeburtlichen Aufenthalts, wo sich das Universum und ich in einer geschlossenen [...] Ökonomie befinden«).[5]

Wir sollten nicht vergessen, dass zwischen diesen beiden umkehrbaren Verhältnissen eine Beziehung besteht und dass diese Beziehung selbst nicht vollends umkehrbar ist. In Bezug auf diese Beziehung wiederholt Irigaray Merleau-Pontys Position, offensichtlich nicht ohne jegliche Sympathie:

> Sicher, es gibt eine Beziehung zwischen Sichtbarem und Berührbarem. Aber ist die Verdopplung wirklich doppelt und überkreuzt? Das ist weniger sicher. Der Blick kann das Berührbare nicht aufnehmen. So sehe ich nie, *worin* ich berühre oder berührt werde. Das, worum es in der Liebkosung geht, das Zwischen-Zwei, das Milieu, das *Medium* der Liebkosung sieht man nicht. Ebenso und auf andere Weise sehe ich das nicht, was mir erlaubt zu sehen [...]. Vielleicht ist es das, was Merleau-Ponty den Ort der Einbettung der Dinge in das Fleisch nennt.[6]

Es gibt also etwas, das die Umkehrbarkeit dieser Verhältnisse bedingt und das selbst nicht umkehrbar ist, eine ermöglichende Bedingung, die wie eine Art Substrat, wie ein *hypokeimenon* fortbesteht und ohne die weder Sichtbarkeit noch Taktilität existieren würden. Und es scheint, dass eben dieses Substrat auch die Umkehrbarkeit der Verhältnisse der Berührung und des Sehens bedingt und selbst weder vollends berührt noch gesehen werden kann.

---

5 Ebd., S. 202f.

6 Ebd., S. 189f.

Aus was besteht dieses Substrat? Irigaray wird auf eine vorhersehbar psychoanalytische Weise das Fleisch, aus dem alle sinnliche Erfahrung gemacht ist, als das Fleisch des Mütterlichen lesen. Sie wird, etwa in ihrer Lektüre des *Timaios*, behaupten, dass dieses unbenennbare Substrat das verdrängte Mütterliche selbst ist. In diesem Sinne könnte man sagen, dass das Weibliche den männlichen Solipsismus bedingt, verstanden als der geschlossene Kreis dieser umkehrbaren Verhältnisse. Doch das, was diese Verhältnisse bedingt, ist das, was aus ihnen ausgeschlossen sein muss, ihre bestimmende Grenze, ihr konstitutives Außen. Ausgeschlossen, unbenennbar, aber notwendig vorausgesetzt, fristet das Weibliche ein metaphysisches Dasein als diffuses »Fleisch der Dinge«. Wie schon zuvor gilt es auch hier zu fragen, ob es angemessen ist, diesen diffusen Ausdruck zu »korrigieren« und das Primat des Mütterlichen erneut zu betonen oder stattdessen dieses angebliche Primat zu hinterfragen. Schließlich ist der mütterliche Körper in einem Netz aus Alteritätsbeziehungen verortet, ohne die er nicht existieren könnte, und streng genommen gehen diese Beziehungen ihm voraus und bedingen ihn (tatsächlich halten diese Beziehungen, verstanden als Normen, bestimmte Körper oft davon ab, überhaupt »mütterliche« Körper zu werden). Das »Fleisch der Welt« widersetzt sich ganz allgemein dem synekdochischen Kollaps, durch den die gesamte Sinnlichkeit auf das Mütterliche als das Zeichen ihres Ursprungs reduziert wird. *Warum stellt das Mütterliche diesen Ursprung dar, wenn es selbst aus einer umfassenderen Welt von sinnlichen Beziehungen hervorgehen muss?* Inwiefern eröffnet Merleau-Pontys Beharren auf dieser vorgängigen Welt des Fleisches eine Möglichkeit, das Weibliche von der beherrschenden Gestalt des Mütterlichen zu lösen? Und inwiefern eröffnet es Körpern eine Möglichkeit, jenseits der binären Falle von Müttern und Männern zum Ausdruck zu kommen?

Bezeichnenderweise kann das fleischliche Substrat der Dinge bei Merleau-Ponty nicht benannt werden (und nicht auf irgendeinen der Namen reduziert werden, mit denen es in Zusammenhang gebracht wird, es bedeutet also die Grenzen der indexikalen Funktion des Eigennamens). Für Merleau-Ponty tritt die Sprache hier genau als das auf, was die Wanderungen der umkehrbaren Beziehungen nachzeichnen und kodieren kann, was die Ersetzungen nachzeichnen und kodieren kann, was aber dieses bedingende »Fleisch« selbst, also das Medium, in dem diese Beziehungen auftreten, ein Medium, das auch das Fleisch der Sprache selbst enthalten würde, nicht enthüllen kann. Sprache ist also gegenüber diesem ontologischen Begriff des »Fleisches« sekundär, und Merleau-Ponty wird sie als das zweite Leben dieses Fleisches beschreiben. Zugleich wird er behaupten, dass wir, wenn wir den Körper und die Sinne vollständig erfassen würden, zugleich erkennen würden, dass darin »alle Möglichkeiten der Sprache schon angelegt sind«.[7]

Wenn Sprache aus diesen vorgängigen Bewegungen des Körpers hervorgeht und sie unmittelbar reflektiert, dann scheint die Sprache ebenso wie diese vorgängigen Beziehungen dem Vorwurf des Solipsismus ausgesetzt zu sein. Und manches von dem, was Merleau-Ponty schreibt, scheint dieses Argument zu unterstützen. In einer Reihe von poetischen und unvollendeten Anmerkungen, die das Ende des letzten Absatzes ausmachen, ruft er die Zirkularität des Fragens bei Heidegger in Erinnerung: Die Bedeutung »annektiert die Rede [...], weil die Rede ihr schon in dem Augenblick, als sie den Horizont des Benennbaren und des Sagbaren eröffnete, dort einen Platz eröffnete, dort einen Platz zusicherte, [...] weil kein Sprecher [...] den Kreis seiner Beziehung zu sich selbst und seiner Beziehung zu Anderen mit einem einzigen Handstrich schließt«.[8]

Die Schließung dieses Kreises liest Irigaray als Anzeichen für einen tief verankerten Solipsismus. Seine Position karikierend, schreibt sie: »Sprechen dient nicht der Kommunikation,

---

7 Merleau-Ponty, »Die Verflechtung – Der Chiasmus«, S. 202.
8 Ebd.

der Begegnung, es dient vielmehr dazu, sich zu sprechen, sich zu doppeln, zu verdoppeln, sich einzuschließen, sogar einzugraben.«[9] Dieses Sprechen verschließt sich gegenüber der Adressat_in, es ist nicht im eigentlichen Sinn allokutorisch, es kann die Adressat_in nur nach dem Ebenbild des Sprechers vorstellen. Diese Annahme der Ersetzbarkeit des Sprechers und der Adressat_in bedeutet für Irigaray die Verneinung der sexuellen Differenz, die ihrer Ansicht nach den Beziehungen linguistischer Ersetzbarkeit eine Grenze setzt. Über Merleau-Pontys abschließende Bemerkungen schreibt sie:

> Kein neues Sprechen ist hier möglich. [...] Rede, die keine *offene* Zukunft mehr hat und die bestimmte Äußerungsformen davon nicht mehr kennt: den Appell, die Verkündigung, die Bitte, das Danken, die Prophezeiung, die Poesie usw. In ihnen gibt es zwangsläufig einen anderen, aber nicht jenen Angesprochenen, an dessen Stelle ich treten, den ich antizipieren kann. Der Kreis ist offen. Der Sinn funktioniert nicht als Zirkularität eines bereits gegebenen und angenommenen. Er ist noch dabei, sich zu bilden.[10]

Diese Sprache ist also noch nicht ethisch, da sie noch nicht in der Lage ist, eine Frage zu stellen, deren Antwort sie noch nicht kennt: »Dieses Subjekt kommt gewissermaßen nie zur Welt, es tritt nie aus einer osmotischen Beziehung heraus. Nur dies gäbe ihm die Möglichkeit, zum anderen zu sagen: ›wer bist du?‹, aber auch: ›wer bin ich?‹ [...] Die Phänomenologie ohne Frage(n).«[11]

Aber stimmt das auch? Beruht Irigarays Kritik nicht auf der falschen Annahme, dass der ANDERE und die Welt, die man verstehen will, allein deswegen eine bloße narzisstische Reflexion des Eigenen darstellen muss, weil man in diesem ANDEREN und dieser

9 Irigaray, *Ethik der sexuellen Differenz*, S. 208f.
10 Ebd., S. 209.
11 Ebd., S. 215.

Welt bereits impliziert ist? Wird die These, die Irigaray ausdrücklich verteidigt, nicht gerade durch ihre eigene textuelle Implikation in Merleau-Pontys Text widerlegt? Denn sie sieht sich selbst in diesem Text »impliziert«, ohne dass sie deswegen die Quelle oder der Ursprung dieses Textes wäre. Er ist vielmehr der Ort ihrer Enteignung. Man könnte daraus schließen, dass in der Welt des Fleisches impliziert zu sein, deren Teil man ist, auch für Merleau-Ponty dasselbe bedeutet wie zu realisieren, dass er einer Welt ausgesetzt ist, die er sich nicht aneignen kann. Wenn der »ANDERE« so fundamental und ontologisch fremd ist, dann muss analog die ethische Beziehung in einem scheinheiligen Erfassen aus der Ferne bestehen. Ganz im Gegenteil gilt, dass Merleau-Ponty, wenn er selbst der ANDERE »ist«, ohne darauf reduzierbar zu sein, den ANDEREN nicht dann trifft, wenn er seinem Außen begegnet, sondern ihn vielmehr durch eine eigene, innere Möglichkeit entdeckt, als den ANDEREN, der sein Inneres ausmacht. Dass das eigene Sein im ANDEREN impliziert ist, bedeutet, dass man von Beginn an verflochten ist, ohne jedoch deswegen aufeinander reduzierbar – oder gegeneinander austauschbar – zu sein. Wenn das Subjekt von Beginn an woanders impliziert ist, dann scheint es, als Fleisch, in erster Linie ein intersubjektives Wesen zu sein, das sich als das ANDERE wiederfindet, das seine primäre Sozialität in einem Ensemble von Beziehungen findet, die niemals vollständig aufgedeckt oder aufgezeichnet werden können. Diese Ansicht steht in scharfem Gegensatz zu Freuds Begriff des »Ich«, verstanden als Ort des ursprünglichen Narzissmus, und zu den verschiedenen atomistischen Individualismen, die ausgehend von Descartes und der liberalen philosophischen Tradition entstanden sind. Das Fleisch, das den Narzissmus des Subjekts widerspiegeln soll, zieht in einem starken Sinn die Grenzen dieses Narzissmus.

Abschließend möchte ich die Aufmerksamkeit auf eine Dimension von Merleau-Pontys philosophischen Schriften legen, die der Schließung und der von Irigaray beschriebenen Zirkularität des Solipsismus zu widerstehen scheint. Dazu möchte ich auf die

Beziehung zwischen der Berührung und dem Sehen zurückkommen. Gibt es etwas, das diesen Beziehungen zugrunde liegt und sie verbindet? Und kann dieses etwas überhaupt beschrieben werden? Merleau-Ponty schreibt: »Meine linke Hand ist immer nahe daran, meine rechte Hand zu berühren, die gerade dabei ist, die Dinge zu berühren, aber es kommt niemals zu einer Koinzidenz; sie entgleitet im Augenblick ihres Entstehens«. »Dieses unablässige Ausweichen«, wie er es bezeichnet, »bedeutet kein Misslingen«, »keine ontologische Leere«, es »ist umspannt von der Gesamtheit meines Leibes und von der Gesamtheit der Welt«.[12] An dieser Stelle wirkt es jedoch so, als würde die phänomenologische Erfahrung, den Kreis nicht schließen zu können, sozusagen in einer Beziehung der Nichtkoinzidenz mit sich selbst zu stehen, nur behauptet, um sogleich in das Postulat eines Körpers und einer Welt zurückgenommen zu werden, die allen Schein einer solchen Nichtkoinzidenz überwinden. Lässt sich Merleau-Pontys eigene Beschreibung aufrechterhalten? Oder gibt er Hinweise darauf, dass er das, was die Beziehungen zusammenhält, nicht beschreiben kann, dass die Überkreuzung von Berühren und Sehen und Sprache sich nicht immer auf einen kontinuierlichen und selbstreferentiellen Körper reduzieren lässt?

Wir dürfen nicht vergessen, dass er dieses »*chassé-crossé*« als Chiasmus bezeichnet und dass die rhetorische Figur des Chiasmus zwei Beziehungen einander gegenüberstellt, die nicht gänzlich austauschbar sind. Im *Webster* wird der Chiasmus definiert als »eine umgekehrte Beziehung zwischen den syntaktischen Elementen zweier paralleler Sätze«. Im *Oxford English Dictionary* wird er hingegen bestimmt als »grammatische Figur, durch welche die Anordnung von Worten in einem oder zwei parallelen Sätzen in dem anderen umgekehrt wird«. Es gilt aber zu beachten, dass trotz der formalen Symmetrie, die durch die Figur des Chiasmus hergestellt wird, keine semantische Gleichwertigkeit zwischen den beiden

---

12 Merleau-Ponty, »Die Verflechtung – Der Chiasmus«, S. 193f.

symmetrisch angeordneten Sätzen besteht. »Wenn das Leben hart wird, fangen die Harten erst an zu leben«: Wenn wir so etwas sagen, dann verwenden wir zwei unterschiedliche Bedeutungen von »hart« und von »leben«. Die beiden Aussagen erscheinen dadurch kommutativ, ohne jedoch semantisch äquivalent zu sein. Was entzieht sich hier der Austauschbarkeit oder Äquivalenz? Ich denke, es ist die Fähigkeit der Sprache, mehr und anderes zu bedeuten, als es zunächst scheint, eine gewisse Möglichkeit des semantischen Exzesses, der über den formalen und syntaktischen Schein von Symmetrie hinausweist. Denn die berührende Hand ist nicht mit der berührten Hand identisch, selbst wenn es dieselbe Hand ist, und diese Nichtkoinzidenz ist eine Funktion der zeitweise nicht koinzidierenden Ontologie des Fleisches. Und die »Harten«, die anfangen zu leben, sind nicht in genau demselben Sinne »hart«, wie das Leben, dem dieses Adjektiv zugeschrieben wird. Die Bedeutung wird hier im Verlauf der Aussage verschoben, wie durch einen metonymischen Effekt des Schreibens selbst. Und darin kann man genau das »über sich hinausgehen« oder »sich selbst entkommen« der Sprache erkennen, das sich durch das vermeintliche Projekt des Solipsismus, von dem Merleau-Pontys Text Irigaray zufolge beherrscht wird, nicht ganz abschließen oder abbrechen lässt.

Man könnte in dieser Richtung weiterfragen, ob Merleau-Pontys eigenes Schreiben, ein Schreiben, das, wie dieses Kapitel betont hat, keine Schließung kennt, offen bleibt und nicht zuletzt daran gescheitert ist, mit den dort aufgeworfenen Behauptungen ins Reine zu kommen, ob dieser überbordende Text nicht letztlich seine Herausgeber_innen und Leser_innen – können wir es seinen allokutorischen »ANDEREN«, seine Irigaray nennen – braucht, um überhaupt für uns zu existieren?

Letzten Endes ist es gerade dieser Text, den Irigaray zitiert und aus dem sie ihren eigenen Begriff der »zwei Lippen« entwickelt, den sie auf eine feministische Weise mimt, die Merleau-Ponty nicht gewollt haben kann. Deutet das nicht auf ein Leben des Textes hin, das jeden Solipsismus übersteigt, der seine Entstehung heimsucht, ein Leben, das sich für eine Aneignung durch Irigaray anbietet, für eine Aneignung, in der sie, indem sie ihn durch sich ersetzt, einen feministischen Beitrag zur Philosophie entwickelt, der das, was zuvor kam, zugleich fortschreibt und bricht?

Übersetzt von Oliver Precht

Gewalt, Gewaltlosigkeit: Sartre über Fanon[1]

Was unmittelbar merkwürdig erscheint an Sartres umstrittenem Vorwort zu Fanons *Die Verdammten dieser Erde*, ist die Form der Ansprache.[2] Für wen ist dieses Vorwort geschrieben? Sartre stellt sich seinen Leser als Kolonialist oder französischen Bürger vor, der vor dem Gedanken eines gewaltsamen Widerstands der Kolonisierten zurückschreckt. Für diesen imaginären Leser sind die eigenen Vorstellungen von Humanismus und Universalismus Maßstab genug, um den algerischen Unabhängigkeitskrieg und ähnliche Versuche der Dekolonisierung zu bewerten. Sartre spricht seine Leserschaft direkt und ätzend an: »Was kümmert es Fanon, ob Sie sein Werk lesen oder nicht? Für seine Brüder entlarvt er unsere alten Machenschaften und ist sicher, daß wir keine neuen auf Lager haben.«[3] In einer Passage scheint Sartre seine imaginierten Leser zur Seite zu nehmen und unmittelbar anzusprechen:

> Europäer, schlagt dieses Buch auf, dringt in es ein. Nach einigen Schritten im Dunkeln werdet ihr Fremde um ein Feuer versammelt sehen. Tretet heran und hört zu: Sie beraten über das Schicksal, das sie euren Niederlassungen und euren Söldnern

---

[1] Dieser Aufsatz wurde zuerst auf dem Hannah Arendt/Reiner Schürmann Symposium for Political Philosophy an der New School for Social Research präsentiert. Die Autor_in drückt Colleen Pearl und Amy Huber ihren besonderen Dank für die editorische Unterstützung aus.

[2] Auf Wunsch von Fanons Witwe wurde Sartres Vorwort aus der französischen Ausgabe von 1967 herausgenommen, scheint jedoch in späteren Ausgaben wieder aufzutauchen. Wenn nicht anders ausgewiesen, beziehen sich die Zitate auf die deutsche Ausgabe: Jean-Paul Sartre, »Vorwort«, in: Frantz Fanon, *Die Verdammten dieser Erde*, übers. v. Traugott König, Frankfurt a.M. 1981, S. 7–28.

[3] Ebd., S. 11.

> zugedacht haben. Sie werden euch vielleicht sehen, aber sie werden fortfahren, miteinander zu sprechen, ohne auch nur die Stimme zu dämpfen. Diese Gleichgültigkeit ist wie ein Stich ins Herz: die Väter, Kreaturen des Schattens, eure Kreaturen, waren tote Seelen; ihr gabt ihnen Licht, sie wandten sich nur an euch, und ihr machtet euch nicht einmal die Mühe, diesen »Zombies« zu antworten... jetzt seid ihr an der Reihe; in jenem Dunkel, aus dem eine andere Morgenröte hervorgehen wird, seid ihr jetzt die »Zombies« (*les zombies, c'est vous*).[4]

Gleich in mehrerlei Hinsicht ist diese Form der Ansprache merkwürdig. Es wäre wohl tatsächlich vermessen gewesen, wenn Sartre diejenigen, die unter den kolonialen Verhältnissen leben, direkt adressiert und sich in einer pädagogischen Machtposition über sie gestellt hätte. Er hätte *ihnen* ganz gewiss weder einen Hinweis, noch einen Ratschlag oder eine Erklärung und ganz gewiss keine Entschuldigung für den europäischen Kolonialismus und insbesondere die französische Kolonialherrschaft in Algerien zu verkünden. Er spricht also gewissermaßen zu seinen weißen Brüdern, womöglich in dem Wissen, dass es sein Name unter dem Vorwort ist, der sie dazu bringen wird, Fanons Text zu lesen. Sartre oder vielmehr Sartres Name ist der Köder für die europäische Leserschaft. Aber ist uns klar, was hier mit »Europa« oder in diesem Fall mit dem »Europäer« gemeint ist? Für Sartre selbst ist der Europäer implizit weiß und männlich. Er umreißt zwei getrennte Sphären der Männlichkeit, wenn er sich vorstellt, wie Fanon in dem Text zu seinen kolonisierten Brüdern spricht und er selbst zu seinen eigenen europäischen Brüdern, die auf die eine oder andere Weise Kollaborateure der Kolonialmächte sind.

Hier stellt sich die Frage, ob diese zwei entlang von »Rasse« getrennten Bruderschaften nicht durch die Formen der Ansprache hervorgebracht werden, die den Text strukturieren. Die Angele-

---

4 Ebd., S. 12.

genheit wird noch komplexer, wenn man beachtet, dass Fanon zu vielen Adressat_innen spricht und die Richtungen der Ansprache sich gegenseitig durchkreuzen. Europäer lesen diesen Text laut Sartre nur als eine Art des Belauschens: »Europäer, schlagt dieses Buch auf, dringt in es ein. Nach einigen Schritten im Dunkeln werdet ihr Fremde um ein Feuer versammelt sehen. Tretet heran und hört zu (*approchez, écoutez*).«[5] Fanons Text ist also ein Gespräch, das als Gespräch *unter* kolonisierten Männern entworfen wird, und Sartres Vorwort ist weniger ein Gespräch der Kolonisatoren untereinander als vielmehr die Mahnung des einen Europäers an den anderen, den Text so zu lesen, wie man einem Gespräch zuhört, das *nicht* an einen selbst gerichtet ist, an dieses von Sartre angesprochene »Du«. So wie Sartres Text nicht für die kolonisierte Bevölkerung gedacht ist (auch wenn wir ihn nichtsdestoweniger als eine an sie gerichtete politische Geste verstehen können), so betrachtet Sartre auch Fanons Text als einen, der sich nicht an ein weißes, europäisches Publikum richtet. Eigentlich schreibt Sartre: »Kommt und hört diesem Text zu; einem Text, der nicht für Euch gedacht ist, der euch als Zuhörer ausschließt, und lernt, warum dieser Text stattdessen an diejenigen gerichtet sein muss, die in der dekolonisierten Seinsweise leben, die also weder vollkommen tot noch vollkommen lebendig sind. Kommt und hört den Stimmen zu, die sich nicht länger bittend an Euch wenden, nicht länger nach Aufnahme in Eure Welt suchen, die es nichts mehr kümmert, ob Ihr zuhört und versteht oder nicht.« Sartre bittet seine mutmaßlich weißen europäischen Brüder, dieser Ablehnung und Gleichgültigkeit standzuhalten und zu begreifen, warum sie nicht das Publikum des Buches von Fanon sind. Natürlich ist unklar, wie sie zu dieser Einsicht gelangen und diese Lektion lernen sollen, ohne dessen Publikum zu werden und das Buch zu lesen. Aber dies ist das Paradoxon, um das es hier geht.

---

5 Ebd., S. 12.

Indem er sie ermahnt, in diesem Buch genau »mitzuhören«, versetzt Sartre das weiße Publikum in eine merkwürdige Distanz und zwingt es auf einmal in eine Position der Randständigkeit. Es kann nicht länger automatisch für sich in Anspruch nehmen, Adressat zu sein, gleichbedeutend mit »jedem« Leser, anonym und implizit universal. Das Paradoxon liegt, wie schon erwähnt, darin, dass die weißen Brüder gebeten werden, dennoch weiterzulesen, dass sie sogar dazu ermahnt werden, weiterzulesen, obwohl ihr Weiterlesen als ein Mithören entworfen wird und ihr außenstehender Status im Moment ihres Verstehens einsetzt. Das heißt in anderen Worten: »Dieses Buch ist für Euch. Ihr tut gut daran, es zu lesen.« Die Form des entorteten (*displaced*) Verstehens, die Sartre dem weißen europäischen Leser vorschlägt, dekonstituiert dessen vorangenommenes Privileg, indem es die neue historische Konstellation miteinbezieht. Dezentrierung und sogar Zurückweisung werden aufgenommen und durchlebt, und zwischen den Zeilen oder eher in der Nicht-Ansprache, die Sartres Vorwort auf paradoxe Weise an die Europäer übermittelt, vollzieht sich eine gewisse Auflösung des rassistischen Privilegs. Das Vorwort fungiert somit als eine seltsame Form der Übermittlung. Sie überreicht dem weißen Leser einen Diskurs, der nicht für ihn bestimmt ist und überreicht ihm dadurch eben jene Entortung und Ablehnung, die die Bedingung für die Möglichkeit seines Verstehens darstellen. Sartres Schreiben für den europäischen Leser ist eine Form, auf diesen einzuwirken, ihn außerhalb des Kreises zu stellen und diesen peripheren Status als eine epistemologische Voraussetzung einzuführen, um das koloniale Verhältnis zu verstehen. Der europäische Leser erduldet den Verlust eines Privilegs, just in dem Moment, in dem er aufgefordert wird, sich einer emphatischen Auseinandersetzung mit der Position der sozial Ausgeschlossenen und Ausgelöschten zu unterziehen.

Fanons Text, den Sartre als vielstimmig und brüderlich, als das Gespräch einer Gruppe von Männern schildert, löst somit die Idee von Fanon als einem singulären Autor auf. Fanon ist eine aufkeimende Bewegung. Sein Schreiben ist das Sprechen verschiedener Männer. Und wenn Fanon schreibt, findet ein Gespräch statt: Die geschriebene Seite ist eine Versammlung, auf der Strategien geplant werden, und es wird ein enger Kreis um die Weggenossen gezogen. Außerhalb des Kreises sind die, die verstehen, dass sie diesem Sprechen gleichgültig sind. Ein »Du« wird am Feuer besprochen, aber der Europäer zählt nicht mehr zu diesem »Du«. Vielleicht hört er das Wort »Du« nur um festzustellen, dass es ihm nicht mehr gilt. Wenn wir nun fragen, wie dieser Ausschluss des Europäers zustande kam, so behauptet Sartre, er lasse sich dialektisch auf die Art und Weise zurückführen, wie die weißen Männer den Vätern der Kolonisierten die Menschlichkeit verweigerten. Die Söhne sahen, wie ihre Väter gedemütigt und mit Gleichgültigkeit behandelt wurden. Diese Gleichgültigkeit wird nun aufgegriffen und in einer neuen Form an den Absender zurückgesandt.

Interessanterweise ist es die vom Kolonialismus unterjochte Menschlichkeit der Väter, um die es hier geht. Das impliziert, dass die Entmenschlichung der Anderen im Kolonialismus aus der Erosion väterlicher Autorität resultiert. Es ist diese Beleidigung, die den Ausschluss aus dem Gespräch gebietet, aus dem Fanons Text besteht. Es handelt sich um eine Choreographie von Männern – manche formen den inneren Kreis, manche sind an den Rand geworfen –, und es ist ihre Männlichkeit, oder eher die Männlichkeit der Väter, um die es in der direkten Ansprache geht. Nicht als ein »Du« angesprochen zu werden, bedeutet, nicht als Mann behandelt zu werden. Aber dennoch fungiert das »Du«, wie wir noch sehen werden, bei Fanon auf mindestens zwei Arten: als direkte Ansprache, die durch Maskulinisierung die menschliche Würde herstellt, und als direkte Ansprache, die die Frage nach dem Menschen so stellt, dass sie das Raster von Maskulinisierung und Feminisierung gleichermaßen überschreitet. In beiden Fällen bezieht sich das »Du« nicht allein auf die Angesprochenen, sondern die Ansprache selbst ist Bedingung dafür, ein Mensch zu werden, einer, der im Akt der Ansprache konstituiert wird.[6]

Wenn der ausgeschlossene Europäer fragt, warum er in dieses Gespräch nicht eingeweiht ist, muss er sich bewusst machen, was es bedeutet, mit Gleichgültigkeit behandelt zu werden. Das Problem besteht nicht allein darin, dass Kolonisatoren schlechte Ansichten über die Kolonisierten haben. Indem die Kolonisierten von ebenjenen Gesprächen ausgeschlossen werden, in denen Menschen nicht nur angesprochen, sondern in denen sie durch Ansprache konstituiert werden, wird Ihnen die Möglichkeit verschlossen, überhaupt als Mensch konstituiert zu werden. Der Ausschluss aus dem Gespräch bedeutet die Aufhebung des Menschseins selbst. Die Väter dieser Männer wurden nicht als Menschen behandelt und gewiss auch nicht als Menschen angesprochen, weder direkt noch auf andere Weise. Durch das Scheitern dieser Ansprache wurden sie niemals vollständig als Menschen konstituiert. Wenn wir versuchen, die Ontologie dieser Männer, die niemals als Männer adressiert wurden, zu verstehen, so merken wir, dass keine feste Bestimmung möglich ist. Die unmittelbare Ansprache eines »Du« ist in der Lage, eine gewisse Anerkennung zu verleihen, den Anderen in einen potenziell wechselseitigen sprachlichen Austausch einzubeziehen. Ohne diese Anerkennung und die Möglichkeit der wechselseitigen Ansprache kann kein Mensch entstehen. Anstelle eines Menschen nimmt ein Gespenst Gestalt an, auf das Sartre sich mit dem Begriff des *Zombies* bezieht, eine Schattenfigur, die weder ganz menschlich noch gar nicht menschlich ist. Müssten wir also die Vorgeschichte dieser komplexen Szene der Ansprache in Fanons *Die Verdammten dieser Erde* erzählen (oder vielmehr der beiden Szenen der Ansprache, die das traditionelle Vorwort vom eigentlichen Text trennen), so stünde laut Sartre am Anfang die Beobachtung, dass die Kolonisatoren kein »Du« für

6 Für eine nähere Ausarbeitung dieses Gedankens siehe mein Buch: Judith Butler, *Kritik der ethischen Gewalt*, übers. v. Rainer Ansén u. Michael Adrian, Frankfurt a.M. 2002.

die Kolonisierten hatten; dass sie sie nicht direkt ansprachen und ansprechen konnten. Dadurch verweigerten sie ihnen eine gewisse ontologische Bestimmung, eine, die nur aus der Anerkennung im Sinne eines reziproken Austausches, einer sich wechselseitig konstituierenden Reihe von Handlungen hervorgehen kann.

Die Kolonisatoren hatten kein »Du« für die Kolonisierten und in Sartres Vorwort ist nun erneut, aber auf paradoxe Weise das »Du« für die Kolonisatoren reserviert. Wer aber wird zu den Kolonisierten sprechen? Für Fanon ist der Kolonisator nicht das »Du«, so stellt es zumindest Sartre dar; für Sartre selbst hingegen ist der Kolonisierte nicht das »Du«. Damit schreibt Sartre genau jene Tradition der Nicht-Ansprache fort, die er anklagen will. Sartre spricht als ein gespenstisches Double: Er spricht im Namen des Europäers, der zeigt, wie man anscheinend sein eigenes Privileg dekonstituiert, und zugleich spricht er auf präskriptive Weise zu anderen Europäern und fordert sie auf, es ihm gleichzutun. Indem Sartre effektvoll sagt »›Du‹ bist nicht der intendierte Leser dieses Textes« legt er die Gruppe fest, die eine Dekonstitution ihres Privilegs erdulden soll. Mit seiner Ansprache dekonstituiert er diese Gruppe aber nicht, sondern konstituiert sie im Gegenteil erneut. Offensichtlich liegt das Problem darin, dass er sie als Privilegierte anspricht, von einem privilegierter Sprecher zum anderen, und dadurch zugleich ihre Privilegien festigt. Wo die Kolonisatoren zuvor die ontologische Bestimmung der Kolonisierten gefährdeten, indem sie ihnen die Ansprache verweigerten, soll nun das von Sartre an sein europäisches Gegenüber gerichtete »Du« Verantwortung für diesen kolonialen Zustand des Elends (*destitution*) übernehmen. Sartre mobilisiert die zweite Person, er schlägt zu mit seinem »Du«, um anzuklagen und Rechenschaft zu fordern: »Die Väter, Kreaturen des Schattens, *eure* Kreaturen, waren tote Seelen; *ihr* gabt ihnen Licht, sie wandten sich nur an euch, und ihr machtet euch nicht einmal die Mühe, diesen ›Zombies‹ zu antworten (meine Hervorhebung, Judith Butler)«.[7]

In der düsteren Szene der kolonialen Unterwerfung, die Sartre zeichnet, sprachen die Kolonisierten einander nicht an, sie sprachen nur zu *dir*, dem Kolonisator. Wären sie in der Lage gewesen, einander anzusprechen, so hätten sie begonnen, in einer lesbaren sozialen Ontologie Gestalt anzunehmen; sie hätten durch diesen kommunikativen Kreislauf ihre Existenz riskiert. Sie wagten es nur, zu »dir« zu sprechen, in anderen Worten: Du warst der exklusive Adressat jeder direkten Ansprache. Du (der Kolonisator) machtest dir nicht die Mühe, zu antworten, denn zu antworten hätte bedeutet, dem Sprechenden einen gewissen menschlichen Status zuzuerkennen. Die Form der Ansprache ist weit mehr als eine einfache rhetorische Technik, sie führt die soziale Verfasstheit von Ontologie vor. Oder, um es noch deutlicher zu sagen: Die Form der Ansprache bewirkt die Möglichkeit einer lebbaren Existenz. Der oder dem Sprechenden eine Antwort oder Ansprache zu verweigern – oder eine asymmetrische Form der Ansprache zu verlangen, in der die zweite Person allein an diejenigen gerichtet ist, die die Macht haben –, all dies sind Formen, die Ontologie zu dekonstituieren und ein nicht lebbares Leben zu orchestrieren. Hier begegnet man eindeutig dem Paradox, zu sterben während man lebt, eine weitere Form dessen, was Orlando Patterson in der Beschreibung der Sklaverei mit Verweis auf Hegel den *sozialen Tod* nennt.[8] Dort berührt der soziale Tod ebenfalls zuerst die Väter und hinterlässt den Söhnen ein Erbe aus Scham und Wut. Vor allen Dingen ist der soziale Tod kein statischer Zustand, sondern ein fortwährend gelebter Widerspruch, der die Gestalt eines spezifisch männlichen Rätsels annimmt. Im Kontext Alge-

---

7 Sartre, »Vorwort«, in: *Die Verdammten dieser Erde*, S. 12, Hervorhebung von Judith Butler.

8 Vgl. Orlando Patterson, *Slavery and Social Death: A Comparative Study,* Cambridge 1982; Abdul Jan Mohamed, *The Death-Bound Subject*, Durham 2005.

riens und des Unabhängigkeitskrieges bleibt dem kolonisierten Mann nur eine Wahl, die nicht zu einem lebbaren Leben führen kann: »Wenn er Widerstand leistet, schießen die Soldaten, und ein Mensch ist tot; wenn er nachgibt, verkümmert er und ist kein Mensch mehr; die Schande und die Furcht werden seinen Charakter brüchig machen, seine Person auflösen«.[9]

Was nützt dem Europäer das Wissen von dieser unmöglichen Wahl, von dieser historischen Gestalt des Kampfes um Leben und Tod im algerischen Kolonialismus? Auch wenn Fanons Buch *nicht* als eine Bitte an liberale Europäer verfasst wurde, ihre Mitschuld an der Gewalt in Algerien einzusehen, so verfolgt Sartres Vorwort eindeutig diese Absicht. Entsprechend stellt sich Sartre seine Gesprächspartner vor: »Wenn es so ist, werdet ihr sagen, warum werfen wir das Buch nicht aus dem Fenster? Warum sollen wir es lesen, wenn es gar nicht für uns geschrieben ist?«.[10] Sartre gibt zwei Gründe an, die es lohnt, hier näher zu betrachten: Zum einen eröffne das Buch denen, für die es nicht bestimmt ist, der europäischen Elite, eine Chance, sich selbst zu verstehen. Das als »wir« bezeichnete Kollektivsubjekt wird durch die »Narben« (*blessures*) und »Ketten« (*fers*) seiner Opfer sich selbst in einem objektiven Modus zurückgespiegelt. Was, so fragt Sartre, haben wir aus uns gemacht? In gewisser Weise gibt Fanons Werk dem Europäer die Chance, sich selbst kennenzulernen und sich auf ein Streben nach Selbsterkenntnis einzulassen, auf Grundlage der Auseinandersetzung mit seinen kollektiven Praktiken, die nach Sartres Verständnis zu den philosophischen Grundlagen des menschlichen Lebens gehören.

Als zweiten Grund gibt er an, »daß Fanon seit Engels der erste ist, der die ›Geburtshelferin der Geschichte‹ (*l'accoucheuse de l'histoire*) wieder ins rechte Licht setzt« (mit Ausnahme von George Sorel, dessen Werk Sartre als faschistisch ansieht).[11] Wel-

9 Sartre, »Vorwort«, in: *Die Verdammten dieser Erde*, S. 14.
10 Ebd., S. 12.
11 Ebd., S. 13.

che Prozesse sind hier gemeint? Inwiefern bringen sie wie eine Geburtshelferin die Vergangenheit ans Licht? Und welche Mittel bahnen ihnen den Weg? Der Prozess der Geschichte ist dialektisch, aber die Situation der Kolonisierten ist das »Porträt« – um Albert Memmis Begriff zu gebrauchen – einer dialektischen Bewegung in einer Sackgasse. Sartre prophezeit, dass die Dekolonisierung dennoch eine historische Notwendigkeit ist, gerade weil der Versuch der Auslöschung des Anderen niemals ganz gelingt. Der Kapitalismus ist auf die Arbeitskraft der Kolonisierten angewiesen. »Weil er das Massaker nicht bis zum Völkermord treibt und die Versklavung nicht bis zur Vertierung, verliert er die Zügel, und die Operation kehrt sich in ihr Gegenteil um; eine unbestechliche Logik wird sie bis zur Dekolonisation führen«.[12]

Wir können also an dieser Stelle mindestens zwei weitere Absichten erkennen, die in Sartres Vorwort stecken. Einerseits argumentiert er, dass die Narben und Ketten der Kolonisierten, die hier ans Licht kommen, den Kolonialherren ihr eigenes Bild zurückwerfen und dadurch instrumentell für das europäischen Projekt der Selbsterkenntnis werden. Auf der anderen Seite argumentiert er, die Narben und Ketten seien gleichsam die Motoren der Geschichte, die Schlüsselmomente, die als belebende Spuren einer Unterwerfung bis kurz vor den Tod eine unaufhaltsame geschichtliche Logik in Gang setzen, die wiederum im Niedergang der Kolonialmacht kulminiert. Im ersten Fall spiegeln sich in den Narben und Ketten nicht nur die Handlungen der europäischen Mächte wider, sondern auch die absehbaren Folgen des europäischen Liberalismus. Denn während der Liberale Gewalt ablehnt und koloniale Gewalt als etwas ansieht, was anderswo geschieht, befürwortet er zugleich einen Staat, der Gewalt anordnet, um diesen Liberalismus gegen die vermeintliche Barbarei zu behaupten. Ich möchte vorschlagen, die Narben und Ketten *in dieser Hinsicht* als instrumentell zu betrachten, als instrumentell für eine

12 Ebd., S. 15.

Reflexion der Gewalt des europäischen Liberalismus, aber nur als Teil eines größeren reflexiven Projektes der Selbsterkenntnis, der Selbstkritik und sogar der Selbst-Dekonstitution der europäischen Elite. Im zweiten Fall werden die Narben und Ketten als Zeichen einer sich entfaltenden geschichtlichen Logik verstanden, welche die Handlungsmacht der Kolonisierten bedingt und antreibt, wenn sie sich mit allen erdenklichen Mitteln gegen den Kolonialismus zur Wehr setzen.

Diese beiden Weisen, das Leiden unter dem Kolonialismus zu begreifen, grenzen sich von einem humanistischen Standpunkt ab, der solches Leid einfach und empathisch als unmoralisch zurückweisen würde. Sartre zeigt offen seine Besorgnis angesichts eines liberalen Humanismus, der blind für die politischen Bedingungen des moralisch kritikwürdigen Leids ist, denn man kann das Leid auf einer moralischen Grundlage ablehnen, ohne die politischen Bedingungen, die dieses Leid immer wieder hervorbringen, zu verändern. Das Leiden unter dem Kolonialismus muss also politisch verortet werden. Es stellt in diesem Zusammenhang – obwohl oder gerade weil es so beklagenswert ist – eine Ressource für politische Bewegungen dar. Die Narben und Ketten erscheinen auf mindestens zwei Weisen *sowohl* als Effekt krimineller Handlungen *wie auch* als Triebfedern der Geschichte, auf die ich gleich noch zurückkommen werde. Im schlimmsten Falle können liberale Europäer das Leiden unter dem Kolonialismus ablehnen, ohne notwendigerweise auch Kritik an einer Staatsform zu üben, die ihre Gewalt auslagert, um ein fadenscheiniges humanistisches Selbstbild zu bewahren. Parallelen zu unserer heutigen politischen Situation, insbesondere mit Blick auf das outsourcing von Folter, sind kein Zufall. Die kolonialen Verhältnisse sind keineswegs endgültig vorbei.

In einem neuen Vorwort für *Die Verdammten dieser Erde* fragt Homi Bhabha explizit danach, was dieses Traktat über Dekolonisierung zu den aktuellen Bedingungen der Globalisierung zu sagen hat.[13] Er merkt an, dass die Dekolonisierung die »Freiheit« des postkolonialen Zeitalters antizipiert, während die Globalisierung von der »strategischen Entnationalisierung staatlicher Souveränität« getrieben ist.[14] Während die Dekolonisierung auf das Errichten neuer staatlicher Territorien zielte, ist die Globalisierung mit einer Welt der transnationalen Verbindungen und Kreisläufe konfrontiert. Zu Recht weist Bhabha eine Historiographie zurück, derzufolge der Kolonialismus vom Postkolonialismus abgelöst wurde worauf schließlich die jetzige Epoche der Globalisierung folgte. Laut Bhabha lebt der Kolonialismus im Postkolonialen fort und »die kolonialen Schatten verdunkeln die Erfolge der Globalisierung«.[15] Innerhalb der Globalisierung werden duale Ökonomien durchgesetzt, die profitable Bedingungen für eine wirtschaftliche Elite und »anhaltende Armut und Unterernährung, Kastenherrschaft und rassistische Ungerechtigkeit« hervorbringen.[16] Diese These ist freilich in gleicher Weise auf neoliberale Strategien der Globalisierung angewandt worden. In Bhabhas Argumentation jedoch »wohnt die kritische Sprache der Dualität, ob kolonial oder global, der *räumlichen* Vorstellung inne, die dem geopolitischen Denken einer progressiven, postkolonialen Geisteshaltung so selbstverständlich erscheint: Rand und Metropole, Zentrum und Peripherie, das Globale und das Lokale, die Nation und die Welt«.[17]

So sehr diese Spaltungen auch fortbestehen, zeigt uns Fanon womöglich einen Weg, über diese Polaritäten hinauszudenken und etwas Abstand zu den unmittelbaren Binaritäten des Vorwortes von Sartre zu gewinnen. Bhabha etwa sieht bei Fanon eine scharfsinnige Kritik dieser Polaritäten, im Namen einer Zukunft,

---

13 Homi Bhabha, »Framing Fanon«, in: *The Wretched of the Earth*, übers. v. Richard Philcox, New York 2004, S. VII–XIII.

14 Ebd., S. XI.

15 Ebd., S. XII.

16 Ebd.

17 Ebd., S. XIV.

die die Dinge neu ordnen wird. Er liest diese Kritik aus Fanons spezifischer rhetorischer Verwendung des Begriffs »Dritte Welt« heraus. Das »Dritte« ist der Begriff, der die kolonialen Polaritäten erschüttern wird, und er ist ein Platzhalter für die Zukunft selbst. So zitiert Bhabha Fanon: »Für die Dritte Welt geht es darum, eine neue Geschichte des Menschen zu beginnen«.[18]

Aus Bhabhas Sicht eröffnet Fanons Text die Möglichkeit, Momente des Übergangs zu verstehen, insbesondere in politischen Ökonomien und politischen Sprechweisen, die die vom Kalten Krieg hinterlassenen Gräben überwinden wollen. Wichtig an diesen Momenten des Übergangs ist ihr Charakter als »Inkubationszeit«, um einen gramscianischen Begriff zu verwenden. Bhabha geht davon aus, dass »[n]eue nationale, internationale und globale Erscheinungen ein verstörendes Gefühl des Umbruchs erzeugen«.[19] Er behauptet, Fanon habe sich nicht mit der Durchsetzung eines neuen Nationalismus zufriedengegeben, sondern eine nuancierte Kritik am Ethnonationalismus geübt. Seiner Ansicht nach ist es Fanons Verdienst, ein Bild der »globalen Zukunft« entworfen zu haben, »ein ethisches und politisches Projekt –, ja, einen Aktionsplan ebenso wie einen projizierten Anspruch.[20]

Bhabhas Lesart erfordert es, über die festgefügten Grundlagen des Humanismus hinauszugehen, um die Frage nach dem Menschen neu zu stellen, als eine Frage, die eine Zukunft eröffnen muss. Man könnte hier zurecht fragen, ob der Humanismus überhaupt solche festgelegten Grundlagen hat – eine sehr berechtigte Frage. Aber ich will es noch deutlicher sagen: Wenn wir dem durch den Kolonialismus verursachten Leid widersprechen, es gar anprangern, aber keine wesentliche Veränderung der kolonialen Strukturen fordern, dann verbleibt unser Widerspruch zwangsläufig in einem Register des moralischen Prinzips, das sich nur um die schädlichen Folgen politischer Systeme kümmert, aber keine

---

18 Ebd.

19 Ebd., S. XVI.

20 Ebd.

umfassende soziale Transformation der Bedingungen anstrebt, die sie verursachen. Das heißt nicht, dass wir unseren Protest gegen das Leid zurücknehmen sollen, es heißt nur, dass wir diese Art des Humanismus gegen eine Befragung eintauschen müssen, die wissen will, was diese Verhältnisse mit dem Begriff des Menschen selbst gemacht haben. Dann wird unser Widerspruch gegen das Leid zum Bestandteil eines Vorgangs der Kritik und zu einer Art und Weise, den Menschen auf eine andere Zukunft hin zu öffnen.

Aber auch wenn wir diesem Argument soweit gefolgt sind, bleibt die Frage nach der Gewalt und ihrer genauen Rolle im Prozess der Menschwerdung. Bhabha liest Fanons Diskussion der aufständischen Gewalt als »Teil eines Kampfes um das psycho-affektive Überleben und der Suche nach menschlicher Handlungsfähigkeit inmitten von Unterdrückung«.[21] Gewalt hält die Möglichkeit des Handelns, der Handlungsfähigkeit offen, und sie rebelliert gegen den sozialen Tod, auch wenn sie den Parametern der Gewalt und des möglichen Todes nicht entkommen kann. Unter diesen Bedingungen der kolonialen Unterwerfung ist die Gewalt in der Tat ein Wetteinsatz und Zeichen eines anhaltenden psychoaffektiven Kampfes um das eigene Sein. Sartre jedoch sieht die Rolle der Gewalt in der Menschwerdung oder gar im Horizont des Posthumanismus unzweideutiger, zumindest auf den Seiten dieses Textes. Wenn für Nietzsche der kategorische Imperativ in Blut getränkt ist, so ist es für Sartre eine gewisse Art des Humanismus sicherlich auch.

In Sartres Vorwort wie in Bhabhas Einleitung geht es um die Frage nach dem kommenden Menschen. Ihre Schriften sind Fanons Text vorangestellt, kommen aber später, und die Frage, die sie seinem Text voranstellen, ist die, ob er dem Menschen eine Zukunft eröffnet. In beiden Texten findet sich ein Nachdenken über den Menschen jenseits des Humanismus, und es ist genau das, was Sartres Vorwort im Modus und durch das Beispiel der

---

21 Ebd., S. XXXVI.

direkten Ansprache zu tun versucht. Wenn Sartre »Du« schreibt, dann versucht er, eine Version des Menschen zu Fall zu bringen und eine neue hervorzubringen. Doch seine performativen Anrufungen haben nicht die Kraft Gottes, so dass etwas unweigerlich schiefläuft und wir uns in einer Zwickmühle wiederfinden. Gibt sich Sartre hier womöglich als übermenschlich Handelnder aus, wenn er glaubt, er könne den Menschen zerstören und nach dem von ihm ersehnten Bild neu erschaffen? So wie die performative Kraft seiner direkten Ansprache nicht geradewegs einen neuen Menschen schafft, so können auch die Narben und Ketten nicht sofort das Ende des Kolonialismus bewirken. Dennoch müssen wir zu guter Letzt verstehen, ob für Sartre die Gewalt schöpferisch den »neuen Menschen« hervorbringt – und ob er diese Sicht zu Recht auch Fanon zuschreibt oder ob er sich für seine eigenen Zwecke frei an dessen Text bedient.

Ich möchte zeigen, dass Sartre hier eine ganz bestimmte kulturelle Formation des Menschen nachzeichnet und beklatscht, die ich maskulinistisch nennen würde. Zugleich dürfen wir nicht vergessen, dass bei Fanon und vielleicht auch bei Sartre beides zu finden ist, die Forderung nach einer Wiederherstellung des Maskulinismus ebenso wie der Versuch, zu fragen, wer das »Du« jenseits der Verengungen des Geschlechts sein könnte. Sartres Bemühen, den Menschen jenseits einer bestimmten Form des liberalen Humanismus zu denken, kann die Zweideutigkeit nicht auflösen, die im Kern des Wortes *homme*, das sowohl »Mann« als auch »Mensch« bedeutet, angelegt ist. Und dennoch erwachsen gewisse Möglichkeiten aus dieser mehrdeutigen Bezeichnung. Interessanterweise ist es das »Du«, die zweite Person, die die üblichen Bedeutungskreisläufe durchbricht.

Sartre schafft textlichen Raum für die Reflexivität des Europäers, für seine ewige erstpersonale Pflicht, sich selbst zu erkennen. Aber verfügen die Kolonisierten über eine solche Reflexivität? Sartre bestimmt die mobilisierende Wunde der Kolonisierten, welche die Dekolonisierung hervorbringt, als eine historische

Zwangsläufigkeit, als ob jene Wunden nicht die reflexive Subjektivität der Verwundeten durchlaufen müssten. Damit scheint sein Vorwort die Reflexivität der Kolonisierten zu verdunkeln. Das offenbart sich nicht nur in der Höflichkeit, mit der Sartre sich weigert, die Kolonisierten zu adressieren, und mit der er ebenjene Nicht-Ansprache, die er selbst als Wurzel ihrer suspendierten Menschlichkeit identifiziert hat, wiederholt. Es zeigt sich auch in seiner Behandlung der aufständischen[22] Gewalt, die ihm als eine festgelegte oder mechanisierte Reaktion gilt, und eben *nicht* als eine deliberative oder reflexive Entscheidung einer Reihe politischer Subjekte in einer politischen Bewegung. Wenn wir nach der Handlungsmacht der widerständigen antikolonialen Gewalt fragen, erscheint der Kolonisator in der Tat als einziges wirkliches Subjekt der Gewalt. Sartre sagt genau das, wenn er behauptet: »Zunächst ist es nur die [Gewalt] des Kolonialherren«.[23] In dieser Argumentation scheint Sartre die Gewalt kolonialer Aufstände allein aus dem Primat der staatlichen Gewalt abzuleiten, so dass die revolutionäre Gewalt zu einem sekundären Effekt einer vorgängigen gewalttätigen Unterdrückung wird. Die gewaltsame Antwort der Kolonisierten ist nichts anderes als eine Umlenkung oder Umwandlung der ihnen zugefügten Gewalt. Fanons Formulierung weicht etwas von Sartres Darstellung ab. Im ersten Kapitel der *Verdammten*, das den Titel »Von der Gewalt« trägt, schreibt er:

> Die Gewalt, die hinter der Einrichtung der kolonialen Welt steht, die zur Zerstörung der eingeborenen Gesellschaftsformen unermüdlich den Rhythmus schlägt, das ökonomische Bezugssystem, das Erscheinungsbild, die Kleidung ohne Einschränkung zugrunde richtet, wird vom Kolonisierten in dem Moment für

---

22 Im Original fälschlich *counterinsurgent*, hier ist jedoch die aufständische Gewalt, nicht die der Aufstandsbekämpfung gemeint [Anm. d. Übers.].

23 Sartre, »Vorwort«, in: Die *Verdammten dieser Erde*, S. 16.

> sich beansprucht und übernommen werden, da die kolonisierte Masse, entschlossen, zur aktiven Geschichte zu werden, sich auf die verbotenen Städte stürzen wird.[24]

Die Gewalt wandert, geht von Hand zu Hand, aber können wir sagen, dass sie die Gewalt der Kolonialherren bleibt? Gehört sie überhaupt einer der Parteien, wenn sie in ihrer Verschiebung von der Gewalt der Herrschenden zur Gewalt der Kolonisierten die gleiche bleibt? Sie wäre dann grundsätzlich übertragbar. Aber das entspricht nicht Sartres Sichtweise. Seine Sichtweise macht den Kolonisator zum primären Subjekt der Gewalt. Und diese Behauptung widerspricht seiner anderen These, nämlich dass unter den vorliegenden Bedingungen Gewalt als Beitrag zur Menschwerdung verstanden werden kann. Würden wir seiner ersten These zustimmen, bliebe uns nur der zweifellos falsche Schluss, dass Kolonisierung eine Voraussetzung der Humanisierung ist, eine Behauptung, die immer zur zivilisatorischen Rechtfertigung der Kolonisierung herangezogen wurde und die Sartre, wie wir annehmen müssen, vehement zurückweisen wollte.

Sartre unternimmt mehrere Versuche, den gewaltsamen Widerstand der Kolonisierten zu berücksichtigen. Er nimmt sich die Anklage der Kolonialherren vor, die in den angeblich vorzivilisatorischen Völkern simple Grundinstinkte oder animalische Triebe am Werk sehen. Er fragt: »Welche Instinkte? Diejenigen, die die Sklaven dazu treiben, ihren Herrn zu ermorden? Wieso erkennt er darin nicht seine eigene Grausamkeit wieder, die sich jetzt gegen ihn kehrt?«[25] Im Vorgriff auf seine These, dass »die einzige Gewalt die des Kolonialherren ist«, bemerkt er hier, der Kolonialherr fände in der Gewalt der Kolonisierten nur seine eigene Gewalt wieder. Die Kolonisierten haben demnach die Grausamkeit der Kolonialherren mit jeder Pore »absorbiert«. Und auch wenn es heißt, die Kolonisierten hätten die Gewalt ihrer Unterdrückung wie durch eine un-

---

[24] Fanon, *Die Verdammten dieser Erde*, S. 33f.

[25] Sartre, »Vorwort«, in: *Die Verdammten dieser Erde*, S. 15.

erbittliche transitive Kraft aufgenommen und übernommen, so wird zugleich davon ausgegangen, sie wären durch eine »radikale innere Negation dessen, was man aus [ihnen] gemacht hat«,[26] zu dem geworden, was sie sind.

Hier scheint Sartre einer Theorie der psychologischen Absorption oder des psychologischen Mimetismus anzuhängen, die die Gewalt der Kolonisatoren einfach in die Gewalt der Kolonisierten überträgt. Demnach absorbieren und wiederholen sie die Gewalt, die ihnen angetan wird, weisen aber zugleich das zurück, was die Kolonisatoren aus ihnen gemacht haben. Dies mag ein Widerspruch sein, aber es ist einer, in dem die Kolonisierten zu leben gezwungen sind. So wie wir es bereits im Hinblick auf die Unmöglichkeit der Wahl festgestellt haben: »Wenn er Widerstand leistet, schießen die Soldaten, und ein Mensch ist tot; wenn er nachgibt, verkümmert er und ist kein Mensch mehr«.[27] Er wird gewalttätig durch die erlittene Gewalt, aber diese Gewalttätigkeit gefährdet sein eigenes Leben. Scheitert er in der Ausübung der Gewalt, bleibt er deren Opfer und »die Schande und die Furcht werden seinen Charakter brüchig machen, seine Person auflösen«.[28] Schande, weil er der Gewalt nicht mit Gegengewalt entgegentreten wird oder kann, und Angst, weil er weiß, wie verwundbar und auslöschbar sein Leben unter der gewaltsam aufgezwungenen Kolonialherrschaft letztlich ist.

Das Problem der Gewalt taucht hier also in dem von Bhabha so bezeichneten »psycho-affektiven Überleben« auf, in einem durch Scham und Angst gefährdeten Selbst, das innerlich gespalten ist und sich aufzulösen droht. Die Frage ist, ob diese fatale Zersplitterung durch irgendetwas aufzuhalten ist, und warum Gewalt als der Weg zum Selbst, zur Handlungsfähigkeit, gar zum Leben erscheint. Wohlgemerkt ist dieses Selbst ein anderes als jenes, das die ihm angetane Gewalt einfach absorbiert oder unkritisch nachahmt

26 Ebd.
27 Ebd., S. 14.
28 Ebd.

und zurückgibt. Hier muss ein beschädigtes Selbst durchquert werden, und die Gewalt scheint einen möglichen Weg zu bieten. Ist sie der einzige Weg? Hat Fanon das so gesehen?

Um diese Frage zu beantworten, müssen wir zunächst verstehen, was mit der Gewalt geschieht, die die Kolonisierten im Namen eines rebellischen Widerstandes aufnehmen und übernehmen. Die Gewalt ist »zuerst« die der Kolonialherren, doch sie wird später zur eigenen gemacht. Ist die Gewalt, die sich die Kolonisierten zu eigen machen, anders als die Gewalt, die ihnen von den Kolonialherren zugefügt wird? Im Bemühen, diese sekundäre, von den Kolonialherren abgeleitete Gewalt zu erklären, bemerkt Sartre, dass sie »wie ein Spiegelbild auf uns zurückgeworfen wird«.[29] Das legt nahe, dass die aufständische Gewalt nichts anderes als der Widerschein der kolonialen Gewalt ist, als herrsche zwischen ihnen eine Symmetrie und die zweite folge wie eine dialektische Reflexion auf die erste. Aber das kann nicht ganz stimmen. Weil die Persönlichkeit des Kolonisators »sich nicht mehr sehr gut daran [erinnert], daß auch sie ein Mensch war, sie hält sich für eine Peitsche oder für ein Gewehr«,[30] ist die Gewalt das Mittel, durch das die Kolonisierten zu Menschen werden. Sartre merkt später an, dass »der Europäer nur dadurch sich zum Menschen hat machen können, daß er Sklaven und Monstren hervorbrachte«.[31] Es scheint so, als habe Sartre hier mindestens zwei unterschiedliche Vorstellungen des Menschen. Der Kolonisator vergisst, dass er ein Mensch ist, wenn er Gewalt ausübt, aber die spezifische Art Mensch, zu der er wird, ist von dieser Gewalt abhängig. Wie schon erwähnt benutzt Sartre hier den Begriff *homme* für *humain* und diese Doppeldeutigkeit zieht sich durch seine gesamte Argumentation. Und doch scheint es, als würde der Kolonisator, der vergessen hat, dass er ein Mensch ist, deshalb zu einer Peitsche oder zu einem Gewehr werden, weil ihn die Angst vor dem Verlust seiner absoluten Macht irre macht.

---

29 Ebd., S. 16.
30 Ebd., S. 15.
31 Ebd., S. 21.

Dieser Kolonisator will genau die Menschen angreifen, die er nicht als Menschen ansieht und die durch diese gewaltsame Konfrontation ebenfalls Gefahr laufen, zu einer Peitsche oder zu einem Gewehr zu werden.

So viele Menschen werden in dieser Szene vergessen. Wer ist dieser vergessene Mensch? Und wer ist der kommende Mensch? Der Kolonisierte, heißt es, würde zum »Menschen« durch Gewalt, doch wir wissen, dass die Gewalt, die er übernimmt, zuerst die des Kolonialherren war. Grenzt sich die Gewalt des Kolonisierten von derjenigen des Kolonialherren ab? Und ist diese Abgrenzung die Voraussetzung seiner »Menschwerdung«? Sartre ist sich sicher, dass die »uneingestandene Wut« der Kolonisierten »gerade das letzte Residuum ihrer Menschlichkeit ist«.[32] In dieser Wut erkennt Sartre sowohl den Effekt des kolonialen Erbes als auch die Zurückweisung dieses Erbes, einen Knoten, einen Widerspruch, der in eine schließlich unlebbare Zwickmühle führt und in die Forderung nach radikaler Veränderung mündet. Gewalt wird zu einer klaren Alternative, wenn ein Leben in dauerhaftem Hunger und Unterdrückung weit schlimmer erscheint als der Tod.[33] An diesem Punkt gibt es, so Sartre, »nur eine einzige Aufgabe, ein einziges Ziel: den Kolonialismus mit *allen* Mitteln zum Teufel zu jagen«.[34] Sartres Darstellung aufständischer Gewalt soll einen Einblick geben in die Person, die unter solcher Unterdrückung lebt. Sie dient dazu, einen hervorgerufenen psychologischen Zustand zu rekonstruieren. Zugleich liest sie sich wie eine vollkommen instrumentelle Rationalisierung von Gewalt und wie eine normative Forderung. Tatsächlich, die Gewaltakte, mit denen die Dekolonisierung erreicht wird, sind zugleich die Akte eines »sich neu schaffenden Menschen«.[35] Sartre beschreibt eine psychologische Realität, aber zugleich bietet er auch einen neuen Humanismus an, der den alten

32 Ebd., S. 17.
33 Ebd., S. 18.
34 Ebd., S. 19.
35 Ebd.

durcheinanderbringen soll, einen, der unter diesen sozialen Bedingungen Gewalt erfordert, um sich zu verwirklichen. Er schreibt »keine Sanftmut kann die Auswirkungen der Gewalt auslöschen, nur die Gewalt selbst kann sie tilgen«.[36] Natürlich müssen wir an dieser Stelle fragen, ob die Gewalt selbst, die angeblich in der Lage ist, ihre eigenen Spuren zu tilgen, nicht einfach mehr von solchen Spuren erzeugt und neue Vermächtnisse der Gewalt nach sich zieht.

Und außerdem: Waren eben jene Narben und Ketten nicht notwendig, um die Revolution in Gang zu setzen? Die Narben und Ketten dienen einem doppelten Zweck: Erstens spiegeln sie dem Europäer die Folgen seines gescheiterten Humanismus, seiner exportierten Kolonialherrschaft wider; zweitens haben sie, so heißt es, die unentrinnbare Logik der Dekolonisierung geschichtlich in Gang gesetzt und sind nun genau das, was die Gewaltakte, die die Dekolonisierung bewirken, voraussichtlich »auslöschen« werden. Diese Narben und Ketten dienen als Spiegel für die Europäer und als geschichtliche Triebkraft für die Kolonisierten, und werden schließlich durch den Akt der Selbsterschaffung negiert, wenn nicht gar vollständig verwandelt. Das existenzielle *dictum*, sich selbst zu kennen und zu erschaffen, taucht damit am Ende von Sartres provokativem Vorwort auf, wo er behauptet, dass es die Gewaltakte des Kolonisierten sind, die diesen schließlich als existenzielles Subjekt *par excellence* bestimmen: »Wenn seine Wut ausbricht, findet er sein verlorenes Selbstverständnis wieder, und er erkennt sich genau in dem Maße, wie er sich schafft«.[37] Diese Art der Selbsterschaffung ist natürlich merkwürdig, da sie das Ergebnis einer historisch unvermeidlichen dialektischen Entwicklung zu sein scheint und eine solche Form des Determinismus

---

[36] Ebd. Siehe auch Walter Benjamin über die heilige Gewalt, die die Spuren der Schuld auslöscht (Walter Benjamin, »Die Bedeutung der Zeit in der moralischen Welt«, in: *Gesammelte Werke*, Bd. 4, Frankfurt a.M. 1991, S. 97f.).

[37] Sartre, »Vorwort«, in: *Die Verdammten dieser Erde*, S. 19.

noch nicht ausgesöhnt ist mit der Theorie der Selbstkonstitution bei Sartre. Wie sich herausstellt, hat die Spannung zwischen diesen beiden Positionen bedeutende Implikationen.

Sartre begann sein Vorwort mit der Zuweisung von Pronomen und folgte dabei einer strengen Arbeitsteilung. Fanon wird zu den Kolonisierten sprechen, Sartre zum Europäer, insbesondere dem Liberalen in Frankreich, der sich moralisch und politisch von den Vorgängen in Algerien und den französischen Kolonien weit entfernt wähnt. Sartre spricht nicht zu den Kolonisierten, vermutlich weil er ihnen gegenüber keine moralische, didaktische Position einnehmen will. Er will, dass die Europäer zuhören und ihre Randständigkeit in diesem Gespräch erleben. Und dennoch wird Sartre die Gewalt des Kolonisierten anhand eines psychologischen Porträts beschreiben und dann behaupten, der Mensch, der am gewaltsamen Umsturz mitwirkt, verwirkliche seinen, Sartres, existenzialistischen Marxismus. Indem er die dehumanisierenden sozialen Bedingungen dekonstitutiert, bewirkt der Kolonisierte seine eigene Dekolonisierung und macht sich durch diese doppelte Negation selbst zum Menschen: »[D]ieser neue Mensch beginnt sein Menschenleben mit dem Ende, er hält sich für einen potentiellen Toten.«[38] Dass der Mensch potenziell tot sei, sagt zugleich, dass er diese Möglichkeit in der Gegenwart lebt, so dass er den Tod kaum riskiert. Der Tod fungiert als epistemische Gewissheit, wenn nicht gar als bestimmendes Merkmal der Existenz. Bhabha bezieht sich darauf als ein *»life-in-death«*, ein Leben im Tod. Schließlich zu sterben bedeutet dann, das zu verwirklichen, was bereits als wahr oder notwendig verfügt wurde. Und doch geschieht ein Sterben, das dazu dient, diese Bedingungen des sozialen Todes zu dekonstituieren, und zwar genau im Namen des zukünftigen Lebens und des zukünftigen Menschen.

---

[38] Ebd. S. 21.

In diesem Vorwort stellt Sartre außerdem, wie wir uns erinnern, Camus frühere Position zur Gewaltlosigkeit bloß.[39] Die Anhänger der Gewaltlosigkeit, so witzelt er, hielten sich für »weder Opfer noch Henker«.[40] Doch Sartre weist den Versuch, diese binäre Alternative zu umgehen, zurück. Er behauptet stattdessen, Gewaltlosigkeit und Passivität seien gleichbedeutend mit Mittäterschaft, und merkt, nun in der direkten Anrede, an, dass »eure Passivität nur dazu [dient], euch auf die Seite der Unterdrücker zu treiben.«[41] Gefordert wird hier eine Dekonstitution des Menschenbildes, insbesondere, wenn ein Mensch zu sein, wie Sartre behauptet, bedeutet, ein Komplize des Kolonialismus zu sein. Nur durch die Dekonstitution dieser Version des Menschseins kann sich die Geschichte des Menschen entfalten. Wir erhalten wenig konkrete Anhaltspunkte, wie die finale Entfaltung des Menschen aussehen wird, doch gegen Ende seines Essays stellt sich Sartre in einer kurzen Anmerkung eine Menschheitsgeschichte vor, die auf einen künftigen Zustand der »Selbst-Vollendung« zuläuft. Wenn die Menschheit dieses Stadium erreicht, verkündet Sartre, »wird sie sich nicht als die Summe der Bewohner des Erdballs definieren, sondern als die unendliche Einheit ihrer Wechselseitigkeiten«.[42]

Hier, am Ende eines Textes, der weithin als Lobrede der Gewalt gilt, schlägt Sartre eine andere Richtung ein, und vielleicht offenbart sich an diesem Knotenpunkt die fundamentale Ambivalenz seiner Sicht der Gewalt, die Ronald Santoni in *Sartre on Violence: Curiously Ambivalent* klug dargelegt hat.[43] Offensicht-

---

39 Sartre nennt Camus nicht ausdrücklich, aber er bezieht sich deutlich u.a. auf zwei Essays, die 1957 in *Demain* erschienen sind (Albert Camus, »Der Sozialismus der Galgen«, in: *Fragen der Zeit,* übers. v. Guido G. Meister, Reinbek bei Hamburg 1968, S. 206–215 und Albert Camus, »Die Wette unserer Generation«, ebd., S. 215–224).

40 Sartre, »Vorwort«, in: *Die Verdammten dieser Erde*, S. 22.

41 Ebd., S. 23.

42 Ebd., S. 24.

43 Ronald Santoni, *Sartre on Violence: Curiously Ambivalent,* University Park 2003, S. 67–74.

lich werden in dieser Vision einer unendlichen Einheit der wechselseitigen Bedürfnisse, die unter den Erdenbewohnern zu finden seien, physische Angewiesenheit und Verletzlichkeit zum Gegenstand wechselseitiger Anerkennung und Achtung. Wenn wir an Fanons Aussagen zur Gewalt denken, finden wir auch dort ein gewisses Verständnis dafür, dass Gewalt zur Überwindung des Kolonialismus gehört, zugleich wird aber anerkannt, dass sie einen Nihilismus, einen zersetzenden Geist absoluter Negation mit sich bringt. Wo Fanon argumentiert, dass uns solche Unterdrückungsverhältnisse keine andere Wahl lassen, da argumentiert er zugleich, dass solche Unterdrückungsverhältnisse vollständig überwunden werden müssen, damit die Gewalt nicht länger das soziale Leben durchdringt. Das Bemerkenswerte an Fanons Sichtweise ist, deutlicher vielleicht als es Sartre wiedergeben will, die Tatsache, dass der Körper selbst geschichtlich wird, und zwar durch eine Verkörperung sozialer Verhältnisse. Der zerstörte, zum Schweigen gebrachte Körper ist nicht nur ein Ausdruck der kolonialen Herrschaftsverhältnisse, er ist ihr Instrument und Effekt, die koloniale Herrschaft *existiert nicht* ohne solche Instrumente und Effekte. Das Elend (*destitution*) des Körpers ist nicht nur ein Effekt des Kolonialismus, im Sinne einer Vorstellung von Kolonialismus als etwas Vorgängigem, Separatem, als eine »Bedingung«, die analytisch wie historisch von dem in Frage stehenden Körper getrennt ist. Im Gegenteil, *der Körper ist das belebte oder besser entlebte Leben dieses historischen Verhältnisses, ohne das die Kolonisierung selbst nicht existieren kann.* Kolonisierung ist die Abtötung der Sinne, die Einrichtung des Körpers im sozialen Tod; die Einrichtung eines Körper, der seine Potentialität als Tod erlebt und atmet, und seine Kraft in dieser Weise somatisch und affektiv erarbeitet und reproduziert.

Damit scheint es, als ob jeder Versuch, den Menschen nach dem Humanismus, also nach der kolonialen Komplizenschaft des Humanismus zu rekonstruieren, die Menschen als jene verstehen muss, die den Tod schon vor dem Stillstand der Körperfunktionen erleiden können, im Herzen des Lebens selbst. Wenn Menschen Lebewesen sind, die von sozialen Bedingungen abhängen, um zu atmen, sich zu bewegen und zu leben, dann wird der Mensch bei Fanon gerade auf dieser psychologischen Ebene neu bestimmt. Es handelt sich um eine Psyche, die »in Unwesentlichkeit abgesunken« ist, und um einen Körper, der in seiner grundlegenden Mobilität beschränkt ist. Es gibt Orte, wo dieser Körper nicht hingehen darf, und Äußerungen der ersten Person, die er sich nicht zu eigen machen darf, Arten und Weisen, durch die er sich nicht als ein »Ich« erkennen und erhalten kann. Er hat sich selbst nicht als das »Du« erfahren, das von anderen angesprochen wird, und darum verfehlt er sein Ziel, wenn er sich selbst adressiert und zwischen der Gewissheit seiner Inexistenz und einem übersteigerten Bild zukünftiger Macht schwankt.

Wenn sich aus dieser Situation ein Männlichkeitskult entwickelt, dann wird er womöglich in Fanons Beschreibung der Fantasie der Muskelkraft verdeutlicht. Fanon zeigt seine eigene Verbundenheit mit einer europäischen gebildeten Klasse und einem zivilisatorischen Projekt und bietet dann sein eigenes Porträt seiner psychologischen Umstände an. Er beschreibt zuerst die Tatsache räumlicher Beschränkung: »Der Eingeborene« ist eingekeilt, er erfährt, dass es Orte gibt, wo er nicht hingehen kann und wird bestimmt durch diese Eingrenzung seiner räumlichen Mobilität. Als Folge nimmt die Vorstellung seiner selbst, die diese Beschränkung kompensiert, übertriebene Formen an: »Deshalb sind die Träume des Eingeborenen Muskelträume, Aktionsträume, aggressive Träume. Ich träume, daß ich springe, daß ich schwimme, daß ich renne, daß ich klettere. Ich träume, daß ich vor Lachen berste, daß ich den Fluß überspringe, daß ich von Autorudeln verfolgt werde, die mich niemals einholen.«[44]

Fanon betrachtet diese Hypermuskularität, diese übermenschliche Aktionsfähigkeit als kompensatorisch, unmöglich, phantas-

[44] Ebd., S. 43.

matisch, aber unter diesen Bedingungen als vollkommen nachvollziehbar. Wenn er behauptet, dass die Unterdrückten davon träumen, zu Verfolgern zu werden, so liefert er eine psychosoziale Beschreibung der Fantasien, die unter solchen Bedingungen entstehen. Er argumentiert nicht notwendigerweise in ihrem Sinne, auch wenn er sowohl Gewaltlosigkeit wie auch Vermittlung als politische Optionen im Unabhängigkeitskrieg 1961 ablehnte. Sein Argument ist ein strategisches: Wenn die Dekolonisierten sich für Gewalt entscheiden, dann nur, weil sie sich bereits inmitten der Gewalt befinden. Die Gewalt geschah nicht nur in der Vergangenheit, sie widerfährt ihnen weiterhin und bildet somit den Horizont des politischen Lebens. Er schreibt: »Das Problem ist jetzt, zu begreifen, wie diese Gewalt sich reorientiert.«[45] Gewalt wird hier nicht als eine Lebensweise verteidigt und ganz sicher auch nicht als eine Vorstellungsweise für das normative Ziel einer sozialen Bewegung. Sie ist ein Mittel zum Zweck der Erfindung.

Natürlich stellt sich die Frage, ob es bei der Gewalt als einem bloßen Mittel bleiben kann oder ob sie nicht jede mit gewaltsamen Mitteln durchgesetzte politische Ordnung bestimmen, verfolgen und bedrängen wird. Weder Sartre noch Fanon stellen diese Frage. Wenn wir danach streben, den Menschen neu zu erschaffen, eine Gemeinschaft als unendliche Einheit der wechselseitigen Bedürfnisse hervorzubringen oder Dekolonisierung zu erreichen, dann müssen wir fragen, ob Gewalt weiterhin eine Rolle spielt; für das, was es bedeutet, sich selbst zu erschaffen, für das, was es bedeutet, eine Gemeinschaft hervorzubringen, und für das, was es bedeutet, die Dekolonisierung zu erreichen und an diesem Ziel festzuhalten. Es scheint klar, dass die Gewalt aus dem Bild herausfällt, sobald wir uns eine Gesellschaft vorstellen, die durch eine unendliche Einheit von wechselseitigen Bedürfnissen bestimmt ist. Und Gewalt wäre nicht mehr unbedingt notwendig, sobald eine unzweideutige Dekolonisierung erreicht wäre – sofern das tat-

---

45 Ebd., S. 49.

sächlich möglich sein sollte. Am schwierigsten ist die Funktion der Gewalt im Modell der Selbsterschaffung (*self-creation*) zu verstehen. Vielleicht könnte man einfach sagen, dass die Gewalt nur unter den kolonialen Verhältnissen zum zentralen Mittel der menschlichen Selbsterschaffung wird und sich das Selbst ohne die Kolonisierung nicht mehr mit gewaltsamen Mittel erschafft. Das wäre ein klarer Unterschied zu einer Position, die Selbsterschaffung als gewaltsame Negation entwirft und davon ausgeht, dass jede Selbsterschaffung selbstverständlich der Gewalt bedarf. Fanon formuliert am Ende der *Verdammten dieser Erde* sehr klar, dass es die Aufgabe der Dekolonisierung ist, einen »neuen Menschen« zu erschaffen oder zu erfinden, einen, der keine einfache, gewissenhafte Spiegelung des europäischen Menschen ist.

Können wir die Selbsterfindung bei Fanon jenseits eines Konzepts der Gewalt denken? Und wenn nicht, liegt es daran, dass Gewalt unter kolonialen Verhältnissen notwendig ist und dieser Kontext 1961 Fanons Vorstellungskraft begrenzt? Lässt Fanon am Ende seines Buches die Möglichkeit einer neuen Art der Selbsterschaffung offen, die erst noch erdacht werden muss? Kann er sie nur deshalb nicht anbieten, weil er sich historisch noch nicht an dem Punkt befindet, an dem sie vorstellbar wird?

Es scheint klar zu sein, dass das Kolonisiert-Werden bedeutet, als Mann gedemütigt zu werden und dass diese Kastration unerträglich ist. Es ist die Ehefrau des Kolonisierten, die vergewaltigt oder verachtet wird, und die Beleidigung ihres Mannes, des Ehemannes, ist für Fanon noch tiefgreifender als ihre eigene. Rey Chow und andere haben den allgegenwärtigen Maskulinismus in Fanons Werk untersucht, und ich will hier nicht weiter darauf herumreiten.[46] Stattdessen will ich zwei Anmerkungen machen, die uns den Weg zu einer anderen Art des Denkens weisen. Erstens sticht mir ins Auge, dass Fanon männliche Gewaltfantasien

---

[46] Rey Chow, *Primitive Passions. Visuality, Sexuality, Ethnography, and Contemporary Chinese Cinema*, New York 1995.

als kompensatorisch begreift, was nahelegt, dass er die fantasmatische Dimension eines Hypermaskulinismus versteht. Als solches dient er nicht als moralisches Ideal, dass die Dekolonisierten anstreben sollen, sondern eher als ein motivierender Faktor im dekolonialen Kampf. Die Unterscheidung ist wichtig, denn daraus würde folgen, dass das fantasmatische Ideal der Hypermaskulinität unter den Bedingungen der Dekolonisierung seine Kraft als kompensatorische Verhaltensmotivation und als fantasmatisches Modell der Selbsterschaffung einbüßt. Ein vergeschlechtlichter (*gendered*) Mann müsste wie jeder Normalsterbliche einen Fluss überqueren, die Dekolonisierung verspricht keine gottähnlichen Kräfte und wenn doch, kann sie ihr Wort in keinem Falle halten.

Auch wenn Sartre das »Du« auf restriktive Weise nutzt, um seine europäischen Leser zu konstituieren und zu dekonstituieren und um zwei unterschiedliche Bruderschaften, die Kolonisatoren und die Kolonisierten, voneinander zu trennen, bietet uns Fanon eine andere Form der direkten Anrede. Sie geht über diese rigide Binarität hinaus und birgt die Möglichkeit, den Menschen getrennt vom »Mann«, vom »*homme*« oder »*man*«, zu denken. Wenn Fanon seinen Körper am Ende von *Schwarze Haut, weiße Masken* anfleht: »O mein Leib, sorge dafür, dass ich immer ein Mensch bin, der fragt«,[47] dann fordert er zu einer Offenheit auf, die den Körper und das Bewusstsein zugleich umfasst. Er spricht zu sich selbst und will sich durch eine direkte Ansprache des eigenen Körpers rekonstituieren. Als wolle er dem psycho-affektiven Sterben-im-Leben entgegentreten, das die gelebte Erfahrung der Kolonisierten durchdringt, will Fanon den Körper zu einer Erforschung mit offenem Ende anregen. »Wir wünschen uns, dass man, am Ende dieses Buchs, mit uns die Offenheit jeden Bewusstseins spürt (*la dimension ouverte de toute conscience*)«.[48] Er fordert Anerkennung weder für seine nationale Identität noch für sein

---

[47] Frantz Fanon, *Schwarze Haut, weiße Masken*, übers. v. Eva Moldenhauer, Wien 2013, S. 197.
[48] Ebd.

Geschlecht, sondern einen kollektiven Akt der Anerkennung, der jedem Bewusstseins den Status von etwas unendlich Offenem zuspricht. Und selbst wenn Fanon nicht vorhersehen konnte, was diese universalisierbare Anerkennung für die Geschlechterbeziehungen bedeuten würde, steht sie dennoch da, als eine einsetzende und unbeabsichtigte Konsequenz seiner Worte; Worte, die vielleicht eine radikalere Vision transportieren als er selbst es fast ein Jahrzehnt später beim Verfassen von *Die Verdammten dieser Erde* konnte. »O mein Körper« – dieser Ausruf setzt eine gewisse Reflexivität in Kraft, eine Ansprache *seiner selbst* als ein Körper, der gerade *nicht* durch seine Unwesentlichkeit gebrochen ist, sondern vielmehr bedingt ist durch eine gewisse anhaltende und offene Frage. Dieser durch die Ansprache beschworene Körper wird als eine Öffnung zur Welt und zu einer radikal egalitären Gesellschaft postuliert. Da gibt es keinen Gott, zu dem er betet, sondern einen Körper, welcher sich gerade durch das auszeichnet, was er noch nicht weiß. Dieser Moment wiederholt sich ohne Zweifel am Ende von *Die Verdammten dieser Erde*, trotz der grundlegenden Unterschiede zwischen beiden Texten. Am Ende der *Verdammten* weiß Fanon nicht, welche neue Version des Menschen erfunden werden wird, sobald sich die Dekolonisierung ereignet. Hier gibt es eine Offenheit gegenüber der Zukunft, die weit entfernt ist von einer allwissenden Behauptung; sie ist tatsächlich im emphatischen Sinne unwissend und unvoreingenommen gegenüber dem Kommenden.

Vielleicht eigne ich mir diese Anrufung seines eigenen Körpers an, diesen Aufruf, sich wieder einer Welt zu öffnen und, radikaler noch, sich mit anderen in der Anerkennung der Öffnung eines jeden Bewusstseins zu verbinden, gerade weil es eine Alternative zum hyperresoluten Maskulinismus der antikolonialen Gewalt darstellt. Freilich, *Schwarze Haut, weiße Masken* wurde neun Jahre vor *Die Verdammten dieser Erde* verfasst, aber vielleicht lassen sie sich zusammenlesen, um zu ergründen, worin diese Neuerfindung des Menschen, worin tatsächlich dieses Menschenbild bestehen könnte. Der Ruf zu den Waffen und die Kritik an Pazifismus und an Kompromissen erfordern es schließlich, in diesem Augenblick die Polizei oder den weißen Algerier oder die Regierungsvertreter *nicht* so zu begreifen, als sei ihr Bewusstsein eine »offene Dimension«. In der Tat *schließt* die Gewalt gegen den Anderen dieses Bewusstsein, denn der Logik der Gewalt zufolge kann es die »offene Dimension« in meinem eigenen Bewusstsein nur geben, weil ich diese Dimension in einem Anderen verschließe. In der Argumentation der *Verdammten* kann ich, wenn ich als Kolonisierter lebe, die Tür meines eigenen Bewusstseins nur öffnen, indem ich die Tür des anderen schließe. Es ist ein Kampf um Leben und Tod. In dem Augenblick, in dem ich einem Anderen Gewalt antue – einem, der mich unterdrückt, die Unterdrückung verkörpert oder mit ihr gemeinsame Sache macht –, schaffe ich Raum nicht nur für meine eigene Selbsterfindung, sondern für ein neues Menschenbild, das nicht auf rassistischer oder kolonialer Unterdrückung und Gewalt beruht.

Am Ende von *Schwarze Haut, weiße Masken* adressiert sich Fanon selbst. Diese Form der Ansprache wird in Sartres Vorwort nicht betrachtet, aber sie ist womöglich die aufrührerischste seiner sprachlichen Handlungen und versinnbildlicht die aufkommende selbstkonstituierende Kraft der Kolonisierten, die durch keine historische oder kausale Notwendigkeit bedingt ist. Hier schreibt er, dass die idealen Bedingungen einer menschlichen Welt nur durch die Rückeroberung und Erforschung des eigenen Selbst entstehen kann. »Warum nicht einfach versuchen, den anderen zu berühren, den anderen zu spüren, mir den anderen zu offenbaren«?[49] Dieser Satz wird als Frage aufgeworfen und es scheint so, als ob die Selbsterforschung ganz selbstverständlich diese fragende Beziehung zum Anderen einschließt. Fanon macht dies im nächsten Satz explizit, wenn er schreibt: »Ist mir meine Freiheit denn

[49] Ebd.

nicht gegeben, um eine Welt des *Du* zu errichten?«[50] Wir wissen in diesem Moment nicht, ob das »Du» der Kolonisierte oder der Kolonisator ist, und ob es auch ein Ausgreifen, eine Relationalität ist, welche die absichtliche Fesselung des »Ich» konstituiert, wenn es sich selbst außerhalb seiner selbst findet, verstrickt in eine Welt der Anderen. Selbsterforschung ist nicht nur eine Wendung nach innen, sondern auch eine Form der Ansprache: *O du, O mein Körper.* Das ist ebenso sehr ein Appell an sein eigenes körperliches Leben, an die Wiederherstellung des Körpers als Basis der Handlungsfähigkeit, wie es ein Appell an die Anderen ist; es ist in der Tat eine Ansprache, eine Berührung, die durch den Körper ermöglich wird, eine, die sich aus komplexen Gründen verpflichtet, jedes einzelne Bewusstsein als eine offene Dimension anzusehen. Wenn der Körper ihn hin zum »Du« öffnet, so tut er es in einer Art und Weise, durch die der Andere ebenfalls mithilfe des Körpers fähig wird, ein »Du« anzusprechen. Beide Formen der Ansprache setzen ein Verstehen des Körpers voraus, dessen Berührung die offene Ansprache nicht nur dieses fühlbaren Anderen, sondern jedes anderen Körpers bewirkt. In diesem Sinne scheint hier eine erneute Verkörperlichung (*recorporealization*) des Humanismus zu greifen, die eine Alternative zur Gewalt darstellt oder, auf paradoxe Weise, zu der Idee des entfalteten Menschen, die sie anstrebt (und verwerfen muss, um sie am Ende zu verwirklichen). Jenseits und konträr zu der Ansicht, dass Selbsterschaffung nur durch Gewalt möglich ist, veranschaulicht Fanon hier die philosophische Wahrheit, dass es keine Erfindung des Selbst ohne das »Du« gibt und dass das »Selbst« durch eben jene Form der Ansprache konstituiert wird, die dessen grundlegende Sozialität bezeugt.

Wenn Sartre über *Die Verdammten* schreibt »Was kümmert es Fanon, ob Sie sein Werk lesen oder nicht? Für seine Brüder entlarvt er unsere alten Machenschaften«, so scheint er uns zu sagen,

---

[50] Ebd.

dass wir die *Verdammten* eben *nicht* im Lichte jenes »Du« lesen dürfen, das am Ende von *Schwarze Haut, weiße Masken* angesprochen wird. Es stimmt, dass Fanon im Schlussteil der *Verdammten* »meine Genossen« und »meine Brüder« adressiert. Das »Du«, mit dem sein früheres Werk endet, wird hier präzisiert und eingegrenzt, und doch ist bemerkenswert, dass er sie selbst in den *Verdammten* eben *nicht* zu einer Rückkehr zur ethnischen oder nationalen Identität aufruft. Nein, er fordert dazu auf, eine neue Version des Menschen zu schaffen und eine Universalität einzuläuten, die auf dieser zugegebenermaßen verdammten Erde noch nie geschaffen wurde. Welche Form dieser universale Mensch schließlich annehmen wird, ist unbekannt und bleibt eine offene Frage, sodass die Öffnung des früheren Werks – die durch den Körper ermöglichte Öffnung zum »Du« – schließlich in der Öffnung widerhallt, mit der das spätere Werk endet. Selbst in den *Verdammten* gibt es das finale Bereithalten für das Neue, für eine Öffnung, die von einer vorgängigen Gewalt abhängen mag, aber auch deren Aufhebung voraussetzt.

Fanons Ansprache des Körpers, sich zu öffnen und zu befragen, sich dem Kampf für eine Anerkennung der Offenheit jedes anderen verkörperten Bewusstseins anzuschließen, dem Kampf für eine neue Universalität, beginnt vielleicht genau dann, wenn die Dekolonisierung endet. Damit würde *Schwarze Haut, Weiße Masken* also philosophisch auf *Die Verdammten dieser Erde* folgen. Das Streben nach der »Berührung« des »Du« in *Schwarze Haut, Weiße Masken* wäre dann etwas ganz anderes als der Kontakt, der eine gewaltsame Negation erzeugt. Wenn sich Sartre auf die »unendliche Einheit der Wechselseitigkeiten unter den Erdenbewohnern« bezieht, beruft er sich also nicht auf die Fähigkeit eines jeden, Gewalt auszuüben, sondern auf die reziproken Bedürfnisse, welche die menschliche Verkörperung mit sich bringt: Nahrung, Obdach, Schutz des Lebens und der Freiheit, Mittel der Anerkennung und Möglichkeiten der Arbeit und politischen Teilhabe, ohne die kein Mensch entstehen oder bestehen kann. Der Mensch ist in diesem Sinne sowohl kontingent wie aufstrebend (*aspirational*), sowohl abhängig wie noch unerreicht oder unverwirklicht.

An dieser Stelle fällt mir eine außerordentliche Bemerkung ein, die Sartre 1975 gegenüber Michel Contat in einem Interview mit dem Titel »Selbstporträt mir siebzig Jahren« machte. Dort bezieht er sich auf die Aussicht eines »subjektiven Lebens«, das »völlig offen, eine Tatsache sein wird«.[51] Im Vorwort zu Fanons *Verdammten* kann Sartre die Kolonisierten nicht ansprechen, sieht sich nicht in der Position dazu. Aber wie ist eine neue Politik des Menschen ohne eine solche Ansprache möglich? In seinen späten Interviews scheint Sartre zu wissen, dass die Zukunft des Menschen durch eine bestimmte Form der Ansprache eröffnet wird, durch eine Ansprache, die Geschlecht (*gender*) neu ordnet und die an Fanon und dessen Ansprache an sich selbst und das »Du« erinnert:

> Wir liefern unsere Körper allen aus, sogar außerhalb jeder sexuellen Beziehung: durch Blicke, durch Berührungen. Sie liefern mir Ihren Körper aus, ich Ihnen meinen: wir existieren füreinander als Körper. Aber wir existieren nicht in gleicher Weise als Bewusstsein, als Ideen, obwohl Ideen Modifikationen des Körpers sind.
>
> Wenn wir wirklich füreinander existieren wollten, als Körper existieren, der jederzeit entblößt werden kann – auch wenn man dies nie tut –, müssten die Ideen dem anderen als aus dem Körper kommend erscheinen. Die Worte werden von einer Zunge in einem Mund gebildet. Alle Ideen sollten so erscheinen, selbst die unbestimmtesten, flüchtigsten, unangreifbarsten. Mit anderen Worten, es dürfte nicht mehr diese Heimlichkeit geben, dieses Geheimnis, das in gewissen Jahrhunderten für die Ehre des Man-

[51] Jean-Paul Sartre, »Selbstporträt mit siebzig Jahren«, übers. v. Peter Aschner, in: *Sartre über Sartre. Aufsätze und Interviews 1940–1976*, hg. v. Traugott König, Hamburg 1988, S. 202–278, hier: S. 209.

nes und der Frau gehalten wurde – was mir eine Dummheit zu sein scheint.[52]

Auch wenn Sartre eine unmögliche Transparenz anstrebt, bewahrt ein solch unmögliches Ideal für ihn die Idealität und die unendliche Möglichkeit des Begehrens selbst. Natürlich, mit »die Ehre des Mannes und der Frau« setzt er diese in klar getrennte Beziehungen und artikuliert und bewahrt diese Differenz. Aber hier geschieht noch mehr: Wenn die Entmännlichung das Zeichen der Entmenschlichung ist, dann ist das Männliche die vermeintliche Norm der Humanisierung. Diese differenzielle Norm wiederum kann nur eine entmenschlichende Wirkung haben. Wenn also Fanon und Sartre in ihren merkwürdigen finalen Bekenntnissen einräumen, dass es eine Berührung und eine Form der Ergebung sind, die die Beziehung zu einem »Du« aufbauen, dann scheint es so, als fänden wir hier – anstelle eines Kampfes darum, welche männliche Gemeinschaft schlussendlich die Oberhand gewinnt – ein Pronomen, das genau in Bezug auf das Geschlecht ins Offene weist. Es war Arendt, die nahelegte, dass die Frage »Wer bist du?« die Grundlage der partizipativen Demokratie bildet.[53] Auf dieser Basis fordert die italienische feministische Philosophin Adriana Cavarero eine Rehabilitation des »Du« im Kern der Politik.[54]

---

52 Ebd.

53 Hannah Arendt, *Vita Activa oder Vom tätigen Leben*, München 1960, S. 183.

54 Adriana Caverero, *Relating Narratives: Story-Telling and Selfhood*, übers. v. Paul Kottmann, London 2000, S. 90f: »Das ›Du‹ kommt vor dem *Wir*, vor dem *Ihr* und dem *Sie*. Es ist symptomatisch, dass das ›Du‹ als Begriff in den modernen und zeitgenössischen Entwicklungen der Ethik und der Politik nicht zuhause ist. Das ›Du‹ wird von den individualistischen Doktrinen ignoriert, die zu sehr damit beschäftigt sind, die Rechte des Ich zu preisen. Das ›Du‹ wird durch eine kantianische Form der Ethik verdeckt, die nur ein *Ich* inszenieren kann, dass sich als vertrautes ›Du‹ adressiert. Das ›Du‹ findet ebensowenig in den Denkschulen, die dem Individualismus entgegengestellt werden, ein zuhause – diese Schulen zeigen sich zumeist von einem moralistischen Laster befallen, welches,

Das »Du« könnte durchaus den Platz des »Menschen« (*man*) einnehmen, wenn wir ihn jenseits des festgefügten Horizonts des Humanismus suchen. Sollte es eine Beziehung geben zwischen diesem »Du«, welches ich zu erkennen suche, dessen Geschlecht nicht bestimmt werden kann, dessen Nationalität nicht vorausgesetzt werden kann und das mich zwingt, die Gewalt aufzugeben, so drückt diese Form der Ansprache nicht nur den Wunsch nach einer gewaltlosen Zukunft für die Menschen aus, sondern den Wunsch nach einem neuen Menschenbild, das nur durch andere Formen der Berührung erschaffen werden kann als die Gewalt.

Übersetzt von Hannah Schurian

---

um die Dekadenz des *Ich* zu vermeiden, der unmittelbaren Nachbarschaft des *Du* ausweicht und kollektive, plurale Pronomen bevorzugt. In der Tat scheinen viele revolutionäre Bewegungen (vom traditionellen Kommunismus bis zum Feminismus der Schwesternschaft) einen merkwürdigen sprachlichen Code zu teilen, der auf der intrinsischen Moral von Pronomen beruht. Das *Wir* ist immer positiv, das *Ihr* sind mögliche Verbündete, das *Sie* nimmt die Züge eines Gegenspielers an, das *Ich* ist ungehörig und das *Du* ist natürlich überflüssig«.

Danksagung

Ich möchte der verstorbenen, unvergesslichen Helen Tartar und Fordham University Press für die Möglichkeit dieser Aufsatzsammlung danken. Zoe Weiman-Kelman und Aleksey Dubilet danke ich für ihre Hilfe bei der Erstellung des Manuskripts und Bud Bynack für sein beharrliches und aufmerksames Lektorat. Dieses vorsichtig vorantastende Buch ist Denise Riley gewidmet, deren Gedanken sich viele meiner eigenen verdanken.

Obwohl diese Texte einander überschneidende, auseinander resultierende Themen verhandeln, unterscheiden sie sich erheblich in Anbetracht der neunzehn Jahre, die zwischen der ältesten und der jüngsten der hier versammelten Schriften vergangen sind (der Text über Kierkegaard stammt von 1993, der über Hegel von 2012). Diese Aufsätze wurden erstmals in den folgenden Veröffentlichungen abgedruckt:

»How Can I Deny that These Hands and This Body Are Mine?«, in: *Qui Parle*, Bd. 11, Nr. 1, 1998 (in einer erweiterten Fassung erneut abgedruckt in: *Material Events: Paul de Man and the Afterlife of Theory*, Minneapolis 2001); »Kierkegaard's Speculative Despair«, in: Robert Solomon u. Kathleen Higgins (Hg.), *German Idealism*, London 1993); »Merleau-Ponty and the Touch of Malebranche«, in: Taylor Carmen (Hg.), *Merleau-Ponty Reader*, London 2005; »Sexual Difference as a Question of Ethics«, in: Laura Doyle (Hg.), *Bodies of Resistance*, Evanston 2001; »Spinoza's Ethics under Pressure«, in: Victoria Kahn, Neil Saccamano u. Daniela Coli (Hg.), *Politics and Passions*, Princeton 2006; »Violence, Nonviolence: Sartre on Fanon«, in: *Graduate Faculty Philosophy Journal*, Bd. 27, Nr. 1, 2006 (erneut abgedruckt in: Jonathan Judaken (Hg.), *Race after Sartre*, Albany 2008); *To Sense What Is Living in the Other: Hegel's Early Love / Fühlen, was im anderen lebendig ist: Hegels frühe Liebe*, dOCUMENTA (13), *100 Notes – 100 Thoughts*, Bd. 66, Stuttgart 2012.

Berkeley 2014
Judith Butler

Beharrliche Lebendigkeit

Judith Butler, *Sinn und Sinnlichtkeit des Subjekts*
Anmerkung der Herausgeber der *Neuen Subjektile*

In *Sinn und Sinnlichtkeit des Subjekts* schreibt Butler, sie sei an keiner »stabilen Beziehung« zur Dekonstruktion interessiert. Und über die Psychoanalyse heißt es einmal: »Um dieses Argument auszuführen, müsste ich ein Kapitel über die Psychoanalyse einfügen, das sich in diesem Band nicht finden wird«. Welches Verhältnis unterhalten also die vorliegenden Essays zu Dekonstruktion und Psychoanalyse? Vielleicht lässt sich das gerade an einer Facette ihres Werks ablesen, für das Butler – so bemerkt sie selbst in der Einleitung – »weniger bekannt und beliebt« ist: ihre Arbeit, ihr Schreiben der Trauer.

In *Sinn und Sinnlichtkeit des Subjekts* beschäftigt sich Butler zwar erneut mit der Frage, welche Handlungsmacht ein »Ich« besitzen kann, das den ihm vorausgehenden Diskursen nicht nur unterworfen ist, sondern auch von ihnen hervorgebracht wird. In ihren Ausführungen insistiert allerdings auch eine eigentümliche Ohnmacht, das eigene »Ich« nicht vollständig zum Verschwinden bringen zu können. Das erinnert an eine Passage aus Derridas letztem Interview vor seinem Tod, in dem er von den Verstorbenen »seiner Generation« (»Bourdieu, Lacan, Deleuze, Foucault zum Beispiel«) gesprochen hatte: »Man möchte [...] sich retten, möchte fortdauern und all die Dinge kultivieren, die, obwohl unendlich größer und mächtiger als man selbst, dennoch ein Teil dieses kleinen ›Ich‹ sind, das sie auf allen Seiten übersteigen. Mich auffordern, auf etwas zu verzichten, was mich geformt hat, was ich derart geliebt habe, bedeutet, mich aufzufordern zu sterben. In dieser Treue liegt eine Art Selbsterhaltungstrieb«. Eine solche Deutung des Freud'schen »Selbsterhaltungstriebs«, der in dieser Formulierung mit einer Erhaltung all dessen zusammenfällt, was das »Ich« übersteigt, unternimmt auch Butler in *Sinn und Sinnlichtkeit des Subjekts*. Dort heißt es: »Wir sind schon aufgelöst, oder von Beginn an in Auflösung begriffen, wenn wir geformt werden. Und weil wir geformt sind, werden wir von dem, was wir empfinden und wissen, immer teilweise aufgelöst«. Aus der Trauer um diese »teilweise« Auflösung des »Ich« hat Butler jedoch auch auf das Glück einer »beharrlichen Lebendigkeit« geschlossen: »Dennoch oder vielleicht genau deshalb kann es mit seiner Auflösung nie ganz fertig werden«.

Diese Unmöglichkeit wird auch während der Arbeit an der Übersetzung deutlich. Einmal heißt es über eine Unendlichkeit, in der sich alle Grenzen des »Ich« aufgelöst haben sollen: »Infinity, if there is one, is thus found rustling among the abandoned clothes and old stuff…« Was sich im Englischen sagen lässt, stellt die Übersetzung vor eine Herausforderung. Können Kleider in der deutschen Sprache »rascheln«? Können sie »knistern« oder »rauschen«? Unsere Übersetzung überträgt rustling etwas unbeholfen mit »flüstert« und bejaht damit einmal mehr Butlers Insistieren auf den Umstand, dass das »Ich« sich niemals ganz auflösen lässt – dass es weiterspricht.

Die *Neuen Subjektile* können sich deshalb freuen, dass auch sie jetzt zu den »abgelegten Kleidern«, zu dem »alten Zeug« gehören, in dem Butlers Stimme flüstert. Sie hilft uns, im Rauschen der Diskurse die Ethik der Anderen, wie »klein« auch immer, aber beharrlich lebendig zu halten.

Neue Subjektile

Herausgegeben von Marcus Coelen,
Johannes Kleinbeck und Oliver Precht

www.turia.at/neue_subjektile

Judith Butler

Sinn und Sinnlichtkeit des Subjekts

Aus dem amerikanischen Englisch von Johannes Kleinbeck, Oliver Precht, Kianush Ruf und Hannah Schurian

ISBN 978-3-98514-012-1, 270 S., € 29,–

Dante Alighieri

1 Sonett – 30 Übersetzungen

Herausgegeben von Judith Kasper, Andrea Renker und Fabien Vitali

ISBN 978-3-98514-005-3, 156 S., € 22,–

Jacques Derrida

Geschlecht III

Geschlecht, Rasse, Nation, Menschheit

Aus dem Französischen von Johannes Kleinbeck und Oliver Precht

ISBN 978-3-85132-980-3, 185 S., € 24,–

Anne Carson

Der bittersüße Eros

Aus dem nordamerikanischen Englisch von Christina Dongowski

ISBN 978-3-85132-965-0, 187 S., € 24,–

Louis Althusser

Was tun?

Aus dem Französischen von Oliver Precht

ISBN 978-3-85132-957-5, 177 S., € 22,–

Slavoj Žižek

Der Exzess der Leere

Ökonomisch-philosophische Notizen zu Sexualität und Kapital

Aus dem Englischen von Christiane Heidrich und Mathias Kropfitsch

ISBN 978-3-85132-963-6, 431 S., € 39,–

Alenka Zupančič

Was ist Sex? Psychoanalyse und Ontologie

Aus dem Englischen von Christoph Soekler und Michaela Wünsch

ISBN 978-3-85132-962-9, 290 S., € 29,–

Sylvain Lazarus

Anthropologie des Namens

Aus dem Französischen von Moritz Herrmann und Clément Dréano

ISBN 978-3-85132-939-1, 282 S., € 36,–

Emmanuel Levinas

Husserls Theorie der Anschauung

Aus dem Französischen von Philippe P. Haensler und Sebastien Fanzun

ISBN 978-3-85132-947-6, 240 S., € 29,–

Philippe Lacoue-Labarthe / Jean-Luc Nancy

Vom Buchstaben. Zu Lacans Aufhebung der Philosophie

Aus dem Französischen von Ulrike Bondzio-Müller und Esther von der Osten

ISBN 978-3-85132-902-5, 230 S., € 26,–

Joel Rufino dos Santos

Zumbi

Eine Gesellschaftsutopie im Brasilien des 17. Jahrhunderts

Aus dem brasilianischen Portugiesisch von Lilly Busch

ISBN 978-3-85132-921-6, 164 S., € 20,–

Suely Rolnik

Zombie Anthropophagie. Zur neoliberalen Subjektivität

Aus dem brasilianischen Portugiesisch von Oliver Precht

ISBN 978-3-85132-923-0, 110 S., € 12,–

Mario Santiago Papasquiaro

Ratschläge von 1 Marx-Schüler an 1 Heidegger-Fanatiker

Aus dem mexikanischen Spanisch von Nora Zapf

ISBN 978-3-85132-898-1, 52 S., € 12,–

Jacques Derrida

Was tun – mit der Frage »Was tun«?

Aus dem Französischen von Oliver Precht und Johannes Kleinbeck

ISBN 978-3-85132-894-3, 134 S., € 16,–

Iris Hanika / Edith Seifert

Die Wette auf das Unbewusste

oder Was Sie schon immer über Psychoanalyse wissen wollten

ISBN 978-3-85132-897-4, 203 S., € 24,–

Michael G. Levine

Atomzertrümmerung

Zu einem Gedicht von Paul Celan

ISBN 978-3-85132-895-0, 93 S., € 14,–

Didier Eribon

Grundlagen eines kritischen Denkens

Aus dem Französischen von Oliver Precht

ISBN 978-3-85132-896-7, 240 S., € 26,–

Jean-Luc Nancy

Von einer Gemeinschaft, die sich nicht verwirklicht

Aus dem Französischen von Esther von der Osten

ISBN 978-3-85132-878-3, 191 S., € 24,–

Oswald de Andrade

Die Krise der messianischen Philosophie

Aus dem brasilianischen Portugiesisch von Oliver Precht und Marcus Coelen

ISBN 978-3-85132-835-6, 159 S., € 20,–

Geneviève Morel

Das Gesetz der Mutter

Versuch über das sexuelle Sinthom

Aus dem Französischen von Anna-Lisa Dieter

ISBN 978-3-85132-820-2, 428 S., € 39,–

Eduardo Viveiros de Castro

Die Unbeständigkeit der wilden Seele

Aus dem brasilianischen Portugiesisch von Oliver Precht

ISBN 978-3-85132-836-3, 459 S., € 42,–

Jamieson Webster

Leben und Tod der Psychoanalyse

Vom unbewussten Wunsch und seiner Sublimierung

Aus dem Amerikanischen von Ulrike Bondzio-Müller

ISBN 978-3-85132-848-6, 208 S., € 26,–

Michèle Cohen-Halimi und Francis Cohen

Der Fall Trawny

Zu Heideggers Schwarzen Heften

Aus dem Französischen übersetzt und mit einem Nachwort versehen von Oliver Precht

ISBN 978-3-85132-850-9, 90 S., € 14,–

Jean-Luc Nancy

Trunkenheit

Aus dem Französischen von Esther von der Osten

ISBN 978-3-85132-847-9, 69 S., € 10,–

Christopher Fynsk

Der Anspruch der Sprache

Ein Plädoyer für die Humanities

Aus dem Amerikanischen von Katharina Martl und Johannes Kleinbeck

ISBN 978-3-85132-845-5,183 S., € 22,–

Oswald de Andrade

Manifeste

»Anthropophages Manifest« »Manifest der Pau-Brasil-Dichtung«

Portugiesisch–Deutsch

Aus dem brasilianischen Portugiesisch von Oliver Precht
Texte von Haroldo de Campos, Benedito Nunes und Oliver Precht

ISBN 978-3-85132-819-6, 185 S., € 22,–

Fernando Pessoa

Der Seemann

Ein statisches Drama

Portugiesisch–Deutsch

Aus dem Portugiesischen von Oliver Precht und Nora Zapf,
mit einem Nachwort von Marcus Coelen

ISBN 978-3-85132-816-5, 112 S., € 16,–

Philippe Lacoue-Labarthe / Jean-Luc Nancy

Das Literarisch-Absolute

Texte und Theorie der Jenaer Frühromantik

Aus dem Französischen von Johannes Kleinbeck

ISBN 978-3-85132-810-3, 525 S., € 43,–

François Regnault

Lacan'sche Ästhetik

Vier Vorlesungen

Aus dem Französischen von Christoph Sökler

ISBN 978-3-85132-772-4, 155 S., € 20,–

Paul Virilio

Die Küste, letzte Grenze

Ein Gespräch mit Jean-Louis Violeau

Aus dem Französischen von Marcus Coelen

ISBN 978-3-85132-771-7, 51 S., € 8,–

Eric L. Santner

Was vom König übrigblieb

Die zwei Körper des Volkes und die Endspiele der Souveränität

Aus dem Amerikanischen von Luisa Banki

ISBN 978-3-85132-761-8, 349 S., € 38,–

Philippe Lacoue-Labarthe

Der wahre Schein

Aus dem Französischen von Marcus Coelen

ISBN 978-3-85132-757-1, 105 S., € 14,–

Hermann Cohen

Das Prinzip der Infinitesimal-Methode und seine Geschichte

Ein Kapitel zur Grundlegung der Erkenntniskritik

Mit einer Einleitung von Astrid Deuber-Mankowsky
Editorische Bearbeitung durch Johannes Kleinbeck

ISBN 978-3-85132-730-4, 292 S., € 36,–

Jean-Claude Milner

Die nicht zu unterscheidenden Namen

Aus dem Französischen von Marcus Coelen

ISBN 978-3-85132-729-8, 162 S., € 18,–

Jean-Claude Milner

Das helle Werk

Lacan, die Wissenschaft, die Philosophie

Aus dem Französischen von Regina Karl und Anouk Luhn

ISBN 978-3-85132-728-1, 223 S., € 22,–